JN095079

音楽学研究物語

村井範子が語る日本における
音楽学研究のあけぼのとその時代

村井範子・中西紗織

まえがき

　今から二十年以上前のある日、村井範子先生からお電話をいただいた。「あなた、津田塾大学ご出身ですってね。楽楽理会(ららりかい)の名簿でお名前を見たので、お電話いたしました」と。「楽楽理会」とは、東京藝術大学音楽学部楽理科及び大学院音楽学専攻の在学生・卒業生・教員の同窓会である。楽楽理会の名簿には、「出身校」という欄があり、多くの場合高等学校名を書くのだが、大卒者は楽理科入学前の出身大学を書く習わしになっている。思えばそれが、私にとって村井先生との大変幸運な出会いのきっかけとなった。

　当時村井先生は、すでにフェリス女学院大学の名誉教授で、主に社会人を対象としたオープンカレッジにおいて「世界の音楽・日本の音楽」という講座を担当されていた。私は数年間その講座のアシスタントをつとめさせていただき、先生の講座の中で、私の専門分野の音楽学・音楽教育学関連の能に関するレクチャー&ワークショップをさせていただいたこともあった。週一回の講座の行き帰りにお話しする機会があり、そこで村井先生から留学のことや日本における音楽学という学問分野のあけぼののこと、翻訳のこと、留学中の数々の冒険のこと、戦争中のことなどうかがった。その内容は教育、研究、女性の社会進出、世界平和など考えされられる大切な内容に溢れており、あまりにも貴重で、うかがう度に、私だけが聞かせていただいてよいのだろうかという思いと、何かの形で残さなくてはという思いが一層強くなった。それでも、ただただ、先生のお話にひたすら感動するばかりで年月が経ってしまった。

　数年後、ようやく思い切って、私が聞き手となって先生のお話をインタビューさせていただけないかとお願いをしたところ、「そう？　面白い？　そうね。日本における音楽学のあけぼのだからね。日本にまだ日本語の音楽学の専門書がなかった時代に、楽理科の同期生と翻訳したものが今もベストセラーなのよ」とおっしゃってご快諾くださり、二〇一〇年、インタビューがスタートした。インタビューが進むにつれて出版ということも話題になり、先生から、「あなたと私の共著の形で、あなたが聞き手で、会話体でね」とご提案いただき、一回ごとのインタビューが終わる度に、テープおこししたものを先生宛に郵送し、原稿をチェックしていただいた。「そうね。この会話体がいいね。テープおこし本当に大変でしょう。ありがとうございます」と言っていただいた。

村井先生は、毎回テーマを決め、話す内容を細やかにメモに書きおこしてくださっていた。それに従って、順序よくわかりやすく、長時間に渡って詳細に語ってくださった。すべてに心から感謝申し上げたい。本文は、「会話体で」という先生のお言葉に従い、なおかつ、先生の独特の語り口調をできる限りそのまま伝えたいという意図で、最小限の言葉の整理や入れ替えにとどめるようにした。話し言葉なので、所々読みにくいところもあるかもしれないが、貴重な内容とともに、村井先生がお話しくださった、まさにその呼吸や空気や表情が伝わればと思う。時には「これから話すことは……。ちょっと録音をとめてくださる?」と言われることもあり、先生のご意向に従ってその内容はここには記していない。

後述のようなスケジュールにより、数年かけてインタビューが終了した。「あなたと私の会話体でね」とインタビュー中にも先生は何度もおっしゃり、「本のタイトルは『音楽学研究物語』がいいわね」とタイトルも決まった。先生のご病気や私の勤務地が北海道になったこと、私の病気などで、出版がこれほどまでに遅くなってしまい、申し訳ない気持ちでいっぱいである。村井先生には、「出版に関してはあなたに全部お任せしますね」と言っていただき、重大な使命を受けた思いである。

インタビュー　スケジュール

	日　時	聞き手	テープおこし	主な内容
1	二〇一〇年二月二十六日	中西紗織、大沼覚子	中西、大沼	生い立ち、育った環境
2	二〇一〇年三月二十六日	中西、大沼	中西、大沼	女学校、津田塾時代
3	二〇一〇年七月三十一日	中西	中西	楽理科へ
4	二〇一一年二月七日	中西	中西	アメリカ留学時代
5	二〇一一年三月二十五日	中西	中西	留学からの帰国の旅
6	二〇一一年五月二十九日	中西	中西	ＩＡＭＬ日本支部設立
7	二〇一二年三月二十三日	中西	中西、阿部華鈴	教育・研究活動、翻訳
8	二〇一四年三月二十八日	中西	中西	追加聴き取り、打合せ
9	二〇一六年二月二十三日	中西	中西	追加聴き取り、打合せ
10	二〇一八年四月二十七日	中西	中西	追加聴き取り、打合せ

なお、文中において聞き手の発言には名前の頭文字を付してある。

N　中西紗織

O　大沼覚子　（旧姓大沼　現姓長井）

もくじ

第一章　生い立ちと母父のこと

◆祖父とキリスト教のこと

私の母方の方を先に言いますね。母の父、私の祖父は鵜飼淳治(うかいじゅんじ)という人。諏訪藩のそういう家の人でね。廃藩置県という言葉があるでしょ、藩が無くなって県ができる。そこで生まれているわけよね。そこを経験しているわけよ、祖父はね。それで、参勤交代の江戸のお屋敷で、目白の大名屋敷で生まれてるの。東京で生まれたの、祖父の鵜飼淳治はね。

N：ジュンジさんというのはどういう漢字を？

さんずいにね、こういう字。なべぶたに口に子どもの子。それでね、治める。

N：ああ、ありがとうございます。

その目白のお屋敷の隣が松本藩だったの。松本藩ていうのは澤柳政太郎（注1）先生の。だから澤柳先生のところが隣だったっていうの。まあ、これは偶然の出来事ですけれど。それでとにかくサムライがもう徳川のほうに付いてるわけよ。小さな藩なの、諏訪藩ていうのは。長野県の諏訪の小さな藩なの。それで松本藩の方が大きいのね。何万石っていうのがあるのね。諏訪藩が小さな藩で徳川の方についたから、明治維新ではね、サムライが仕事。もしも農民だったりなんかしたら、そこで同じ生活できるけれどね。商売変えなきゃいけなかったわけよね。仕事をね。

祖父は法律を勉強して、そこの学校がどういうところだったかっていうのは私よくわからないんだけどね。大蔵省に入ったわけよ。それでまず、宇都宮の国税局に就職したわけ。その時に、父親が亡くなっててね、妹と母親を連れてるわけ。それでそこに行ったわけね。そこで結局、国税局に勤めて、それから佐野というところも、佐野市っていうのがあるみたいね。それから大田原市っていう、これは渡邊さんがね。宇都宮大学の渡邊弘さんが連れていってくれたんですよ。祖父が佐野の税務署にいる時に私の母が生まれているわけ。それで宇都宮で結婚したんだと思うんだけれどね。その時に、母なんかが生まれる前にね、明治二十三年に洗礼を受けているわけよね。だから私が思うにはね。まあその時にね、もう世の中どんどん変わっていくんだと。それで、西洋的なものもどんどん入れてかなきゃいけないと。

それから、家族が行ったらね、やっぱり宇都宮でね。官舎がナントカ庁っていう、ほら、お役人だからね、あるわけよね。結構孤独だったんじゃないかと思うのよ、女の人は。そこの町の人も何にも知らないわけだから。それで、キリスト教が、メソジストがね、入り込んじゃってね。それで、たまに集まってね、それでクリスチャンになったかなあと、私は思うのよね。ね、そういうことよね。それで、お見せしたかな。ちょっと待って。渡邊弘さんが連れてってくれたのがね。えーと、これがお墓なんだけれどね。この佐野税務所に渡邊弘さんが連れてってくれたわけ。私は全然知らなかったから。ただ佐野市ってことだけ知っててね。これがお墓なんだけれど、その鵜飼淳治の母親。というのはね、結局ね、土葬でしょ。お骨にしてもっていくわけにいかないの。土葬だから。それでねえ、こうやってつくってね。

これが四条町教会。それでその四条町教会に、この墓地があってね。その教会を訪ねていったの。それでこれが牧師さんでこれが私。津田の同期の清水千枝子さんも一緒に行ったんだよ。見物に。それで、このお墓を見たわけね。佐野市も連れていってもらったのね。ねえ、これが私の母の昔のね。それでこれが鵜飼淳治なの。それでね、私がこれなんだよ（笑）。私の父がこれで。全部原爆でね。もう、写真が全然なくてね。これはいとこがくれたの。だからこれ一枚が残って。ねえ面白いでしょ、鵜飼淳治（笑）、私がこれなんだよ（笑）それで、結局、高橋虔（まさし）（注2）っていう人が神学の伝説とかねえ、いろいろなこと教えてくれたし、この『四条町教会九十年史』にねえ、これに、出ているんですよね。だからあの、これねえ大変なことだと思うのよ。これコピーだけれどね。九十年史をもらってね。こっちにあるかな、こっちの方がわかりやすい。日本メソジスト宇都宮教会って書いてあるんだけれどね。明治二十三年ていうところ、どこかな。十九年。古いよね。明治二十二年か。

N：えーっと、明治。あ、ここからが明治二十三年ですね。

そうね、ここまで、ほら。そう鵜飼。だから九十年史にね、出ているわけよ。

N：あー。お名前が。洗礼を受けたお名前ですね。

だからまあ、ちょっとー、九一年史をいただいてきたわけだけれどね。これを見るとね、ヨネというのが鵜飼淳治の妻なのね。テツというのが母親で、レツというのが妹なのよ。妹の子どもが高橋虔ね。だから、この人が東京からキリスト教をもっていったんじゃないかなあと私は思うの。この鵜飼淳治夫人がね。東京で知り合って結婚したの。鵜飼淳治はね。それでね、その鵜飼淳治っていうのは諏訪藩でしょ。まあ、言ってみればあの頃士農工商、サムライの家ってあったわけでしょ。ランキングがね。結局この奥さんが、養子、士族の家の養女にしてね、それで結婚したっていうの。その頃の日本ていうのはそんなんだったんだよね。やっぱりそのサムライの家とか、何とかの家とかってあるのね。そんなんだったんだと思うのよ。テツが母親で。だからこの人がキリスト教を東京からもっていったのかなあと思ってるわけ。淳治夫人がね。ここで結婚してるわけだから。この地でね。だから私はまあ、そういうふうに想像しています。

それで、やっぱりね、まあ新しい動きをやらなきゃいけないということになったんだと思うよ。その気持ちとしては、キリスト教になったっていうのは。それとやっぱり、非常に孤独だったんだと思うのよ。サムライでねえ、おまけに諏訪でしょ。それが宇都宮に行っちゃって、誰も知らないところで。だから私、そう思いますよ。そういうんでね、宇都宮ということは私は母からも聞いていたけれど、誰もそれから行っていないんだよねえ。私の家はずっと広島だし、私も広島で生まれて育っているしね。だから、ここのお墓は高橋虔さんが電話で知らせてくれてね。私が宇都宮に行くって言ったら、そしたらね、高橋虔さんがそこにお墓があるよって言ってね。それで、その四条町教会に行ったらいいって教えてくれたの。高橋虔っていうのは、祖父の妹の子どもでしょ。母のいとこにあたるわけよね。まあ、そういうことでね。

キリスト教とのつながりはそういうことなんですけれど。そんな具合で三人が洗礼を受けていてね。私の母は明治二十七年に生まれたから、親が全部洗礼を受けた後なのよね。だから、自分の知らない時に、おばあさんと母親が洗礼を受けてるわけよ。で、そういうところに生まれているから、キリスト教精神でね、ずっと育てられたと思うのよ。そして、鵜飼淳治の妹のレツっていう、さっきの高橋虔のね、母親になる人よね。だからそのレツというのが牧師と結婚するんだけれど。その前に神戸女学院に行っているわけ。だからね、宇都宮から神戸女学院行っちゃったりしてねえ、なかなかやるんじゃない（笑）ねえ。神戸女学院て洒落たところだしね。神戸女学院を卒業して、高橋ナントカっていうんだけれど、そこに出てるけどね、高橋虔の父親、八幡の教会の牧師、牧師と結婚したの。それでねえ、まあその長男が高橋虔でね。まあ、キリスト教の方のことを言いますとねえ。ちょっとー、これ、高橋虔さんにもらった手紙なの。私に対してのね。それからねえ、高橋虔さんの資料がねえ。これがなかなか面白いの。ウサブロウっていうんだな、この字（卯三郎）。これと結婚したのよ、妹が。だから、虔の父ね。それでね、これが日本で大変なのよ。あのね、卯三郎のこれね、これまたコピーしてあなたに差し上げますからね。これが父親でね。それでまあ、言ってみればキリスト教のごく初期のパイオニアみたいなものよね。それで結局ねえ、ヴォーリズ（注3）っていう建築家がいるの有名な。

N：ええ、ええ。すごく有名な。はい、あの、当時いろんなものを手がけて。

そう。例えば空港なんかの建物もつくっているし、それこそ、あれもヴォーリズじゃない？　仙台にある宮城学院とかなんとかあるでしょ。宮城女学院かな。キリスト教の学校があるよね。仙台？　だと思うよ。それからねえ、ヴォーリズっていうのはフェリスもそうだしね、あの建物ね、キリスト教系のね。それが、その八幡なの。その根城が近江の八幡。でねえ、その高橋卯三郎は八幡の教会の牧師になったわけ。それで、私の忘れもしない小さい時からなんだけれどね、ヴォーリズさんていう言葉もよく聞いてたわけね。それからもう一つよく聞いてたのは、メンソレータムなの。そこメンソレータムもつくってたんですよ。それでねえ、あの、メンソレータム、しょっちゅう送ってくるんだよね。この高橋家からね。ですからねえ（笑）。

N：まあ、そんなつながりが！　メンソレータムのあの近江、近江兄弟でしたっけ、おつながりがあるわけですね。

近江兄弟社、そうそう。近江兄弟社でね、それで、近江八幡なのよね。それで八幡の教会がその今の卯三郎がやったわけ。その息子が虔なの。虔は同志社大学の神学部を卒業してイェール大学に四年行っているの。神学部で。その昔ね。それで帰ってきて同志社大学の教授になって、そして、神学部長にもなってね。高橋虔さんていうのは、私の母から言うといとこだよね。だから、まあ、母より少し若いけれどね、だから、私はその高橋虔さんには会ったりね、家に訪ねたり、いろいろしてるわけよ。それで、まあ私とも手紙のやり取りをなんかして、こんなものをいろいろ送ったりしてきてくれているわけ。ね。ただまあ、私の家そのものはキリスト教の精神はあったけれどもね。教会に母が行ったり、そんなことはなかったの。そんなことはあんまりなかったの。母の姉の方は教会の仕事をしていたけれどね。姉がいてね。私の母はそんな、精神はそんなものをもっていましたね。

まあそういうことでね、高橋虔さんというのはだからもう英語もよくできて。それから何？　ヘブライ語とかね。そういうのもみんなイェール大学でやってきていて。だからこのあいだ亡くなった時の記事を渡したように、結局、聖書の現代のカトリックとプロテスタントの共同訳の聖書を編集する委員長なのよ。だからね。あの当時でまあ四年間も、いっててね。ですからあれですよね。まあキリスト教の一つのセンターでしょ、同志社大学は。あの新島襄。だからその、新島襄の一派なのよね。それで、まあ、ちょっとそういうふうに多少西洋かぶれで洒落てたんだよ(笑)。それもあるのよ。

N：それにしても西洋文化に触れてしまったらやっぱり。当時西洋の研究分野の進んでいるのをなさったら、それはどんどん吸収なさって。そういうふうになりますねえ、きっと。

そうなのよ。だからね、あれはそうだねえ、高橋虔のお姉さんていうのがいるのよ。それがね、神戸だと思うんだけど、神戸に住んでてね。神戸のお医者さんと結婚したんだけれどね、やっぱりクリスチャンでYWCAの会長もしていたんだよ。それでね、それの息子がね、私ね、今名前が出てこないんだけど、結婚してるわけだからね、その女の人だからね、高橋とは言わないけれどね、それの息子さんがね、私のところにも来たことがあるんだけれどね、横浜国大の教授をしてるんだよね、今。そのもっと若い時にね、家に来たこともあるんだけどね。このところご無沙汰しているんだけれど、今度ちょっと連絡取ってみようと思うの。

N：今も教授をなさっているんですか？

そうそうそう。

N：ご専門は？

ちょっと、思い出せないけど。私の弟なんかはよく手紙文通したり、なんかいろいろしてるのよ。

N：ああ、そうですよね、五郎先生は横浜市立大学の先生をなさっていて。

そうそうそう、市立の方ね。あの人は一橋大学を出ててね。それで、横浜にいたからね。だからその人も横浜に、ねえ。それでね、それが息子なの。高橋虔のお姉さんの子どもっていうことになるわね。

N：その息子さんが今横浜国大の教授なのですね。

名前やなんかもまたちょっと調べてみるけど。たぶんそれもね、クリスチャン一家なのよ。だってYWCAの会長もしてたんだからね。だから、そのクリスチャン・ファミリーなのよね。同志社の、ね。

N：キリスト教関係の授業を何かおもちでご研究をなさっている方なんですか？　その息子さんという方は？

息子はそうじゃないと思う。東大かなんか行ってね。たしか東大行ってたと思うよ。うちにもいらしたことあるけどね。それで、横浜国大の、今教授になっているの。法学部かなんか知らないけどいろんな学部あるんでしょ。ちょっと調べていずれまた。あなたもね、少し関係あるからね。あなたのところもそうだからね。ご両親のね。

N：はい、両親が横国出身です。

そうそうそう。まあそういうことでね、それでもう高橋虔さんも亡くなっちゃったからね。それでね、鵜飼淳治氏に戻りますけど。宇都宮で国税局にずっと勤めてから、今度はね、税務署長なんかになっちゃったりしてね。松山に行って、それから広島に行って、岡山行って、鳥取行ってってていう。まあ、お役人だからね。私の母は、宇都宮の小学校に入ってね、それから松山に行ってね、広島の小学校を卒業してるわけ。そこで広島とちょっと縁ができるわけよ、そうなのよ。ね。それで、松山に行って、それで県知事の官舎の隣に税務署長の官舎があってね、すごい大きくて。なんかね、ザボンが夜中に。ザボンってあるでしょ。それが夜中にポーンと落ちる音がする、寝ててもそういう音がするすごい庭だったっていうのね。私の母はまあ、大学教授と結婚しているけれどね、大学教授は貧しいねって（笑）。

それでまあ、考えてみれば、母にはふるさとがないわけよね。そうでしょ。三回変わってるの。それでまあ広島に行ってね。それで、広島に鵜飼淳治さんが行った時も、何しろね、そのころまあ、明治の時代ね。明治天皇が広島にいらっしゃる時でね、ご陪食。いつも。それだもんでね、亡くなった時にね、衣装が、すごいのよ。ディナージャケットとか、燕尾服とか。天皇陛下とね。

N：鵜飼淳治さんが、天皇陛下とお会いになる時の。

そうそう、そういうのがね。だから、母がね、その鵜飼淳治さん、自分の父の遺品をもらってきたけどね、すごい衣装なの。いろいろ。正式なね。普段いらないね（笑）。

N：普通の人が着ないようなお洋服を！　まあそれは大変なことですね。

だからその当時はさ、やっぱりそういう、何、士族とか、税務署長とかそういうのだったんで、官舎は県知事の隣にあるわけ。そういうお役人の生活だったのね。それと同時に、鵜飼淳治さんはね、キリスト教の宣教師をやはり大事にしていたわけ。その頃まだ白い目で見られてる。ね。だけど、宣教師のそういうキリスト教の集まり、奥さんがそうだからね。自分は、祖先伝来の曹洞宗、禅宗のね、お寺を守ってるわけだけれどね。だけど、そういう会合に出てたんだね。原爆でみんなそういう写真は無くなったけれど、私が宣教師と一緒に写っている写真があるの。宣教師とそれからキリスト教の人と。そういう写真があるの。で、鵜飼淳治も出てるわけ。奥さんももちろんそうだけどね。それでねえ、そういうことをやっててね。それでね、広島にも行ったんですね。広島では、まあ、そのご陪食だとか、いろんなね。あそこね、大本営みたいなのがあったんですよ。広島は軍都だから、もともと。そのあと五師団もあってね。それだもんだから明治天皇がいらっしゃるわけよね、それでそういうんでね。

その次に岡山の税務署長になったの。岡山に赴任したのね。それでね、その時の、やはり、宣教師も大事にしててね。それでね、それの時、私の母から聞いたんでね、調べるとわかると思うんだけど、私の母はね、ヘレフォードさんとウィルソンさんにね、オルガンと、それから西洋料理をお習いしたの。その奥様、宣教師夫人に。だからまあ新しい教育を受けているわけよね。私の母も女学校でね。

N：オルガンて！　じゃあ当時そういう楽器もあったんですね。

そうね。

N：オルガンがそこにあって。教会の？

教会のオルガン。それをね、あのヘレフォードさんと、ウィルソンさんの奥様にね、オルガンと料理を習ったっていうの。

N：西洋料理を？

そう、西洋料理ね。岡山でね。だから岡山のキリスト教会をいろいろ調べてみると、ヘレフォードさんとウィルソンさんというのが来ているそうなの。まあ、キリスト教の始めに。今の四条町教会みたいに歴史みたいなのがあったらね。

N：そうですね。どこかにお名前が記されたものが残っているんですね？

そうねえ。調べるとね。その後、付け足すとすればキリスト教関係では、私の母はね、広島で小学校を終えてね。袋町小学校っていうんだけど、今その後もずっとあってね。それから私の広島第一県女っていう私が行った学校。それに行って、それでまた二年くらいで岡山に行って、岡山の県立第一高女を卒業して、専攻科にも行ったたって言ってたけれどね。私の母に言わせるとね。広島の第一県立高女と岡山の第一県立高女を比べるとね、岡山の方が程度が高かったって言ってるよ（笑）。岡山はなかなかね。ね、それで英語のリーダーなんかもね、あの頃は、男子の中学校と同じリーダーを使ってるのね。うん。「神田」と「ナショナル」とかいうのを使っていたなんて言ってね。そうそうそう、それで私の母はね、声がよくてね。音楽を、歌を、岡山で女学校の時にね、いつも独唱していたんだってさ（笑）。いろいろ、《埴生の宿》とかそんなのを。そういうんでね、音楽学校に行きたいくらいだったらしいんですよ。

N：音楽をよくなさって。オルガンをなさって。お歌もよくなさって。

そうそうそう、そうなの。それで結局ねえ、そのあとですけどね、父がドイツからピアノをもってくるんですよね。そのピアノもねえ、母がピアノを習ってるの。習いに行っているの。もう結婚して子どももいるのにね。私の習ってた先生のところに行ってるんですよよ。

N：その先生は日本人のピアノの先生ですか？

うん、日本人。いずれ言いますけれどね、女学校時代のことは。その先生は原爆で亡くなったんだけれどね。まあ、そういうことでね。母方がそんなでね。

◆母　鵜飼ヨシ子と家庭教育

母は鵜飼ヨシ子といって、鵜飼家は、諏訪藩の家老とか森林奉行とかね、そういうのをやった家なんです。山の中だからね。私の母から受けた教育はすべて、祖父からの関係でね。私の母は非常に残念ながら、私が十七歳の時に亡くなったんです。私が津田に入学して、入学試験を受けに行って、その後急病で。私はよく「あなた、幸せじゃない」と人から言われるのね。だけれど、私そう思ったことがないの。私は十七歳で母親が亡くなった。その母親がね、なんて言うの、非常にいい母親だったんだよね。母にはある確固たる主義もあって。まあ、母親はみんないいだろうけれど。母が亡くなったということは私の生涯にとってものすごくショックで、こんな不幸なことはない、と思ってね。まあ、そういう経験をしているわけよね。人生について、「人間は明日死ぬ」と。人間は明日死ぬというのが私の考え方なの。今でもそうよ。だから私はね、死ぬということを、全然何か、恐れるとか、そういうことがないの。いつでも死んでいいと、十七歳の時からいつも思っているわけ。そう、面白いでしょ。

N：十代でそういうことを？

死というのが怖くないの。ね。

N：想像ができないです。

そう？

N：十代の頃はそんなこと、考えたこともないです。

やはり十七歳というのはね、一番感受性が強いわけよ。それで、三十六歳の時に父親が亡くなってるの。だから十七歳からの二十年間は、長田新（注4）という人が私にいろいろ、アドバイスとかしてくれてたからね。だから今頃になって、そういえば父に育てられたんだなって思ったりして（笑）。面白いでしょ。ね。

家庭教育の基本は、やっぱり、キリスト教精神だったと。それが祖父の鵜飼淳治さんの家族とつながっているんだけどね。私が思うには、こういうふうな、キリスト教精神のことが『羊の歌』（注5）っていう本にも書いてあったの。フランスでは子どもを育てる時にね、「いつも天から神様が見てますよ。だから正しいことをしなさい」と、そう言ったって書いてあるんですよ。『羊の歌』の中に。著者は私の尊敬している有名な評論家ですけれど。私は小さい時からそれで育てられてきたの。天から神様がいつも見ているんだから、正しいことをしていきなさい、と。神様の前で恥ずかしいと思うことは絶対にしちゃいけないと。私の母が子どもに、小さい時よ。だから小さい時からそれをずっと教えられてきたわけ。それが私の母の教育だったの。

それから、ある人が私の母を見て、キリスト教精神と儒教精神ですねと。儒教精神っていうのは孔子の教えでしょ。

サムライのね、日本のサムライの精神が儒教精神なのよね。だから、「お母さんは儒教精神の人だね」と言った人がいた。今から考えると、母は、わりあいはっきりしていてね。家庭の切り盛りやなんかもちゃんとやって、お手伝いさんも使って、女中さんも使ってやっていたけれど、地味に生きてました。考え方ははっきりしていてね。それで、やっぱりキリスト教精神。自分の祖母とか母親とかみんなクリスチャンになってるからね。だから、教会に行ったりなんかはしてないんだけれど、うちの中にキリスト教精神があったわけよね。今考えてみればね。

だから神棚も仏壇もないの。今から考えると、嫁としてはひどいわけよね。私の祖父、母の父親の方は長野県で、そこには仏壇があるわけよ。だけれどもね、母はそれをもってこようとしないわけよ。父親の父親は長野県にいて、いつも綿入れのかいまき送ったりしてたね。広島の家にもちゃんと隠居所をつくったんだけれど、長野県の自分の住んでたとこがいいって、そのおじいさんはむこうにいっちまったわけね。だからそういうんでね、母はやっぱり自分の家をそういう家にしていたわけ。だからね、私は、神棚も仏壇もない生活でね。そういう精神がキリスト教精神よね。それが祖父の方の、明治の時代に洗礼なんか受けたりしたわけです。ですから私が小さい時に育った環境は、まあそういうふうにね、なんていうの、正しいことをしなさいってことで、他のことについてはあんまりうるさく言われたことはないわけよね。まあ、そりゃ夜遅くまで遊びほうけていたら、野良犬とかいてあぶないとかいろいろ言われたけどね。まあ、そういうんでね、わりと自由だったのね。

一つの例で面白いのは、私に妹がいるんだけれど、亡くなったんですけれどね、その妹が、あの戦争中に育ったわけでしょ。小学校の時にね、当時は神棚のない家っていうのがないわけよ。それでね、学校で、家には神棚がないって言ったら、その小学校の先生からひどくしかられてね。それで、白い紙をこういうふうに切って、どこかに貼り付けてね、拝んでたんだって、毎日。その頃、ちゃんと神棚に参って学校に来なさいって言われたんでしょうね。私の時代はそんなんじゃなかったけど、妹の小学校の頃はだんだん戦争が激しくなってね。そうだと思いますよ。まあ、そういう話がちょっとあるわけよね。

◆父 長田新

私の父親なんだけれど。まあ簡単にちょっと話をしますとね、長野県の茅野市出身なの。父親はゴロサクっていう名前で農業やっていたんだけれど、母親はね、シカっていう名前でね。その当時の若い女の子にね、お裁縫と行儀見習い、行儀作法を教えてね、それで、まあ塾みたいなのをやっていたのね。亡くなったあとにね、そのシカって人の針塚っていう、そういう塚ができてね。それで今もあるわけその針塚はね。茅野にね。それの字を書いてくださったのが、京都の、父親の先生の小西重直（こにししげなお）（注6）先生。この小西重直先生っていうのが、最後に京都大学の総長もなさったんじゃないかと思うのね。教授をしていてね。重いっていうジュウという字に、ナオ（直）っていう字。それで、その先生が針塚の字を全部書いてくだすったの。それで、長田シカっていうね。シカっていうカタカナだけど。あの頃の女の人は全部カタカナで。ね。それから私の父親は、なんかね、諏訪にそういうミュージアムがあるけれど。島木赤彦（注7）っていう詩人がいるんですよ。島木赤彦の父親が名前をつけてくれたのね。で、中国の漢のナントカ？　本を見ないとわかんないけれどね、「日に日に新たに。また日に新たに」っていうんで、「新」ね。島木赤彦っていう詩人のお父さんがね、やはりその地でつけてくだすったのね。だからまあ、わりとインテリの層ではあったとは思うんですよね。

それでね、私の父親はね、うちじゃ真面目な人間はそういないんだけれど、中学校が諏訪中学でね。それで、面白いの。村井実（注8）がね、日大のそこの文学部で教えたことがあるの。講師で、非常勤講師で行っててね。日大の文学部。それでね、その時にいた日大の助手が、諏訪の、その清陵高校っていうんだけれど、その諏訪中学校の出身でね。それでね、長田新先生の成績表見たらね、すっごいよかったってね（笑）。残っているらしいの、諏訪中学校に。今清陵高校っていうんだけれど。結構名門高校なのね。

それで、私の父は中学校卒業してね、その頃県下から広島高等師範に二人と、東京高師に二人ね。県下から成績のいいのを送るっていう。それで、父は広島の高等師範学校へ行ったんですよ。そして、広島高等師範学校を卒業して、それから、義務があるんだよね。そう、東京と広島とに高等師範学校ってあってね、で、全国の人間を学校に入れるのも、その優秀な人間を入れてたわけよね。それで県下から選ばれてね、広島の高等師範に行って勉強して、卒業して、大分の師範学校に就職したのね。それでね、大分の師範学校の時のお弟子がね、なかなか面白いのが出てね、都留キソウってね、都留重人さんていう有名な人がいるでしょ、経済学者でね。それのいとこだけれどね、都留キソウっていう人なんかメキシコ行っちゃってね、開拓しちゃってね、大統領のお友だちくらいになって実業家になっちゃったの。なんかその頃やっぱりなかなか日本人が外国に出て行くってね、大変ね。それでいろいろ活躍、面白い人がいるよ。

それからね、大分の師範学校の義務を終えて、京都の帝国大学に入ったわけよね、哲学にね。そこで澤柳政太郎先生に知り会うんだけれど。だけどね、非常に面白いことはね、広島の高等師範に行っていた時にね、鵜飼淳治が広島に赴任してるわけよね。それでそこでね、県人会をしてるの、長野県人会ね。長野県でしょ。鵜飼淳治もずーっと故郷を離れてるけど、それでね、そこでね、どうも私の母と婚約したらしいんだわ。婚約（笑）ね。長田新さんは、ねえ。鵜飼淳治の娘と。

N：そうですか！　そこでお会いになって。

そうそう。それからねえ、その時まだ師範学校でしょ。高師でしょ。まだ学生でしょ。それで、それから大分に行ってそれから私の母も女学校だよね。まだ女学校の一、二年だよ。ね。だからその時に婚約したわけじゃないと思うんだけれど。その後ずっと続いていたんじゃないかなって思うんだけれど。私が耳にしたことはね、父は大分の師範学校をすんで、また京都大学に入学したわけ。それで、哲学科で勉強してね、それでね、卒業してから結婚したんですよね。だからね、面白いのは、平安神宮で結婚式挙げたっていうことを私は聞いているからね、まあ面白いなあと思って（笑）。そんなこといちいちあれすることもないけれど、なんとなくね。私なんかも平安神宮見物に行ったりするじゃない。京都でとにかく結婚式挙げて、まあ成城学園をつくったり。いろいろまあ、それまでに外国にもいろいろ連れていってもらったりしてて。

それで、広島に赴任するわけね。広島の高等師範学校と、それから文理科大学ができて、文理科大学の教授にもなってね。それで、私の父はまああのなんていうの、比較的そういう、チャンスに恵まれるってことはなかったけれど、わりあいいろいろ恵まれてね、ライプツィヒ大学にも留学しているしね。二年間。それからその後も、京都大学の講師もしてたしね。東京の教育大の講師もしてたりね。だからもう東京にもしょっちゅう行ってね。それからね、澤柳先生と世界中の教育を見ていたでしょ。だからね、講演がもう忙しくてね。全国。全国をまわって講演してた。ほんとに、父親が家にいるっていうことは少ないくらい。

N：毎日毎日あちらこちらへ？

うん、というのはね、外国をね、全部見てるわけでしょ。だから。

N：当時は本当にそんなことは珍しい、日本人で外国にいらしたって方がそんなに多くない時代ですね。

そうでしょう。そうだと思いますよ。ね。

N：その一番の新しい海外のお話を、次々と講演なさっていたのですね。

講演がものすごいあれでね、まあ売れっ子っていうかね。しょっちゅう日本中へ。それからねえ、戦争前から、朝鮮半島から満洲ね、それから北京大学。ああいうところも全部行っていたの。というのはあの頃日本が全部治めてたわけでしょ。それで、お弟子なんかみんな朝鮮に赴任しちゃったの。満洲に赴任したりして。高等師範とか、文理科大学の教授とかしてたでしょ。お弟子がみんな朝鮮とか何とかいろいろ赴任してたりしたから。だから、父は朝鮮にも行っていたし、北京大学にも行っていたし。いろんなところへ。満洲も。だから講演旅行がすごく多かったの。それから、あの、学術会議っていうのがあるの。それがね、第一期から五期までずっと、亡くなるまでね、それが東京でいつも学術会議の会議があるの。その学術会議の人たちと、まだね、占領下だったころね、あそこの南原繁さんとか、東大の総長なんかと一緒に、何人かで、ロシアとね、それから中国も行ったのよ。

N：うわあすごい！　その時代にいらしたなんて。海外の、いろいろな方々ともお会いになったのですね？

その時代、誰も行けない頃に、宋慶齢（そうけいれい）（注9）と一緒の写真もどこかにあるわよ。あの宋慶齢っていのうは、あの宋美齢のきょうだいね。それだからね、宋慶齢と一緒に写真撮ったのなんかね。あの『原爆の子』（注10）の前なんかにあれしてるしね。父が中国に行った時の。なにしろね、そういう時の書いたものが一冊本になっててね。本で出版されたんだけど、どこかいっちゃっててね、今。わかんないけれど。そうなのよ。

でね、それから、亡くなるちょっと前にね、やっぱりペスタロッチーの研究でね、ずっとやったっていうんでね、三回くらいスイス国政府から、勲章の代わりに肖像画もらってるのね。ペスタロッチーの肖像画。そういう賞もらっちゃってね。それで亡くなる前の年だったと思うんだけどね、名誉博士っていうの？　チューリッヒ大学の。それでチューリッヒ行ってるのよ、講演に。日本におけるペスタロッチー研究についての。それこそ、ドイツ語でね。だってライプツィヒ大学に二年くらい留学したわけだからね。ドイツ語で講演しちゃってね。それで名誉哲学博士号というのをチューリッヒ大学からいただいて。それで、あのー、このなんていうの？

N：はい、このお墓の写真。

レオ・ウェーバーさん、チューリッヒ大学の教授なの。私が行ったら案内してくれたのよ。このご夫妻がね。それでおうちにも呼んでくださって。まあずっと何回もチューリッヒに行ってね。これのねえ、お嬢さんがいてね、お嬢さんがピアニストと結婚しちゃってね。それで一回日本に来たことがあるのよ。アルベルト・コロンボっていう。ミラノの音楽院のピアニストと結婚しちゃって、お嬢さんチューリッヒ大学、チューリッヒの音楽院のピアノ科。このレオ・ウェーバーさん、もう亡くなったけれどね。親しかったんですよ。

N：先生のお父様は語学は、お小さい頃からなさっていたのですか？

そう、英語とドイツ語。

N：ドイツ語は留学されてから本格的に習われて。英語はもっとお若い頃から？

英語は高等師範学校の英文科だから。うん、あの頃は英語科っていうのかな、英文科っていうのがあったのよ。

N：だから会話とかそういうのは全然困らなかったんですね。

そうそうそう。それだから例えばね、一年ほど、ほら澤柳先生と、とかいろいろで、四、五人くらいで回ったでしょ。一年かけて。その時にもね、困らなかったみたいね。それで結局、ずっと世界中回って時にね、フーバー大統領？　そのお祝いの晩餐会、あったわけよ。日本からの使節団でしょ。だってね、澤柳さんとか文部省の次官とか。それでね、まずね、私が聞いてるのは、ロンドンに行って、グロブナー・ホテルなんかに泊まっちゃったりしてね、それからみんな衣装をつくってね（笑）。整えてね。いろいろ回って移動してね。それでフーバー大統領ご招待の晩餐会があったって。でね、その時にね、私の父はね、「お前若いからスピーチしろ」とか言われちゃって、ご挨拶したって（笑）。

N：そうですか！　そういうお写真とかは残ってないのですか？

まあね、写真はだいたい原爆で焼けてるでしょ。だからね、ポートレイトは父親のはあるけれどね。まあ、そういう。いや、それとね、アメリカに行った時の写真なんかね、ほとんどないわよ。だってあれに出てるのだってそうでしょ。澤柳先生の旅行のあれがね。

N：エジプトのお写真（注11）。

そう、そのエジプトの写真くらいしかないのよ。ねえ。あれがまあ成城学園にあるわけでしょ。それでね、いろんな写真が、さっきのあの宣教師の写真とかいろいろ、私が見てるのがあるわけよね、そういう。だけど原爆でね。それでその時にさ、私は津田に行ってるわけでしょ。それで、寮に行ってるでしょ。それで、母は亡くなってるしね。家にはお手伝いさんと父親がいるわけじゃない。だからね、まあその本なんかも疎開したことはあるけどね、やっぱりねえ、写真なんかはみんな焼いちゃってねえ。よく珍しく、えー小学校の時の写真が出てきた！　なんて思うことがあるくらい。何かのところに入ってたんだよね。だからね、原爆で焼けたってことはすごいよね。だから、ピアノだってそうなのよ。金の燭台がついてね、マホガニーでね、ずーっと彫刻があるの。こういうところにも、全部ね。それが今残っていたらねえ。

N：先生、それ楽器博物館にいくような、そういうピアノですね。

そう。それをね、実はね、広島大学の音楽会で、オーケストラがあってね。それの指揮者の竹内尚一(しょういち)って人がね。尚ってこういう字に、イチ。それでね、その方が、私の家にそのピアノあったんだけど、弦がゆるむわけよね、すぐに。それでね、私がピアノの練習してててね、それじゃあね、まあ、ヤマハでも、って買ちゃってね、アップライトの。こっちのは金の燭台もついてるしね、附属の小学校に寄付したらいいと、竹内尚一さんがそう言ったのよ。それだもんだから、そこへ寄付したの。そしたら原爆でそれがやられたわけ。ね。だから原爆って言うのは、すごいのよ。だって、私のピアノの先生もね、小学校の時は私、山本壽(ひさし)先生だけどね。女学校の時にはね、長橋八重子っていう先生だったの。それはまたあとで話しますけどね、だけどね、長橋八重子先生はね、すごい洒落た大金持ちの娘だったらしいんだねえ。なんか、熊本かなんかのなんか銀行家なんかの。そしたらね、長橋八重子先生、部屋から飛ばされてね、庭でね、衣類の、二十センチ四方くらい残ってね、それで焼けただれてね、それだけ残ってね、庭で倒れてたんだって。それでね、長橋八重子先生の一家もなかなか悲劇的でね、ご主人がまあ広島大学の教授してたと思うのよね、で、それが亡くなって、一人息子がいたの。その一人息子が戦争で死んじゃったの。それで長橋八重子先生一人になっちゃったわけ。息子もいない。それでねえ、妹っていうのがいるんだよね。その妹の子どもを養女にしたわけ。それで養女にしたのが女学校に通ってたわけ。でそれがねえ、作業に行ってね、その人生きてるんだよね。でね、その人が家に帰ったんだって。作業所が、その現場、外じゃなかったんだろうね。それでね、帰って行ったら庭にね、倒れてたんだって。それで衣類が二十センチ四方しかついてなくてね、全部身体が焼けてたっていうの。それだからみんなね。死に方っていうの。それが原爆はひどいんだよね。だからね、まあそういう具合でね。とにかくやっぱり広島と関連してるとね、そういうことがあるわねえ。

それでねえ、鵜飼淳治さんの、付け加えるとすればね、鵜飼淳治って人はね、そういうふうにあちこち赴任したんだけど、長野県で、もうサムライしてるわけじゃないからね、もう長野県を去ってるわけよね。そうでしょ、ずーっとそうやって。それでね、広島にね、隠居したんですよ。なぜかって、広島はね、山海の珍味があってね、気候は温暖でね。だって長野県と比べたらずっと、大変いいところだからね、広島で隠居するって言ったの。それで隠居したの。それでねえ、長男がいたの。次男はね、東北大学の化学かなんか出たんだけどね、長男はね、なんか腰を痛めたわけね。ボート漕ぎすぎて。中学校の時ボート漕ぎすぎてね。そしたら座ってやれる仕事がいいからって言ってね、熊本の薬専っていうのがあって薬剤師になって。それで資格をとって薬局をしてね、六、七人、人を使っててね。

その長男はまたその薬局を、薬剤師雇ってやってね、広島の市会議員をしててね、それから、わりあい早く亡くなったのよね。三十九歳くらいで亡くなったから。でも広島に落ち着いたわけよね、そうやって。そしたら面白いのね。私の母もね、広島に赴任したわけでしょ、父親がね。それだから、そうすると落ち着いたわけよ。そしてその時もね、話によるとね、長田新さんもちょっとしばらく広島に行ってくださいって行ってたらしいんだけれどね、母にしてみれば父親のそばでしょ。そんなもんでね。それから、その上に母の姉がいたんだけどね、姉もね、岡山の医専ていうのがあったのよ。それで医者と結婚したのよ。ね、それは教会で知り合って結婚したとかいうんだけどね。それも広島で開業医。ね。開業しちゃってね（笑）。それでね、その子どもがね、隆井（たかい）っていうんですけどね、隆（たかし）くんの隆（たか）に井戸の井。個人病院してたのよね。あの、個人の医院だね。そしたらねえ、それの長男が、さっきの、私が赤ちゃんの時の写真をね、あれをくれたんですよ。それでね、それの長男というのが東大の医学部を出てね、それで横浜の私大の病院長もしてね、学長もしてね。だから姉のところもそうやって広島にね。だから、私思った。あのね、なんていうのかしら、女の人の吸引力っていうのはあるんだなあってね(笑)ね、そうでしょ(笑)だって娘もみんな父親のところにくっついたわけだからね(笑)。だからね、吸引力があるのかなあなんて。そう思ったわねえ。まあ、そういうことですね。

(その後、小学校の名簿、宋慶齢関連の本を見せていただく。)

〈注　釈〉

(注1)澤柳政太郎(一八六五〜一九二七)東北帝国大学初代総長、成城学園創立者、教育者、貴族院勅選議員。
(注2)高橋虔(一九〇三〜一九九二)神学者。同志社大学名誉教授。
(注3)ウィリアム・メレル・ヴォーリズ(一八八〇〜一九六四)アメリカの建築家。日本の西洋建築を数多く手がけた。近江兄弟社の創立者の一人。
(注4)長田新(一八八七〜一九六一)教育学者。京都帝国大学文学部卒業。広島文理科大学(広島大学の前身)学長。広島大学名誉教授。ペスタロッチー研究の世界的権威。
(注5)加藤周一(一九六八)『羊の歌——わが回想』岩波新書。
(注6)小西重直(一八七五〜一九四八)教育学者。澤柳政太郎の招聘を受け京都帝国大学教授に就任。京都帝国大学総長。
(注7)島木赤彦(一八七六〜一九二六)アララギ派歌人。
(注8)村井実(一九二二年生まれ)教育学者。慶應義塾大学名誉教授。
(注9)宋慶齢(一八九三〜一九八一)「宋氏三姉妹」の一人として知られる中国の政治家。孫文の妻。妹宋美齢は蒋介石の妻。
(注10)長田新編(一九九〇)『原爆の子——広島の少年少女のうったえ　上・下』岩波文庫。
(注11)新田義之(二〇〇六)『澤柳政太郎——随時随所楽シマザルナシ』ミネルヴァ書房、一三〇頁。

第二章　育った環境・教育について

幼稚園に行かなかったんですよ。幼稚園はちょっと離れたところにあったので。幼稚園に行かなければいけないということも思っていなかったし、その辺で遊んでいればいいという感じだったのよ。

◆小学校入学前

N：毎日小学校にいらっしゃって、外から、授業の様子を見ていらっしゃったのですね。

そうなのよ。今、ここに書いていないけれど、小学校に入る前のことを申し上げると、友だちがいたわけ。ミナミサクヤチョウというところは、広島文理科大学とか高等師範、それから附属小学校、附属中学というものが、千田町の、大きい中に全部入っていたわけです。そこから歩いて六、七分くらいのところに住んでいたので。そこはミナミサクヤチョウといって住宅地。私の親しいのは、隣の隣の隣かな、そこにカサマツのフミちゃんというのがいて、それは女の子で仲のよい友だちなの。たしか私より一級上だったと思う。今私が言っているのは小学校に入る前よ。それで、そのフミちゃんとはいつも遊んでいたのよ。

近くに、明道(めいどう)中学校というのがあって、その中学校が廃校になって、野原みたいなところだった。あとで、そこは大学のグランドになって。広い土地があって、それが野原みたいで、のどかな風景だったの。

友だちというのは、そのフミちゃんと、それから、その三、四軒向こうへ行くと、正木中将(注1)という、すごいうちがあったの。それは日露戦争の時に大変有名な功績をあげた人。中将だからね。それが大きなうちでね。そこに女の子がいて、タエちゃんといって、私と同じくらいの歳だったけれど、済美(せいび)小学校に行ってたんだね。

小学校へ入る前は一緒に遊んでいたんだけど、そのうちには築山があって、そこに天皇陛下の写真を入れた奉安殿があった。それから、非常にモダンなのは、正木中将のうちにすごい洋館があるの、立派な。ローマ字館。二階にあがったら、広間でローマ字教育をしていたの。海軍だから、新しいものを取り入れていたのね。とてもモダンなことを。

N：そこで習っていらっしゃる方々は？

O：海軍の方々ですか？

いて、長い廊下がずっとあって立派な日本間が続いていて。そこで、正木中将が碁か何か打っていて、そういう感じだったのよ。

どういう人たちだったか、私は小さかったのでよくわからないけれど。それを見ていたの。そこはコの字型になって

それで、子どもは、男の子たちは中学くらいからみんな東京へ行って、学習院か何かへ行って、そういううちだった。そこへ私はいつも遊びに行ってたの。築山があったり、奉安殿があったり。軍都よ、やっぱりね。でもその正木中将という人はとても穏やかな立派な人で、私の母が孫を抱いて、兄たちがいたので孫がいたのだけれど、母が孫を抱いていくと、伝書鳩を兵隊が飛ばすわけ。そういう訓練を、正木中将の家の真ん前のその広い野原で、その後大学のグランドになったところ。そこで伝書鳩を飛ばす時に、「ちょっとそこのじいさん、そんなところにいないでくれ」と言われたら、「はいはい」と言って、にこにこして、どこかに行くというような。とても立派な人だと私の母がほめていたけれど、そういう退役した軍人もいるとか。広島は軍都だから、五師団があってね。だから軍人の家もあって。

私の家の裏通りからも、毎朝将校がパカパカと馬に乗っていくわけ。それで、別当というのがいて、別当は将校の鞄をもって、馬の後ろを走っていくわけ。

N：ご出勤なさるそういう風景を先生はよくご覧になったわけですね。

そうそう。大本営まで結構あるのだけれど、毎朝走っていってたよ。そういう風景が広島にはあるわけ。それで、私はその正木タエちゃんというのと遊んでいたのだけれど。そのうちに入る時に、塀を乗り越えて行こうとか、おてんば娘で、そういうことをやってよく遊んでた。

それからもう一人の友だちで、今でも思い出すけれど、ヒグチカツミっていう男の子。広島の高等師範学校には、教員の養成所があって、どこかの先生をした人をそこでしばらく養成するわけ。そういう人は家族も一緒に来ているんだよね。小さな家で、二軒の長屋式の借家があったの。いろんな人が来ていたのだけれど。そこにヒグチカツミという男の子がいて、私と一緒だったけれど、その子が勉強するわけよ。みかん箱でね。お父さんが学校の先生でしょう。地方の小学校の先生をしていたのがしばらく家族と一緒に、勉強しに来ているわけ。高等師範の中にある、臨時教員養成所というのがあったと思う。

N：実習の場ですね。

そう、そういう力をつけるためにね。そうすると「カツミ、勉強したか」と。みかん箱に教科書を置いて勉強しているわけ。彼は五年生くらいまで、私は三年生くらいまでの教科書を、もう読んでいたの。国語の教科書とか。

N：昔は、みかん箱は木でできたしっかりとしたのがありましたね。そこでお勉強を。

そう、畳の上に座ってね。私はそこに遊びに行っていて。ヒグチカツミという人も、そのあとどうしたかと思うぐらい。お父さんがそういう人で、そのおかげで、全部、字が読めるようになっちゃって、『幼年クラブ』とかも読むしね。

N：小学校にあがられる前のことですよね。もうすでに小学校の教科書を読んでいらした！

そう。だから小学校に入った時に、あきれかえっちゃって。みんなができないから。みんな、「この絵は何ですか」なんて言われると、「おみやのまえを人がとおる」なんて、幼稚なこと言ってるでしょ。私は四月生まれだから、いろいろ早いわけでしょ。小学校の時はずいぶん、違いますからね。

◆名前、名付け親

エマニュエル・カントの二百年祭に私が生まれたために、私の父がまだ若い学者で、カントについて講演したわけよ。そうしたら、吉田賢龍（注2）という人が名前をつけさせてくれと言って、「範子」と。『純粋理性批判』の中の、「規範」の「範」。だけどね、私がいつもいやなのは、電話をかけて、「こちらは村井範子でございます。「範」という字は、タケカンムリに、左に車を書く、模範の範です」と言わなければいけないでしょう。「模範」の「範」。模範の人間みたいじゃない。それがひどくいやだけどね、いつも「模範」の「範」と言っているわけ。それがあの禿頭のおじいさんのせいだなあと、いつも思っているわけ（笑）。

N：昔は名付け親というか、偉い方から名前をつけていただくということがあったのですね。

そういうことがあるのよね。私の他のきょうだいはおじいさんがつけたとか、どうということはなかったのだけれど。私だけは四月二十二日だったので、父親が講演がすんでから、その吉田賢龍さんは学長だったわけでしょう、実は今日娘が生まれたんですと言ったら、それなら名前を付けさせてくれというわけで。

その後、私が小学校に入って、吉田賢龍さんが何かの時にそこにいらっしゃって、この禿頭のこの人が私に名前を付けたために、お習字を書く時に、「竹」書いて、範子という字、それを書くと、四倍になるわけ。「長い」に「田」で長田、こちらは簡単なのだけれど、下の名前だけ四倍になるわけでしょ。だから本当にいやだなあと思った。だけどね、偉い人だったから。でも、あの頃、高等師範学校の附属の先生方はみんな東京から来ていたので、大変な方々がいらっしゃっていたのね。

千田小学校に行って、毎日授業も見ていたから、字もすべてわかって小学校へ入ったわけ。それで、千田小学校では、ダンスなんかもやるわけ。それもそばで見ながらやっているわけ。今から考えると愉快じゃない？　それで、休み時間になるとそこの小学生と、小学校の友だちと遊んで、授業になったら見てるわけ。だからその千田小学校に通ったようなものなのよ。

N：他にもそういう子どもたちがいたのですか？　一緒に外から見ているというような。

そうね。いたと思うよ。例えば、遊戯っていって、みんなで踊る時もそばで踊ってたんだから。全部知ってたの。だから、運動会の時のダンスもみんな、全部踊れるわけ。一年のあれ、二年のあれって。

私のうちにお手伝いさんがいたけれど、「ねえや」って言ってたけど、その人も時々一緒に来てくれたり。私の母も「範子は野良犬みたいにどこへでも行ってしまう」と言ってたね。わりとおてんば娘でもあったのよ。小学校に入ってから、自転車があるでしょ。それで、野原だったところに大学の運動場、グランドができてそこで、近所の子どもと自転車競争をやったり。わりあいスポーツも好きだったしね。いろんなことをやるのがわりと好きだったのね。

◆ピアノの先生

私の父は、私が四つくらいの時にライプツィヒ大学から帰ってきたのかな。それでピアノをむこうからもち帰ったのね。母は、長橋八重子先生にピアノを習っていて、オルガンも習っていて。それで、私が小学校に入ったある日、父が「範子、ピアノを習うか」と言ったので、「うーん、習ってもいいよ」と言った一言のために、山本壽先生のところに紹介されて、ピアノを習うと。それで山本壽先生は、楽譜を書いて「ちょうちょ、ちょうちょ」と、わかりやすいところからはじめて、楽譜を書いてくれて。それからバイエルとかやり出したわけ。

山本壽先生は、山田耕筰のお弟子なの、東京音楽学校で。私が、後年、だいぶあとになって、遠山一行（注3）先生が図書館をつくっていらして、そこに山田耕筰のコレクションがあって、写真を見ていたら、山田耕筰と山本壽さんが並んで写っていたので、えーっと思ってね。山本壽先生はよく新曲を書いては当選するんですよ。「みんなのうた」のような番組でよく歌われるような歌を。だから非常に有名だったの。それで子だくさんだったの。質素な生活をしていたね。お金持ちじゃなかったね。

それで、女学校時代に習った長橋八重子先生のお宅は、ウェスタン・スタイルで、ステキな立派な家だったの。二人とも師範科だったと思うのよ。あの頃ピアノ科もあったのかなあ。山本壽先生は作曲？　あの頃作曲科というのがあったかしらね？

O：滝廉太郎とか山田耕筰とかは作曲科ではなかったかと思いますが。

私たちの頃は作曲科というのがあったけれどね。山本壽先生は作曲でよく賞をとっていらしたの。

◆附属小学校時代、友人たら

その小学校のことだけれど、日本に二つ高等師範学校の附属が国立でできているでしょう。ここの一つの大きな特色は、通信簿なし。一年から六年まで、誰ができるか、誰ができないか、わからない。まあ何となくわかるけれどね。それから、級長・副級長なし。だから、本当にみんなきょうだいみたいなの。成績表もないんだから、非常にリベラルな学校だった。それで、四十人東組、四十人西組と二組あって、四十人の中の二十人が男子、二十人が女子。卒業する時は、女の子は二十人が十八人くらいになったりね。親が転勤とかで六年生くらいでやめていくということもあったので。

それから、高等師範学校のもう一つの特色は、高等師範とか広島のキャンパスがあるでしょう、そこに親がつとめている人はみんな、まず優先的に入れる。入る時にくじ引きがあるのだけれど、そういう人はくじ引きをしなくていいの。小学校、中学、高等師範、それから大学、その先生の子どもはくじ引きしないで入るわけ。職員もそう。だから、ある意味で、今から考えると文句が出るのがあたりまえだと思うけれど、そうでしょう、国立の非常にいい学校でいい先生に習えるのだから。いい教育が受けられるのだから。

今でも、あんなよい学校ないねと、卒業したみんなそう言っているの。私も、子どもが小学校に行って思ったの。本当に、私の小学校はよかったなあと思ってね。先生もよりすぐりでしょう。県下からくる師範学校出た先生ね。

各教科があるでしょう。自分の専門があるわけ。県師範から来ているわけだけれど、国語の専門とか数学の専門とか。私の担任の柴田先生というのは地理だったの。そうすると、柴田先生の地理というのは、五年と六年にあって。教科書を使わない。国立なのに、文部省の教科書を使わないの。全部白地図だけ。白地図に先生が言った通りにいろいろ書き入れていくわけよ。山だとか、町だとか。そういう教育をするの。全部頭に入るようにするの。全国のよ。それと世界中のよ。だから、サンフランシスコなんかも全部覚えされられちゃった。山とか山脈も、那須、男体とか全部覚えさせられちゃって。全部暗記するわけ。

その学校の先生は、例えば地理の先生なら、『正しい地理の学び方』という本を出版しちゃって、経済的に豊かなわけ。一番すごいのが算数なの。そこの写真にもあるけれど、山本孫一といって、『優等生の算術』と『力の算術』という本を出しちゃって。算術って言葉知ってる？

N、O：はい。

私も時間があれば家でしていたの。『力の算術』というのは、一枚に五題くらい問題があってね。『優等生の算術』は問題集なの。それで、すごい大金持ちになっちゃって、広島に比治山(ひじやま)女学校っていうのを創立したのよ、その山本孫一という人が。

そこに、歌があるでしょう。山本壽の歌。広島大学附属小学校校歌。その詩を書いている田上新吉(たのうえしんきち)。田上新吉は国語のすごい先生で、高浜虚子の弟子かなあ。全国の小学校の先生が使う参考書をつくるの。だから大金持ちになっちゃうわけよ。あのね、ちょっと、大学教授よりよほど立派な家に住んでるわけ。女中さんなんか使っちゃってね。小学校の先生といっても、階段をずっとのぼって入っていくような立派な家に住んでいらしてね。その田上新吉の娘と私は一緒だった。もともと鹿児島の素封家(そほうか)の息子で才能にも恵まれていて、俳句で、ヘキゴドウとかいう俳号だったと思うけれど、高浜虚子のお弟子で大変なものだったのよ。その先生の国語の参考書が大変な売れ行き。だから小学校の先生がお金持ち。びっくりするくらい。

そこでそうやって勉強してるのが、先ほども言ったように、赴任している人たち。だから広島の土着の人じゃないわけよね。だから小学校にはその赴任している人たちの子ども、そして県立病院長の娘とかも私のクラスにも。それから、父親が東大の工学部を出て、広島の高等工業専門学校の教授、その息子とかが入っているわけ。面白いのは、月丘夢路（注4）という映画俳優がいて、その妹が月丘千秋（注5）といって、それが五年生の時に入ってきたの。というのは小学校の時に試験を受けて、一般の人はくじ引きで落とされるわけでしょう。それで補欠というのがあって、転勤が多いので、あくと、補欠で入ってくる人がいるのよ。月丘千秋は補欠で入ってきたのよ、何回も落っこちちゃってね。お姉さんもくじ引きで落ちた、お兄さんも落ちた、自分も落ちた。それで、五年生の時に入ってきたの。おかしいわねえ、県立病院長の石橋さんの子どもはみんなそこに入ってるっていうわけよ（笑）。私はそのからくりは知らないよ。だけどね、わりとね、家庭が揃っているのよね。そういう点で親も熱心だし、親も参観にくるという。ある意味で、エリート教育みたいな。

だから、井口（いのくち）さんなんていうのは、お父さんが何か発明して東京に転勤になって、一中、一高、東大と行って裁判官になったのよ。その弟は、井口洋夫（いのくちひろお）って言ったかなあ。いろいろな賞をとった日本の大変な学者なのよ。その人もこの小学校だし。ある意味で、エリートがたくさん出ているのよね。私のクラスでも、親の学歴が、東大を出たとか京都大学を出たとかが結構いるわけよね。ミムラさんといって、大変優秀なお父さんで、その息子なんかも普通だなあという感じだったけれど、東大の工学部を出て。今もクラス会をすると、みんな非常に恵まれていてね、いろいろなことがよくわかって。

今はお役人が、高級官僚がどこかに就職すると、結構なお金をたくさんもらっているとか新聞に出てるじゃない。そのミムラさんという人も、「うーん、僕なんかね、朝十時に行ってね。ちょっと新聞読んで帰ってくりゃいいんだよ」なんて。会社の重役になっててね。みんな、あからさまにいろいろ言うんだよね（笑）。

一つの例を言うとね、戦争のあとのそういう友だちの関係ね。小学校の時に一人男の子がいて、東大の法学部に入ったのよ。それともう一人、私のクラスメイトの井口さんというのが、東大を出て裁判官になったと言ったでしょう。その二人が東大法学部でバッタリ会ったんだって。一人のほうはナカヤマさんっていうんだけれど、学徒出陣で満洲に行って、戦争がすんだ時にそこにいたわけ。もう一人、幼年学校（陸軍幼年学校）から陸士（陸軍士官学校）に行って、軍人になっているのがいたの。広島だから軍人の子どももいて、まあ、エリートだよね。それでその人もやはり戦争がすんだ時満洲にいたの。クラス会の時にその人が「戦争に負けるってすぐわかったから、だから特別列車でずっと帰って。戦争がすんだ二日後にもう東京に立っていた」と威張ったわけよ。職業軍人てそうだったの。もう一人、東大の法学部に行った、それが満洲にいて、シベリアに連れていかれて凍え死んだそうなの。二日後に東京に立っていたよと威張った、その人間が亡くなってから、シベリアで亡くなった人のお兄さんが書類をクラス会に送ってきたわけ。弟はこういう状態で亡くなりましたということを知らせてくれたの。それを聞いて、みんなああ、と。同じ小学校にいた男の子で同じ満洲にいたのに、と。職業軍人がいかにあれだったかということもわかるわよね。小学校の友だちはみんなきょうだいみたいに親しいのよね。子どもたちも仲がいいし、親きょうだいのことも全部知っているわけ。全部わかるわけ。だって六年間ずっと一緒だから。

◆学校でのこと

学校は、図でいうとね。（図を描きながら）こういう学校だったの。広いキャンパスの中にこうあって。雨天体操場。ここから出入りして、ここに大廊下というのがあって、ここに工作の部屋があって、ここに図画の写生する部屋があるわけ。そして、たしかここに、音楽室があったの。ここに西組、こちら側が東組。この運動場も東と西で別なの。私は西組なので、こう行ってこう出入りするわけよ。一階に一・二・三年、ここが四・五・六年。六年になるとこの辺になるわけ。だから完全に別なの。東組の運動場のほうがちょっと広いのよ。

先生は、東京音楽学校を出たのが音楽の先生なの。ここに音楽室があって、グランドピアノもあって、すごい教育をしてくれるわけ、山本壽さんが。そして、絵は、東京美術学校を出た先生。工作も一緒に教えていたけれどね。体操の先生はここに特別の部屋があるわけ。体操の先生はクラスをもたない。だから体操と図画工作と音楽の先生は、全部普通の先生が教えないわけ。普通の小学校だったら全科目もつのだけれど、芸術系は東京音楽学校と東京美術学校から来ていて、山本壽先生と大竹拙三（せつぞう）という。そういう教育の、いってみれば実験学校みたいなものよね。それぞれの先生は師範学校を出ているけれど教科をもっているわけよ。関原吉雄先生というのは理科だったの。理科は四年生になってから理科があるのだけれど、一年生から教えているの。

東の運動場が広くてここに植物園があるの。その植物園でいろいろな植物を育てていて、理科の先生は植物園で教えて、私たちもそこで時々理科を習うのよ。ある意味で非常に理想的な教育よね。

例えば音楽の時間というと、部屋に入っていくとグランドピアノがあって、掛け軸のようなものがあって、ベートーヴェンのものがあったりして。ベートーヴェンのムーンライト・ソナタのエピソードを聞いて、レコードを鑑賞したり。それで、そう、音楽の教科書は全然文部省のを使わないの。山本先生が全部つくっちゃって。

N：その教科書をどこかで探せないかと思うのですが。

そうね。その教科書があるかもしれないね。息子さんたちもみんな音楽学校へ藝大へ行ったのよ。それで、国立なのにその教科書を使わない。

O：唱歌の教科書を使わないということですよね。

そう、使わないの。だから、山本先生の曲とか。そこに学校唱歌もいくつか入ってはいたけれどね。例えば、田上新吉が作詞して、山本壽先生が作曲して。「はるよこい、はやくこい、あるきはじめたみよちゃんが、おんもにでたいと待っている」とか。自分の作曲したものを歌わせていたのよね（注6）。普通の教科書に出ていない曲をよく歌ったのよね。田上新吉と山本壽のコンビの曲とか、校歌もそうだけれど。

地理の先生も文部省のを使わなかったのよ。使ったものもあるよ。国史とか、国の歴史。柴田先生に習うわけだけれど。

理科の先生の関原先生の担任のクラスは一年から理科をやっているわけだから、私たちは四年からだったけれど。

時々山本孫一という算数の大家とか、田上新吉とかが特別授業をやってくれるわけよ。だから、ある意味でエリート教育をしてくれたみたいだけれど、通信簿もないし、級長・副級長もいないので、非常に自由なのよ。今そんなことをやっている学校はないでしょう。問題になるでしょう。今広島大学の附属になっているけれど、文部省の教科書を使わなかったら問題になるよね。だからその当時は非常に自由にやらせていたのよね。

◆受験勉強、友人たちのこと

受験勉強というのがあって、当時女の子は広島の第一県立高女を卒業すると、県下から秀才がくるわけよ、だから五人に一人くらい。入学試験もとても難しい。で、そこを卒業した人間は、いい男の人と縁組みできるという。良妻賢母の時代だから。女学校が最終学歴だから、女の子は広島第一高女に入れなくちゃいかんという。柴田来（きたる）という人は、私たちのクラスを初めてもったわけ。それまではね、その写真にも、そばに立っているようにね、工作の助手だったというの。それが、二年の時にもった松井先生というのが千葉県に転勤、郷里に帰ったのよね。そのために、工作の助手が先生になったわけ。ベテランの先生がたくさんいる中で、言ってみれば若造がなったわけで、私の家でも「範子は大丈夫かね。工作の助手が担任になって」と。郷里が福岡県だったかしら。とにかく柴田先生は張り切って、クラスの全員第一高女に入れたいと。結果としては、十六人、受けた人が全部入ったわけ。ミッションスクールに行った人もいたので。普通は附小からは三、四人しか入らないのよ。五人に一人なのよ、受験の倍率が。広島県全体からくるわけだから。隣のクラス、四人入ったのが、こちらは十六人全部。

受験勉強は男の子に一生懸命やるというのが当時の風潮だけれど、私の小学校では、その先生が、女の子は最終学歴だから頑張らないといけないと。六年の一学期に六年間の教科を全部終えたのよ！（笑）。今から考えるとむちゃくちゃだと思うけれど、一生懸命自分で全部の教科、国語でも、地理、歴史、理科、算数も、一人で教えるわけなの。だから五年の時にもう六年の教科書を買って勉強したの。

夏休みも、今の塾と同じに、集めてね、やったの。二学期、三学期は全国の問題集をやるの。東京の府立一中とかの。口頭試問の練習までしちゃって（笑）完璧。先生がはりきっちゃってね。女の子は最終学歴だからそこへ入れなくちゃと。そうしたら、月丘千秋という映画俳優が、ウシオさんという、広島の本通りに店があって、毛糸屋さんの一人娘でおっとりした人がいたのだけれど、「ウシオさんでも入ったものね」と言ったら、ウシオさんが怒っちゃってね（笑）。だけれどそういうふうに全員入っちゃったので有名になって、次の入学式。六年間もっとまた一年に戻るわけでしょう。ナガヌマケン（長沼健）という、サッカーの有名な、ナガヌマさんの弟が入ったわけ。そうしたら二人の担任の先生がいたのだけれど、みんな柴田組になりたい、柴田組になりたいって、それほど人気が出ちゃったわけよ。

二学期と三学期は放課後必ずサンドイッチをとってね、みんなサンドイッチを食べて一時間運動しなさいと。それから勉強しましょうと、夜六時くらいまで学校で勉強したの。それで、みんな入っちゃったわけ。問題集全部やったわけだから。

N：全員というのがすごいことですね。途中で脱落者がいなかったわけですね。

できない子がいるでしょう。その先生が夜その子の家へ行って家庭教師するわけよ。もちろん、お金なんて全然問題じゃないのよ。ボランティアで。できない子は日曜日に自分の家へ来なさいと言って、自分の家で教えちゃって。今から考えるとむちゃくちゃよ。そんな非教育的なことをやったらね。

私も忘れもしない、小学校の終わり頃になったらね。教室の片隅に先生の机と椅子があってそこに座って「自分の至らないためにみんながうまく広島県立第一高女に入れないかもしれない。困ったなあ」と言って。単純でしょう。

N：教える立場の責任の重さが。

O：お若い先生だったんですね。

若いのよ。助手だったんだから。で、初めて教えたでしょう。師範学校を出てきて助手をしていたから、二十代？それほど自由だったのね。他の学校は、例えば袋町小学校とか有名な受験校があるのだけれど、学校が補習授業をやりたいわけよ。だけれども放課後教えていると見回りがきてみんな裏口から逃げたとか、なかなか難しかった。だから、その先生は情熱のあまり。

N：できない子というのは、勉強をいやがらなかったのですね。

そう、だって成績表があるわけじゃないんだから。一回一回は試験の点数が出るけれど、叱ったりそんなことはしないわけ。

N：先生が自分の家に来るのも先生の家に行くのもいやではなかったんですね。みんな一生懸命やって。そういうふうに、子どもを、やらなくちゃいけないという気持ちにさせるという。

そう、だから、やはり愛情なのよね。男の子は、半分が上へ行けて半分が外へ出るのよね。外というのは、一中とか二中とか。そういうところへ行ったのもいるのよ。それもみんな東大の工学部とか、いろんなところにうまく入っちゃって。それから、お寺のお坊さんの子どももいたのだけれど、崇徳中学といって、お寺のお坊さんの仏教の学校へ行ったり。お店をやっている人は、県立商業学校へ行って、そのあと明治大学へ行ったり。そんな感じでみんなちゃんと落ち着いちゃって。みんなその時どこへ行ったからって、軽蔑したりとか、そういうことがないのよ。そこのところがみんな仲良し。

それからもちろん、軍人になった人も三人くらいいたわね、あの当時だから幼年学校から。一人は職業軍人、あの、二日後に東京にいたという。それはすごく優秀なよくできた男の子で、自衛隊に入って高官になったのよ。それも、「中西くん」なんて言って、みんな仲良くしていたのよ。この間亡くなったけれど。

久保田眞苗（注7）が本を出しているでしょう。彼女の本を見ると、女性が差別されている。それで、女性の人権ということをすごく大切にしているわけよね。だけれど、私自身としては、小学校時代に偏見がないでしょう。男の子とも何でもなく接しているわけでしょう。だから一生涯それで来ちゃったね。全然偏見がないの。

O：そのまま共学で同じ教室で六年間一緒でいらっしゃった！

そう、だから、きょうだいみたいでしょう。

O：すごいですね。

そう、ずっと一緒なの。井口さんなんて一中、一高、東大なんて秀才コース。すごく親しくてね、今でも電話でしゃべったり。それから、ミムラさんなんて東大の工学部で、運輸省だったかな。よく転勤していたけれど。やっと住所がわかって久しぶりに電話したの。そうしたら「この間五十センチほど腸を切っちゃってね」というのが一番最初の言葉。結局、ミムラさんと私との関係はそういう関係なのよ。久しぶりでしょう、普通だったらお元気ですかとか、挨拶したらどうかと思うのだけれど。それで、七人ほど東京でクラス会をしていて、今は四人くらいになってしまったけれど。みんなお互いに親しい友だちなのよ。

例えば、附属中学に入れなくて二中に行ったのも、東大工学部に入って。はじめは機関銃だったか何か武器をつくっている会社に入っていたのだけれど、今は「京樽」のお釜をつくる会社。千葉のほうで全部ご飯をつくっているんだって。その大きなお釜を、工学部を出たその彼がつくって、設計、開発したのか何か。重役になっていたのよ。

わりあいみんないろんなところで、うまくいって、いろいろやっていてね。あの人あまりできなかったかなあ、と、成績表がなかったからそういうこともわからないのだけれど、みんないろいろなところで活躍して。

音楽のほうでも。お坊さんになったのがいるの。家が真言宗のお寺さんで。山本壽先生のおかげで、自分は音楽が好きになったと言ったの。それでクラシックの音楽が好きになってレコードのコレクションがすごいの。小学校でできる子もできない子も、いろいろな環境の子がいたけれど、みんな楽しくやっているというのは、小学校の時にそういう教育をしたというのはとてもいいと思うのよ。

N：評価がないということだけでなく、やはり先生方のご指導が素晴らしかったということですね。

そうなの。差別がないわけでしょう。級長・副級長がないし。みんな言うの、あんないい学校なかったと。小学校時代が一番よかったたって。

◆臨海学校、修学旅行

体操の先生が担任をもたないの。体育専門学校を出た先生もいるし、普通の師範学校を出た先生もいるけれど。体育にも力を入れていて、運動会では女子は五年、六年になったらダンスをするの。

私は中尾勇先生という先生だったの。体操の先生は受けもちをもたなくて、体操の先生は専科の別の先生だから、威張っているのよね。成城学園でちょっとした講習会があるといらっしゃるとか。そういういろいろな新しい学問的なことがあるでしょう。

N：スポーツ学的アプローチとか、研究者として指導者を指導されるようなお立場でもあったのですね。

そうなのよ。それで、夏に臨海教育があるのよ。四年、五年、六年と、似島（にのしま）という島に行って、八日間くらいだったと思うけれど、十日まではいかなかったと思う。一週間よりちょっと長かったと思うけれど、それでみんな寝泊まりして、水泳だけする。午前中と午後と。私なんかもわりと水泳はよくできちゃって、二級というところまでいったけれどね。遠泳っていうのもあってね。二キロと六キロと。

O、N：すごい！　小学生ですよね！

それから、やることが、はじめの横泳ぎから、ブレスト、バック、潜水ね。飛び板飛び込みもやっちゃってね。私の母が訪ねてきちゃって、「女の子にあんなことをさせて」と言ってびっくりしちゃって。飛び板飛び込み。クロールとかも。一級というのが一番上なのだけれど、二級に女の子が三人。で、それに入ったのよ。それが、四年、五年、六年ってやるの。はじめは横泳ぎでね、それからブレストとか、それから潜水。潜水っていうのもなかなかもぐれないのよね。ずっと深いところを、こう何メートルもね。

N：海ですよね。海を泳がれていたんですね。

そう。瀬戸内海の島で、やるの。そういうふうに、学校の先生が全部行っていろいろ教えてね。体操の先生も教えて、いろいろ指導するの。

N：みんな、それは、泳げるようになる？　泳げない人も泳げるようになるんですね？

そう、もう全部。全員。だからね、船が沈みかけたらどうするかっていうのも習うんだけれど、渦を巻くでしょう。だからね、できたら遠くへ飛び込みなさいって。遠くへ飛んで、逃げる。もしそれができなかったら船と一緒に沈んで、棒きれをもって、しばらく立ち泳ぎをしなさいと。立ち泳ぎっていうのがあるのね。そういうふうにいろいろ習うわけよ。そういうこともね。

O：すごい、実用的ですね。

N：本当に、命を守るための。サバイバルの訓練のような。

そう、そう、そうなの。だから、飛び込みでもいろいろあるのよ。ちょっと低いところに飛び込むのが、順下（じゅんか）っていって、その頃の言葉だけれど。それから高いところから飛び込むのとか、いろいろやるんだよね。それから潜水でしょう。もぐるのと。そういうことは、ずいぶん、教育がね。それで、寝泊まりするわけでしょう。だからみんなも親しくなってね、朝昼晩と一緒に食事してね。体の弱い子は休んで、いくらでもそういうこともできる。

それからもう一つは修学旅行。それがまたすごいんですよ。六年生の時修学旅行に行って。広島でしょう。まずね、奈良に行ってね。猿沢の池なんし行ったよ。それから、奈良に行くといろいろあるでしょ。二日間ぐらい奈良にいて、それから伊勢神宮に行っちゃって。それで伊勢神宮でお神楽あげてもらったね。特別にしてもらったと思うのよ。そういうところが国立大学だと思うのよ。国立学校の附属小学校。それから名古屋城を見て。それは途中下車して見てね。それから東京に行ってね。東京が三日間、京都が三日間。全部カメラマンつきで、いろいろなところに行って東京見物もしてね。それで京都でもあちこち行って。それが一つの勉強ね。そういうこともやったのよね。それで、みんな知らないと思うのだけれど、明治天皇のお墓にもお参りしたの。京都で。あなた、知らないでしょう。明治神宮は有名だけれど。

N：行ったことはー、たぶんない？

京都の宇治山田の中間にあったと思う。それが四百三十段なの。

N：ああ！わかりました。一度だけ。平等院のほうだったか。宇治のほうですよね。はい、すごい階段があるところですね。

そう、四百三十段のぼるの。その階段をね、柴田先生というのが、その時お腹をこわした男の子が三人ぐらいいてね。その三人をね、先生が一回ずつ背負って上まであげたの。その晩旅館で、その先生が感慨深げに、明治天皇が自分に乗り移っちゃってそれができたって言って（笑）。若いと思わない、その先生もね。涙を流して。明治天皇が乗り移ったから、男の子を背負って四百三十段あがって、おりたって。三人。それ面白い話でしょ。そういう、のどかな話よ。

N：いいお話ですね。今は、そういう気持ちはたぶん？　時代がちょっと違いますね。

そう、今は。その頃はやっぱり、明治天皇とか、そういう時代だけれどね。その先生そのものはすごくそういう点で情熱家というか。

N：とても純粋で。せっかく修学旅行でこの子たちが来たのだから、ここは全員参らなくてはと。

O：高い使命感をおもちだったのですね！

◆音楽学習、ご両親の教え、お子さんたちのこと

私が今、このメモに書いているのは、音楽学習については、五年生ぐらいの時に、学芸会にモーツァルトのソナタか何かを弾いたのよね。山本壽先生のご指導だったしね。山本先生が、やっぱり音楽に熱心だったから、檜山薫っていうのがいるんだけれど、東京音楽学校に行って、コントラバスで、NHK交響楽団のコントラバス奏者で活躍したのよ。その檜山さんていうのがいるから、私のクラスの井口さんは、裁判官になって東京にいるでしょ。だからNHKのオーケストラの演奏会にいつも行っていたって、檜山さんが出る時に。というのは、檜山さんていうのは、たしか大学の職員の子どもだったの。それが藝大に行って音楽家になっちゃったのよ。

それから、新延輝雄(にいのべてるお)っていうのがいるんだけれど、たしか染め物とか織物のお店の跡継ぎ息子だったの。それが小学校の時に、大竹拙三という絵の先生が指導して、小学校三年の時から個展を開いちゃって。だから、はじめはクレパスか何かでやっていたのが、油絵にしてっていうふうに。それで東京の美術学校に入っちゃって。その人画家になって、

有名で、日展の理事、ずっと。そういうふうに、やはり先生が指導して。だってずっと個展開いて、小学校三年の頃からずっと。

N：才能を先生に見出されて。

そう、才能をね。その大竹先生というのがね。だから絵の先生がいたためにそういうんでね。ごく最近では、私の小学校の名簿を見ると、糀場富美子（こうじばとみこ）（注8）っていうのかな。糀場さん、サントリー音楽賞をもらったのよ。それが私の後輩にいるわけよね。佐治けい子さんがね、サントリーの。いつも呼んでくれるのよ、サントリー音楽賞の時。それで行ったらね、佐治さんが、あそこに糀場さんいるよって。それで、あなた広島、と話していたら同じ小学校だったの。だから、芸術教育というのが今も続いているのかな。糀場さんは私よりもずっとあとですけれどね。

N：そういう先生がいらっしゃろ伝統があるわけですね。芸術教育の。

そうそう。そういう伝統があるわけよね。何ていうのかしら、自由な学校で、非常に伸び伸びと才能を伸ばしていけるという。だって、織物屋だったから跡継ぎさせようと思ったら、絵のほうへいっちゃったでしょう。だから、その弟が私と一緒だっだのね。弟が、跡継ぎさせられるっていって、県立商業、商売するんでね、行ったんだよね。でも、戦争やなんかあって、結局原爆で全部やられて。町なかだったから。それで、サラリーマンになったけれど。やっと生きて帰ってきたけれど。新延さんていうその絵描きのあれはね私の同級だけれど、帰ってみたらご両親は二人とも死んじゃって、全部、店も全部。だからもう跡継ぎなんかできなくてサラリーマンになったけれどね。みんなそういう悲劇を背負っているのよね。広島の人っていうのは。本当そうなのよ。

まあ、そんな具合かな。女学校の良妻賢母のところはまだいかないから(笑)。女学校はひどいものなのよ。だから私は、今まで。さっきお話ししたように、久保田さんが女子の権利とか何とか言ったけれどね、小学校の時伸び伸びしてるでしょう。女学校はひどかったけれどね、まあちょっとはみ出ていたけれどね、こっちは。それで津田は伸び伸びしてるでしょ。戦争中であるにもかかわらず英語をやっちゃってね。それから友だちも、いろいろいい友だちがいて。それから藝大へ行ったでしょう。藝大行ったら女も男も全部一緒でしょう。だからそういう意味で、あんまり、男の人、女の人っていう、小学校時代のフレンドリーなあれでね、藝大時代もそうだからね。今でも藝大時代の友だち、本当に率直に、楽理科の友だちやなんかでもしゃべれるのね。だから私は男の人に対して偏見は何もないわけ。

それで私は国際会議に行ってたでしょ。そうすると会長でも何でも平気でしゃべってたらね、岸本宏子さんが、村井さんはよく平気でしゃべってるわねって、会長でも何でもって言うけれどね、あんまりそれがないの。一つ言えることは、私の母が、キリスト教の精神、精神がね、そんな教会に行ったわけでも何でもないけれど、精神が。母は、偉い人、社会的に地位の高い人とかお金持ちの人を偉いと思うことが、ない、全然。そういうふうに育てちゃったの。だから私は、社会的な地位がある人、それからお金持ちの人、偉いと思ったことが一回もないのよ。だからね、私の母は本当の意味でのキリスト教の精神が、まあ他の宗教も同じだけれど、そういうあれがあるのね。だから、私の家に出入りしていた牛乳屋さんがあるの。それはね、たぶん朝鮮人だったかなあ。あの頃ね、朝鮮人ていうのは下に見られてた。だけれど、その牛乳屋さんにも本当に親切で、牛乳配達に来るわけよね。そうすると暮れなんかにいろいろな贈物をいっぱいあげちゃって。牛乳毎日配達してくれるってすごく感謝していて。そういうふうだったから、母から私自身が受けたそういうもので、社会的に地位の高い人、お金持ちの人を素晴らしいと思ったことがあんまりないんだよね。だから、どんな人も全部同じって思っているわけよ。それだけはね、面白いなって思う。それは植え付けられちゃっているから。だから、誰か偉い人に頭下げるとか、そういうことがあまりないわけ。

それと、私の父の教育もね。父は澤柳政太郎先生のことを心から尊敬しているのね。だから、澤柳政太郎先生が亡くなった時に借金が百万か二百万かあったんだってね。それで、あれだけのお仕事をなさったからそのくらい借金があったのは大変美しい話であると、みんなお弟子で返しちゃったんだって。何しろ私の父は、学者というのは貧しいのが当たり前で、学者が金持ちになったってたかが知れてる、とね。だから、私なんかにいつも、研究するためにお金を使うのはいいと。贅沢はすることはないけれど、食べ物なんかに対して質素にするなんてことは一切考える必要はないと。人間はね、ステーキのおいしいのを食べたら、次の日はお茶漬け食べたいと思うんだからって（笑）。何しろ倹約なんかしなくていいと、食べ物にね。それで貧乏でいいと。学者がお金持ちになったといっても何にもほめることはないし、だいたいたかが知れてると。一応生きてゆければよろしいと。私は、わりあいそういう点でお金のことも。何とか生きていければいいと。人に迷惑かけちゃいけないけれどね。そういうふうにお金持ちがいいなあとか社会的に地位が高くなったらいいなあとか、そう思ったことが一回もないのね。だから、そういう点では、やっぱり私の環境がそうであったということと、それから小学校でも、環境がそうだったから男の人だからって何とも思っていないしね。そういうことは私が得られたいいことかなあ、と思いますね。

本当にそうなのよ。例えばどこの学校に行ったら出世するとか、そういう教育が今はあるでしょ。だけどね、私、そういうこと全然考えたことないの。子どもの教育についても、いずれ、後日お話ししますけれどね。例えば出世してほしいとか一回も考えたことない。やっぱり、自分のしたいことをして生きていければいいってね。

私の父が言っていたことは、ものを研究する人間になるのが一番幸せだと。研究者が一番幸せであると。そういつも言っていたの。研究者、研究者。いいでしょう。そう言ってね。

N：そうありたいですね。私たちも。そのお言葉にすごく励まされます。ね。

O：すごく心強いお言葉です。今の時代はどちらかというと逆。研究なんて、というような。

そうね。私の父はそう言っていたの。研究者が一番幸せであると。それはもちろん、仕事によってもいろいろしなきゃいけないこともあるけれど、でもできることならものを研究して生きていける人間が一番幸せであると、そう言っていたの。私、息子が二人いるでしょ。いい学校に行ったらいいとか、それはあんまり考えたことがなかったのね。だけどね。私が思ったのは、広島の原爆なんか見ているでしょう。だから、どこへ放り出されても生きて行ける人間ね、そういうのになる。そのためにはまず技術、それから研究。技術になって、研究、研究、研究者。そう心の中では思っていたけれど、子どもに、何になりなさいとかどこの学校へ行きなさいとか言ったことは一回もないのよね。だけれども、二人とも研究者になった。それに二人ともどこか放り出しても大丈夫。アフリカに行っても生きていけるし、インドネシアに行っても生きていける。そういう人間ができたわけ。だからそれはよかったと思うのよね。

N：それはどういうふうに？　私も、大沼さんもそうだと思うのですが、これから次の世代を教えることに関わる人間なんですけれども、どういうふうに、その投げかけ方っていうか。たぶん、言葉で言っても、そういうことってピンとこないですし、言葉で言ったら逆効果だったりとかということもあるんですけれども。

そうね、何になりなさいということは言うべきじゃないでしょ。ね。

N：先生の場合は、何か、先生ご自身が発していらっしゃるオーラのようなものなんでしょうか？

O：背中ですかね。

N：そうそう、先生の背中を見て。

（笑）小学校時代そうやってのんびりしていたしね、そして非常にリベラルな教育ももっていてね、自然にそう思ってたからね。子どもにどこの学校へ行きなさいとかそんなこと一切言わないの。

N：勉強しなさいとかおっしゃらないわけですよね。

全然。だってね、六十点、もって帰ってくるでしょ。で、「あっそう」って言ってね。普通の親だったらね、「なに、六十点！」て言うけれど。私も六十点とったことあったなあ。あっそうって。私なんか小学校の時わりといい点とる人間だったの。というのは、小学校の時に四月生まれっていうのはいい点とっちゃうんだよね。やっぱり三月の、次の年と違うから。だからわりあい私もいい点とってきたけれど、子どもについては、二人とも小学校時代は普通で、中学の二学期ぐらいからいい成績になったの、二人とも。ほっといたのね。それも、この近くに行ったんだよね、みんなね。純なんかもね、普通部、慶應のね、普通部でも受けたらどうって六年生のはじめに問題集を渡したら、こんな難しい問題を出す学校には僕は行きませんって（笑）。それで、言うことがいいじゃない、義務教育なんだろう、だからこの近くの千歳中学でいいよ、みんなが行くところでいいよって言うから。あっそうって言ったらね、結局勉強しなかったら、みんなが勉強するでしょ。それで麻布とか開成受けるじゃない。だんだん二学期になったら成績が落ちてきて、三学期になったら、やっと、ああやっぱり勉強しなくちゃいけないと思ってね、三学期の終りから勉強して、それから中学に行って。中学の一年の二学期ぐらいからぐっとトップクラスに成績がいったんだけれど、私はなーんにも。塾も行かない。

N：ご自身で、自分でやらなくちゃって思われたわけですね。

そうなの、そうなのよ。だから自分でやるってことになってね。

N：それを引き出したいって思うのだけれど、それはどうにもしようがない。外の人ができないことですね。

私、やっぱりあの時代だって東大を目指すとかそういうのがあるけれどね、本当言うとね、主人が慶應行っているからね、できることなら慶應行ってもらいたいなあと思ったの、やっぱりね、慶應っていうのは歴史もあるしね、と心で思ったけれど。でもね、どこ行ってもいいよって言っていたの。そしたらね、上の息子は慶應の工学部の電気に入ったの。それで、純のほうは、高等学校の時にこの近くにいる友だちがね、純ちゃんね、高校、慶應受けようよって言ってきたの。それで、外語でね、慶應の外語（慶應義塾外国語学校）が三田にあってね、夏の講習会をするわけよ、高等学校の。塾に行ったことはないけれど、そこへ行って。そうしたら、英語やなんかすごくよくできてね、点数も、数学もよくてね。十分慶應の高校に入れるって。それで慶應の高校に入ったのよ。友だちが言いにきて、それで一緒に入ったの。

それで、慶應の高校に入ったのね。そしたらね、まあ、一学期のはじめに一回試験があって。まるで受験学校みたいに、何点以上は医学部です、何点以上は工学部ですってやってるんだよね、高等学校で。だから高校がまるで受験学校みたい。びっくりしたの。それで、わりあい勉強にはずみがついていたからね。でもね、また大学になったら自分で何するがわからなくて、ぐずぐずやっていたけれど。私は何も言わなかったの。

まあ、子どもっていうのはね、人間っていうのはね、やっぱり自分の置かれた環境の中で、自分の好きな道に入っていけばいいんでね。私はね散髪屋になってもいいと思っていたの。というのはね、戦争になってどこか行ったらね、髪の毛だけはのびる、仕事だけはあるでしょう。そうでしょう。だから、私は何になってもいいよってそう言ってたの。だって、例えば私の家が何か企業でもやっていたら跡継ぎだとかね。あれが一番かわいそうだね。会社もっていて跡継ぎなんて。ねえ、トヨタだって大変じゃない。孫が。

上の息子なんかも就職っていうと大騒ぎするのかと思ったら、延ばして大学院に行って、修士がすんだら、同じ研究室のメンバーも行った東芝がよさそうだと言っちゃって。研究室の先輩の人と食事したら、もう決まっちゃってね。入ってずっと開発部門にいてね。技術職でずっと自分はやりたいって言って。高い地位につく営業関係は一切いいって、同じことをずっとしてるの。それと高エネルギー物理学研究所ってあるでしょう。筑波にね。あれとの関連もずっとやっているの。だから研究者と一緒の仕事が続いたの。

上の息子はオーボエをやっていたの。井口博之さんのところで、読売日響の。二人とも四つからピアノとソルフェージュは桐朋の教授だった小林福子さんについて。私が教えると、これになるでしょう、けんかにね。だから私は英語も音楽も教えられないわけ。英語は、津田の後輩がいたからね。中学の一、二年の頃ね。学校の教科書じゃなくてね。学校の教科書はアメリカン・イングリッシュだから。イングリッシュ・イングリッシュのイギリスの教科書でみてもらったのよ。三年間ね。そうするとやっぱりだいぶ違うからね。だから英語はそうしたんだけれどね。子どもの教育もね、自由にやって、何になってもいいと思っていたらいいのよね。私はそう思うのよ。

N：子どもが自発的に何かをやり出すという、その働きかけを大人がしてあげるというのは難しいですね。

そうそう。だから、純なんかね、あれ今、インターネットでね。大学時代はね、ずいぶんうろうろしていたことがあるのよ。でもアメリカに行ってね、早くから行ってね、いろんな研究室とか大学をうろうろして、やっていたから。私その時に何にも言わない、私のうちじゃ。何やってるのなんてそんなことは言わない。そうしたらね、ああ、そろそろ卒業しなきゃなんて、親の顔が見えてきたとか言っちゃって、それで卒業したとか言って。

N：実先生もそういうことはおっしゃらないんですね。

ええ、一切。だからね、例えば慶應に行きなさいとか、そういうことは一切言わない。もう、もっと、私よりも全然、知らんぷり。私がすることも知らんぷり。自分の研究をやるっていう。だからわりと簡単なのよ。

N：お父様、お母様の研究者としての姿を見ていらして、息子さんお二方が今ご活躍で、いろんな分野で。そういういいお手本というか、素晴らしいお手本が身近にいらっしゃるということがモティヴェイションにつながる。

でも、純なんかも本当にそうなのよ。大学院の時も、うろうろしちゃってね。いろいろしてね、本当に自分で何を研究しようかっていう。それで、規則以外のところでインターネットでつないだんだからね。そうよ。

N：そういうことがすごくよくできる方っていうのは、いろんなことを実験的になさってみるとか。

そうそう、大学院の時にいろいろね。NHKか何かの、NTTかな。電話局とかいろんなそういうのはね。そうしたらね。東工大の助手にもしてくれてね。ドクターとってからね。それから東大の助手も先生のほうからいらっしゃいって言ってきて、いろいろやってくださってね。だから、先生のほうがやっぱりそういう領域をやりたくて、純を呼んでくださったのね。だからわりあい、そういう意味で、自分で全部道は拓いていったんですよね。でもその時にね、先生がね、いつか何か、五千万お金がいりますねって言って。東大の先生がね、すぐ上の先生がね。あの人が助手で。そうしたら、あ、そうですか、じゃどこかでもらってきますかって言ったって、純が（笑）。いろんな会社に行って。だからわりあいのんきにできているのよ。

N：そういうふうなことをずっと身につけていらっしゃったんですね。ご自身で発見して、道を拓いてということをずっとなさっていたんですね。

O：その力が、それができるというのは、しっかりといろいろ積み上げていらして……。

そうね。のんきといえばのんきだけれど、いろんなことを小さい時から楽しくやってきたのよね。塾も行っていないしね。私のところも、何になってもいいよっていう感じだったからね。だから、子どもを育てる時に、型にはめるっていうのはよくないよね。だから、私が一番くだらないと思うのは、東大の法学部にでも入って、官僚になって出世してくれたら一生涯安泰だと思う考えを、親がもっちゃいけないね。本人がやりたいって言うのならいいよ。だけど親がそれやるでしょう。ああいうのがねえ、やっぱりねえ。結局、日本のシステムはね。明治時代はそれでよかったよ。だって、日本の大学っていうのはお役人をつくるためにつくった。外国ではキリスト教の聖職者をつくるために十一世紀につくった。神学部なの。だからディヴィニティ・スクールで、神学部でできているのね。だから、音楽も大切にするわけよ。だけど日本ではね、そういう精神的な問題じゃなくて、まあ、非常に貧しい国でしょう。だからね、やっぱり、あれなんですよ、東大の法学部出ていいお役人つくらなきゃって。明治の時そうだったのよ。でも今だにそれがあるから。

それから、政治家。政治家っていうものも、どこの領域からでも推薦して出られると。そして戻れるという、あれが大切だと思うの。やめてから、いくでしょう。だから誰もいかないよ。だって銀行員としていい地位にあるとか、大学教授としてとか。その人が政治家になって、第一期は当選したけれど、第二期は落ちるなんて、誰もそんなあぶないことしないよ。だから政治家っていうのは、政治とお金ってよく新聞に出てるけれど、でもお金がなかったらできないじゃない。だって、そうでしょう。落っこちたって生きてかなきゃならないんだし。だから、そういうところがね、日本はシステムを変えないとね。政治家っていうのは、たいがいファミリーでやっていくっていう。だから、政治とお金なんてあんなこと言っているけれど、あんなことナンセンスだと思うのよ。例えばね、鳩山さんとか小沢一郎さんとか十年も前に調べるなら調べておけばいいのよ。今やることないのよ。上に立ったらとたんにやるでしょう。ねえ。小沢一郎って人も私はよく知らないけれど、それでも二大政党にしたんだから。初めてデモクラシーができたんだから。そうでしょう。だからね、大いにやってもらっていいのよ。小沢一郎って人で動いているわけでしょう、今ね。政治ってそんなものだもの。票がたくさん集まらないとどうしようもないもの。そういう点がね、のんきな国といえばのんきな国。私はそう思っているの。のんきな国、この国はね。

わたくしものんきで。とりとめないことをお話しいたしました。

N：先生の教育方針というか、先生の教育の根底にあるお考えというものについていろいろ語っていただいて。もっとうかがいたいです。

まあ、そう。女学校時代はひどいからね（笑）。

N、O：次回も楽しみにしております。今日は長いお時間本当にありがとうございました。

〈**注　釈**〉

（注1）正木義太（一八七一～一九三四）海軍中将。

（注2）吉田賢龍（一八七〇～一九四三）広島文理科大学初代学長。

（注3）遠山一行（一九二二～二〇一四）音楽学者、音楽評論家。日興証券会長遠山元一の長男。フェリス女学院短期大学、東京藝術大学、桐朋学園短期大学などで教鞭をとる。明治学院大学より名誉博士号授与。遠山音楽財団設立（後の日本近代音楽館、二〇一〇年閉館）。紫綬褒章、勲三等旭日中綬章受章。文化功労者。

（注4）月丘夢路（一九二二～二〇一七）女優。一九三七年宝塚音楽歌劇学校入学、一九三九年初舞台。宝塚歌劇団二十七期生。同期に大路三千緒、乙羽信子、越路吹雪、東郷晴子らがいる。

（注５）月丘千秋（一九二五〜二〇一九）女優。一九四二年広島県立広島第一高等女学校卒。一九四四年宝塚音楽歌劇学校卒。実姉は女優の月丘夢路。

（注６）《春よ来い》相馬御風作詩、弘田龍太郎作曲。田上新吉作詩、山本壽作曲、童謡《かへろ　かへろ》国立国会図書館に音源あり。

（注７）久保田眞苗（一九二四〜二〇〇八）津田塾専門学校四十四回生。労働省を経て参議院議員。経済企画庁長官等を歴任。久保田幸子編（二〇〇九）『悠々たるフェミニスト　久保田眞苗・人と仕事』ドメス出版。

（注８）糀場富美子　一九五二年広島生まれ。二〇〇六年第十六回芥川作曲賞（サントリー芸術財団主催）《未風化の七つの横顔〜ピアノとオーケストラのために》。

第三章　女学校時代

今日の主題に移りますけどね、今日は女学校なのね。その前に、これ、山本先生のこと。あなたが歴史に出てきたって言うから。それがこの間ふっと手紙見たらね、それこそ小学校の友だちの、私のクラスの人間で広島にいる人がね、私が山本先生にピアノ習ってたもんだから、それが新聞に出てたって言って送ってくれたの。広島から。それでそれ差し上げますよ。山本壽ね。あなたがほら教育史に出てくるって言うからね。お弟子さんだからね。

O：山田耕筰ですね。

そうそうそう。山田耕筰の弟子ね。それから今日ね、最初にお話しようと思ってることに関する、これとこれ差し上げて。それでね、私、本が手に入るかなあと思ったの。岩波文庫だから。『マヌの法典』ていうんだけど。もし買えたらね、岩波文庫だし。ここの頁をあなたたちにコピーしたんです。そこに『マヌの法典』からって書いてあるでしょ。ね。それで何かっていうとね、まあ女学校なんだよね今日やるのは。女学校はね、ここの中からもとったの。

それでね、あなたなんかそういうことなかったと思うんだけど、私の経験だと、先日お話ししたように、小学校の時に二十人二十人の男の子と女の子を一つのクラスにして、もう一つのクラスは二十人二十人の女の子男の子にして六年間もちあがりだったのね。そうすると、きょうだいみたいになってるわけ。それで、男子を偉いとか、思ったことがないわけ（笑）ね、そうなのよ。

昨日も夕方電話かかってきてね。同じクラスの人間から。東大の第二工学部かなんか出て、いろいろ偉くなって会社の重役かなんかになってね。あの、ほら京樽の重役かなんかやってる、そういう人間が電話かけてきてね。もう東京にいる人間も、小学校の同じクラスの人ね、いなくなっちゃったけどね。私、自分も足があれでね病院に行くくらいで、家にいるから時々電話をおかけしますって。いろいろしゃべって、当時と全然変わらないの。考えてみたらすごい年でしょ。小学校の時から何十年もたってる。だけどね、それが、当時と同じ感じなの。それで一年に何回か電話かけるからって言って、結構いろいろ話すわけ。考えてみたら、きょうだいでも朝から晩までは一緒にいないわけでしょ。それが六年間ずっといるわけでしょ。それでもちあがりで、本当にそういう点がね。さきほどの山本先生のも、送ってきてくれたのも、全然付き合いがないのにね、山本先生のことが出てるからお送りしますってこの新聞を送ってくるんじゃない？広島から。ねえ。ですからね、そういう点がなんていうのかしら、こだわりが全然ないのよね。だから面白い小学校時代だったと私は思うのね。そういう人間関係でね、きょうだいよりもいろいろもっと通じるわけよね。六年間そういう状態だったからね。

◆小学校時代（前回の付け加え）

小学校時代のところでちょっと付け加えることがあってね。東組と西組がそういう二十人ずつってね、半々でやってて。東組と西組っていうのが付き合いがなかったってこの間話したと思うのよね。コミュニケーションはあんまりね。だけどね、音楽と体操だけは、五年と六年が女子だけになったの。だから東と西の女子と、それからね、東と西の男子が、ほらやっぱり体が違うから。

それから体操も専門の先生なの。それで、音楽も専門の先生ね、山本先生。この間お話したのは、絵とかもね、工作ね。それも東京美術学校出た先生で。ですからね、音楽を五年と六年とかね、それから体操を五年と六年、女子と男子やることが違うでしょ。ね、だからそういう教育だったわね。それがちょっと思い出したのね。それからね、私の一緒だった友だちに聞いたらね、やはり山本壽先生がおつくりになった、手づくりじゃないけどね、とにかく小さな教科書があったっていうのよ。音楽のね。それを私いずれちょっと調べて手に入れようと思います。文部省の国立の学校であるにもかかわらず、使わないの（笑）。文部省の検定を、ね。そういう自由な学校だったの。ほんと、今どき、あんな学校なかったねって。それで今の広島大学の附属小学校とか、筑波大学の附属の小学校とかですけどね。それとは違うと思うの。今はそれこそ各県に教育学部があって、そこに附属小学校があるでしょ？　ね。広島の場合は、高等師範学校の附属小学校だったのね。高等師範学校っていうのは広島と東京にあって、中学と女学校の先生を養成するの。で、小学校の先生を養成するのを師範学校っていうの。高等がつかないのね。県立なの、それで県なの。だから広島県立、私が行ったところは国立なのね。だから広島県立の、県立師範学校っていうのね、県師って言ってたのね。そこに小学校があったの。そこもね、いい小学校なのよ、県師も。だからその各県にあったわけでしょ、県師っていうのは。

広島の小学校、もう一つ付け加えるならばね、済美小学校っていうのがあったの。「せい」っていうのはさんずいにね、こう。「さい」っていう字があるわね、さんずいにこういうふうに。その「せい」に「び」って美しいって書いてね。その済美小学校っていうのがあってね、それは市立か知らないけどね、軍人の子どもが行くの。広島は軍都なのよ。ね。だから男の子は学習院と同じなの。女の子は赤い線が入ってて、セーラー服でね。済美小学校っていうのも、ひとつの、特権階級のあれなんだよね。まあそういうのがあったわけよね。

正木中将も調べてくだすったでしょ。私の友だちは孫かもわかんないねえ、考えてみたら。明治のなんとかでね。有名になって、中将だけど。あの方も結局広島に隠居したんだよね、最後は。だから広島はほら呉やなんかがあるからね。それだから正木中将の家なんかは、広島の言葉は使わないで全部東京の言葉で。「お父様、なんとかをしてもよろしゅうございますか」なんて言って、きいてるわけね。大変なもんなのよ（笑）。まあそういうふうでね。

今から女学校のことを話しますけどね。女学校に移りますね。いいですか？

◆女学校時代①：広島の風景

女学校っていうことになるとね、女子の教育が今回テーマになると思うのね。私の女学校時代というのは、女子の教育、女学校に行ったわけだからね。それとね、やっぱり戦争と学校なの。戦争中なの。それでね、小学校に入った時に満洲事変がおきてね。それから女学校に入った時にね、日支事変。昭和十二年なんだけどね。一九三七年。昭和十二年にその女学校に入ったんだよね。それで、十七年に女学校を卒業してるんで、五年制なんだよね。その頃の女学校っていうのは、五年制の学校はいい学校で、四年制の学校もいっぱいあったわけね。それで昭和十二年に中国、日支事変がおこったわけ。盧溝橋事件っていうのね。あなたたち歴史で習ったどうか知らないけどね。それでねえ、今その女学校時代のことを話しますとすると、昭和十二年から十七年三月までのことね。十二年に日支事変がおこってるから、中国とずっと戦争してるわけ。それで、広島はですね、軍都なの。広島というところは、歴史的にも、大本営があったり、五師団ていうのがあったりね。それからね、あなたたちご存知ないと思うけどね、兵器廠（しょう）っていうのがあったの。兵器をつくってる、いろいろ鉄砲とかなんとか。兵器廠っていうね、字ちょっと難しいけどね。今、もってくる？　字見る？　それからね、被服廠。被服、それから「しょう」っていう字が変な字なんだよね。ちょっと、あれをもってきてみようか、ひとつ。

（辞書をもってきてくださる）

その兵器廠っていうのは、鉄砲とかいろいろつくってるのよね。それから被服廠っていうのは兵隊の衣服とかね、兵隊のものをつくるわけよね。それからね、兵隊よ、軍隊よ。それから糧秣廠（りょうまつしょう）っていうのがあってね。で、その糧秣廠っていうのはね、食料品ね。そうなの。それでね、まああとで見るとして（笑）。糧秣廠っていうのは軍隊の缶詰、ああいうものを全部つくるの。それなもんでね、私広島でね、小さい時に見てたらね、牛が宇品（うじな）港、港なのね、広島にある港。そこに牛がいっぱい着くわけ。牛がずーっと引かれていってね、それで、牛肉になってね牛肉の缶詰になって兵隊の缶詰になるの。ずーっと引かれていくのを私小さい時に見てね、なーんか可哀想だなあって思ってね。それが全部、ずっと道をね、港についてずーっとね、街中の奥の方に連れて行かれてね。糧秣ってわかるでしょ。軍隊の缶詰をつくるわけ。

広島はね原爆でやられたけどね、軍都なんだよね。それで五師団ていうのがあってね。それこそね、これがまた大っきいの。それから広島は瀬戸内海があって湾なのね。そこからずーっと中国に行ってたわけよ。兵隊が。そうするとね広島の町の家にね、船が出る都合でね、二、三日泊まるわけよ。で、私の家も二階に一部屋十畳くらいの部屋があってね。そこに三人とかわりあてられちゃってね。それで泊まるわけ。二、三日、船が出るまで。だから船が出るーってなったら行くわけ。ね。そういう生活よ。戦争との関わりは。

N：兵隊さんが自宅に泊まるわけですね。

そうそうそう。それが兵隊っていうのがみんなさ、なんか、いわゆる軍隊じゃないのよ。なんていうの。徴兵、徴用じゃないけどね、大人になった人がね軍隊の訓練を受けて行くわけよ。中国なんかそれで戦争したのよ。プロの兵隊だけじゃないのよ。そういうのがみんな行ったわけよ。臨時にみんな兵隊になっちゃってね。ねえ。そんなもんなのよ。だって誰も彼もがみんなとられたわけよ。赤紙っていうのがあってね。それが来たらもう行かなきゃいけないの。それでどこかの軍隊に入るわけよ。兵舎に。それでそこで訓練を受けて、それでこう行くわけよ。ね。そういう兵隊がけっこういるわけ。だから結局学徒兵っていうのもいたわけでしょ。学徒兵っていうのは学生をみんなどこかで訓練するわけよ。それで連れていくわけよ。臨時にね。そうなの。プロの兵隊っていうのがいるんだけど、プロの兵隊っていうのもね、広島はねそういう軍都だから、いてね。私のところの裏通りからすごい将校がね、馬に乗ってぱーっとご出勤になるわけよね。そうするとね、別当っていうのがいてね、それが鞄もっちゃってね。走って付いてくの。ちょっとー、軍隊ってそんなとこよ。うん、別当って言うの。「べつ」っていう字に「とう」って書くの。ね。当然の「とう」。別当が走っていくわけよ（笑）ね。そういう風景が広島の町にあるわけ。だから牛が引かれていくとかね、糧秣廠に。ね、ねえ。だからね、そういう、女学校時代もいろいろ勤労奉仕なんかあってもね、そういうものと関わってるわけ。

◆女学校時代②：良妻賢母、三従

女子と教育なんだけどね、そこにね、紙をあなたに差し上げたと思うんだけどね。私もね、ちょっとここに用意したんだけどね。私なんかは、自由に、伸び伸びと男の子と女の子と一緒になって教育を受けてきたわけよね。そうしたら、女学校に行ったとたんに「良妻賢母」と。ね。それでねえ、小学校から行くのにね、まあ、クラスのなかに男子二十人で女子二十人だったわけね。でももう卒業する時には十八人くらいに。転勤やなんかで減ってね、そしたらね、女子は全部外に出るわけよ。上に中学あるけれど、女子は行かれないわけ。中学は男子と決まってるわけ。だから女子と男子と中学校で一緒じゃないわけよ。旧制は。それだから、中学校が上にあるわけよ。その高等師範学校附属中学校が。だけどそこは男子だけ。それがねえ、全部入ってたらしいんだけど始めは。できの悪いのがいるっていうんでね、半分は外に出されるわけ。男の子はね。だから私のクラス二十人男の子がいたら十人は上に行けてね、十人は外に出るわけ。ね。そういう具合なの。でもねえ、私不思議なのはねえ、外に出される人間がね、全然平気なんだよね。それでみんな、お坊さんの、真言宗のお寺の息子とか、崇徳学校っていうのがあってね、仏教の学校があってね、そこに行っちゃってね。でね、みんなね上に、うまく上に行くのとそうでないのとね、別に全然何でもないわけ。あのーあれはもってないわけ。偏見とか。だから、女の子はね、まあ、また全部女学校に行かされるわけ。その小学校からおさらばしてね。それでねえ、まあそういうふうに行ってってね、そこで出くわしたことがね、まあ私なんかは伸び伸びしてたわけでしょ。小学校では男も女もみんなねえ、対等で、きょうだいも知ってるってかんじで。

この、あなたたちにお渡しした田辺繁子さんの、『マヌの法典』、ね。でそれにねえ、ここにちょっと書いてあるんだけど、「女大学」っていうのがあるんだね。ここ。ね。その「女大学」っていうのがあって、それで、ここにも「女大学」と書いてあります、田辺さん。で、この文章はちょっと前書きですけれども、穂積さんていう大変偉い人が書いてるのね。それでやはりこの「女大学」ね。でねえ、『マヌの法典』ていうのは、そんな話はしないよ。でもね、いつも修身とかなんとかっていう時間にね、「女はすべて従わなければいけない」と。とにかくね、女が従う人間であると。そういうふうに育たなきゃいけないということを説くわけですよ、女学校では、まず第一に。従う。で、それにね「女大学」に書いてあるわけよ。どういうのかっていうとね、まああなたたち聞いたことがあるかどうか知らないけど、「家にいては父親に従う、嫁しては夫に従う」それから「老いては子に従う」。ね。それがね、あのーなんていうのかしら。貝原益軒っていう人が言ったっていうふうにね、私なんか習ったんだけどね。この穂積さん、この本はやっぱりそのインドのマヌの法典、これを田辺繁子さんという人が訳してるの。ね、英語のものから。そこに「女大学」が出てくるわけよ。それでインドもそうなんだけど、「三従」って書いてあるでしょ。ね。それでその「女大学」。ね。でね、その「女大学」っていうのが「従う」。だから私なんかね。そういう自由なところに行ってたもんだからね、へえーっていう感じでね、なによって聞いてたわけよね（笑）女学校に入ってもよ。ねえ。なんだーって言って聞いてたのよ（笑）そしたらね、まことしやかにねそういうお修身や訓話みたいなところでしゃべるわけよね。女はとにかく従わなきゃいかん、てね。ね。

N：それは男の先生が教えていたんですか？

うんうん。男の先生。それから女の先生もね、まあ女学校時代の先生も全部嫌いだったわけ。というのはね、その女子の教育って言うのがね、結局私の行ったは広島の県立第一高等女学校なの。五人に一人よ。大変なのよ、入るのが。それだからね、すごい受験勉強しちゃったの。私一生涯のなかで一番受験勉強しちゃったの（笑）というのはね、私の、担任の先生がね、柴田来っていう先生なんだけどね。お話ししたと思うけどね。初めて担任をもったわけ。それだもんだからね、はりきっちゃってね。女の子は広島の県立の第一高等女学校に県下から来るわけ。県下から。そこでね、五人に一人なわけ、競争率が。それで高等師範の附属小学校といったら名門校だけど、そこといえどもね。隣の東組っていうのは四人しか入らないの。それでね、私たちのクラスは十六人受けて十六人入ったの。それはね、開校以来だっていうんでね、その先生は有名になっちゃったわけ。というのは、準備したの。受験準備をね。それはどういうものかというとね、ほんとに今考えたら馬鹿みたいなんだけど、女学校が最高学府であると。ね。でそこを、広島県女を出たというとそれで、ちょっとレッテル貼られるものだから、いい男の人と結婚できると。いい男の人と結婚するとその人が出世すると。で一生幸せになると。だから女の幸せは県女、県立女学校に入って、卒業して、それでその優秀な男の人と結婚して、そして一生ねあれするというのが、まあ女の幸せだよね。そういう時代なのよ。ね。だから私の担任の先生は、担任になったばっかりだったのよね。それだもんだから、もう頑張っちゃってね。普通だったらね男の子がんばれって言うでしょ。でも男の子は半分は上に行けるんだっていうわけよね。半分が外に行くわけよね。男の子は先があると。ね。女の子はそこで最高学府であると。だからね、そこへ行かなかったら、一生涯幸せになれないってその先生は。柴田先生ね。がんばっちゃってね。

それで、お話ししたけれど、六年の一学期にね六年までの全部やったんですよ。教科を。それでね、それからね夏休みも塾と同じように学校に行って、それから秋ずっとね、入学試験までね、受験のこんな厚い、それこそ東京の府立第一高女とかね、府立一中とかねこんな厚いのがあるわけね。問題集が、中学校と女学校の。それをみんな毎日やるわけ。ね。だからねえ、どの問題出されても全部わかるわけね（笑）。その先生が準備をしたわけ。だから、ある意味で非常に非教育的なことをやったわけよね。だけどね、十六人受けて十六人入っちゃったわけ。ね。それだからね、女の子はみんな県立第一高女。で、その先生有名になったんですよ、広島で。それでねえ、だけどね、とにかく女学校に行ってみたらこの調子なのね。そしてそのとにかく、もう一つの方は、そこに教育学者だと思いますけど、そこに書いておいたでしょ。『学生の歴史』って。唐澤富太郎って人よね。そしてねえ、その人の創文社の本で、やはりここにね、それがひどいんだね。山川健次郎って書いてあるでしょ。山川ケンジロウ。それでね、あ、ほら。津田梅子と一緒に行った捨松？　お兄さんだよ。お兄さんがこういうことを言ってるんだよ。

N：えーっ！！　あらあら。

それでね、それでこれちゃんと書いてるわけ。あなた、だから、これなかなかいいドキュメントでしょ。

N：ああ、妹さんが捨松。

うん。これお兄さん。ね。だからあの頃のやはりハイクラスだから。津田梅子だって、お父さんの津田千だってすごい人だから。それでね、女子高等教育は民族の繁栄にあり、ってあるでしょ。それで結局、なるべく早く結婚して子どもを産んだ方がよいと。そういう意見がそこに書いてあるわけ。その『学生の歴史』に、唐澤富太郎が、その山川健次郎の。だから私、山川健次郎のところに赤線引いてあるわけ（笑）ね。だから、それがその当時の一般的な考え方なんですよね。ほんとに、そういう意味で。
だからねえ、とにかくひどい時代だったと思わない？　ねえ。

N：すごいことが書いてあります。先生。

ひどいこと書いてあるでしょ。でもね、学校ってほんとにこうだったのよ。私のね、その戦争中のね、女の人はね。県病って、県立の病院長っていうのがいたの。県立の病院長。で、県立の病院長がたまたま私の友人のお父さんなの。県立の病院長。で、たぶんその頃はね、東大の医学部かなんか出てね、広島の県立病院の院長になってたの。だからある意味で、広島の中でもちゃんとしたファミリーなんだね。子どもたちもすごい優秀よ、その子どもたちもね。それで、石橋さんていうんだけどね。でねえ、よくできるけどね。そのお父さんがね、女の子は「十九歳で結婚すると一番いい」と。「産めよ増やせよ」の時代なの。ほらみんなが死んじゃうから。どんどん産まなくちゃいけないの。だからね、十九歳で結婚するのが一番よろしいと。いうことをね、県立病院長が言っちゃって。広島で（笑）ね。だから一般的な風潮はこういう風潮なのよ。ね。だから結局女はどういうことかっていうと、とにかくまあ、あの、「三従」ね。従う。ね、一生涯従うね（笑）。そういう状態だよね。良妻賢母ね。で、良妻賢母っていうのは、「三従」なのよね、従う。で、そういう状態なのよ。だからねえ、あなたたちでもあんまりそういうことって聞かないでしょ？　歴史や、小学校や中学校でそんなこと言わないでしょ。先生も知らないもんね。

N：「三従」ってことは、聞かないです。

ねえ。

N：「良妻賢母」って言葉は聞きますけれども、私も女子校でしたので。高校が昔の女学校なんですね。で、やっぱり「良妻賢母」を目指した、そういう学校だってことを聞いていましたけれど。今の時代ではそういうことは、一番最初には言わなくなってきていますので。

そうね。だから、良妻賢母だからね。よき妻とよき母になるわけでしょ。例えばね。私なんか津田に行ったでしょ。

津田に行くとね、職業婦人になると。仕事ちゃんとできるからね。それでね、それはちょっと考えものじゃないかという、そういう職業婦人という言葉がね、いい言葉じゃないのよ。けどね、考えてみたら職業婦人ていうのは立派なことなのよね。ねえ。だからね、津田にあの当時行った人なんかは、まあみんな戦争で英語廃止の時行ってるからね。もうみんな変わり者ばっかり寄り集まったと思うけど、家庭はみんないいのよね。だからね、同じ四十四回生の佐治けい子さんなんかもね、住友銀行の副頭取のお嬢さんだったのよ。あの佐治けい子さんて。で、今サントリーがあんなになったのは佐治敬三さんと結婚してねえ、佐治けい子さんが頑張ったからホールやなんかができてねえ。だから、私は彼女の功績は大きいと思うけど。そういう人とかねえ。

それから久保田眞苗さんなんかは弁護士の娘とかね。まあ、ちょっと変わった人が入ってきたかもわかんない。ね。それで、私自身は、英語の先生がね、一、二年に習った英語の先生が、津田塾の先生、卒業生なの。それでその頃、津田塾は卒業生を全国の学校に配置したの。それで、今から考えるとね、津田梅子さんの偉いところは、津田梅子さんは長いことアメリカにいてね、それこそ日本語もできないような状態で帰ってきたわけだけどね。帰ってきた時にね、それこそね、あんまりまともな仕事をさせてもらえなくて、華族女学校？　まあ学習院でね、その先生とかね、そんなもんだったから、普通の人に英語教育をして、そしてそれを先生にすると。それでねえ、今から私が考えるとね、学校の先生というのはね、一番偏見がないわね、女子に。会社というのは、やっぱり女の人を重要な地位につけないけど。学校の先生はね、一匹狼でやっていけるわよね（笑）。そうでしょ。自分の科目なんだから。だから男子と対等なの。それだもんだから、私もねえ、女子の方に行ってね、それで、まあその小学校の時にいい教育を受けたために、なんかあんまり偏見ももたないでね。それでまあ、何しろ良妻賢母だとかなんとかいってね、あーこの学校の先生全部嫌いだと思ってた（笑）そう思っていてね。そしてその女学校が、やはり県下から五人に一人だから秀才が集まってるわけよ。頭がいいの。で家もね、例えば、少し地方でも寮があるの。その寮に、病院を経営してる家の娘とかね、まあいいところのお嬢さんなんかが来てね。それで県立第一高女を卒業するといい結婚するわけでしょ。

まあそういうんでね。いろいろ来てるわけよ。少し田舎の方からでもね。うちはお医者さんよ、とかそういうのね。でね、まあそういうんでね、女学校ね。だから国語とか普通の科目はね、レベルが高いし。先生方はねみんな、高等師範学校とかね。それから女の人はあの、東京女子高師、と、奈良の女子高師。そこを出た先生なのね。だからねえ、とてもいいのよ。ですけどね、ね。何しろね、その女学校はね、お裁縫とかね家事とかね、そういう、殊に和裁とかね、そういうのをやたらとやらせるのね。それでそういう先生が威張ってるからね、ほんとにねえ私なんかそういうお裁縫なんかほんとにいやだからねえ。少ししかやんないとね、残されちゃったりしてね。放課後（笑）ね。そういう状態でね。お裁縫の先生威張ってるからあんまり好きじゃなかったし、ね。それからねえ、東京女子高師と奈良の女子高師を出た数学の先生とか国語の先生もいらしたのね。でもね、それにしてもねその先生方がちょっとやっぱり威張ってるんであんまり好きじゃなかったの。だから先生にだけはなりたくないくらい思ってたんだけどね。まあ、音楽の先生はいいやって思ってるの（笑）。

それから、その時に出会った津田塾の河野みつ先生っていうのはね、やはりあの非常に個性的で。小林和子先生(三十九回生)っていらっしゃるでしょ。あの方の弟さんの奥さんが、その私の先生のいとこだとかね、つながってるの。それでね、私が実はね、あなたたちに差し上げたと思うけど、津田のあれに書いたのがあったでしょ。あのーうん、そうそうそう。それにね、私が河野みつ先生って書いてたらね、あら、「私の弟の妻のなんとかよ」って小林先生言っちゃったりしてね。それでねえ、その河野みつ先生っていうのはね。広島に赴任してたのね、親戚があって。それでその先生のお父様っていうのがね、東大の西洋史を出てね、学習院の教授だったの。東京に家があってね。それで、広島に赴任してきてたの。親戚があったから。その河野先生は、発音がよくてイントネーションがよくてね、それから教授法もよくてね。それで私はその先生だけは尊敬してたの。英語がきれいなのよ。それで、他の先生の英語の時間だとみんな発音がよくないのよ。こっちも耳いいでしょ。

N：他の英語の先生は津田の出身ではなかったんですね。

違うの違うの（笑）ね。それでね、津田の先生は一人よ。だから河野みつ先生の発音がよくて。その時私は津田塾という学校は知らなかったのね。私の父やなんかも、東京女子大とか行ったらいいねなんて言ってたけどねえ。でねえ、その当時日本女子大っていう学校はねえ、お嬢様学校なのね。だから、どう思う？　その当時は日本女子大に行くっていうのはね、広島あたりの病院長とかいろんなお嬢様はね、日本女子大の家政科とかいうのに行っちゃってね、それから一年か二年でいい男性が見つかったら結婚する、やめてね。だから勉強する気じゃないわけね。そこへ行く。日本女子大の国文科は歴史がありますしね。日本女子大ももともと歴史的にはいろいろあるけどね。だけど戦争中でしょ。津田はがっちりと勉強させるの。いい学校だったの、とってもね。でねえ、津田は百人。東京女子大が五十人。私は津田と、それ両方とも受かったけど、ね。だけど津田が第一希望で、津田に行ったのね。だからねえ、やはりねえ、みんな東京女子大と津田受けちゃってね。やっぱり、津田を第一希望にしてね。その当時ね。まあ、東京女子大の方がお嬢様教育かな（笑）。

今まあちょっとお話したいと思ったのはね、女子の教育っていうのがね、そういう状態だったわけよ。それでまあもちろんいい学校に行ったし、生徒は全部頭もいいしね、そろってるけれどね。その「良妻賢母」をやるっていうような、養成するね。

N：先生、そうするとその高等女学校を卒業すると、すぐに結婚ていう方もいらしたんですね。

すぐに結婚する人もいるの。

N：大学に行く人も多かったんですか？

大学って言うよりね、その当時は専門学校しかないわけ。女子は。だからさ、「女子は馬鹿でよろしい」と。ね。だから、勉強、教育の自由はないわけよ。行く学校はね、津田塾で百人よ。東京女子大で五十人よ。それが英語よ。それがね、実はね太平洋戦争が始まったのが十二月の七日かなんかだったでしょ。それでその次の年のね、一月七日と八日に私は試験を受けているのよ。ね。その時は英語廃止、もうね大変なもんよ。私広島から行って試験を受けたわけ。それで百五十人よ。ねえ、だからね。私たちの津田のクラスで百人でしょ。だからね、行く学校がなかったのよねえって、言ってたわけ。

N：それでもやっぱり、その上の学校へ行きたい、目指すっていうそういう人たちもいたわけですね。もっと上の学校。そこで結婚しちゃうとか地元にいるんじゃなくて。

そうね。広島ではね、その県立第一高女があるでしょ。その上にね、県立の女子専門学校っていうのがあったの。でそこにはね、国文科とね、Japanese Literature ね。日本文学。今、日本文学って言うねえ、国文学じゃなくて。でね、国文科とね、家政科。だから女の人はね、何を勉強するって、家政科。ね。それを勉強するわけ。それしかないわけ。専門学校しかないのよ。だから久保田眞苗なんかはね、戦争がすんで、結局私たちは戦争がすんだ年に卒業したわけよね。津田を。それで結局一九四五年ていうのが戦争のすんだ年でしょ。四六年に新憲法ができて、女の人も自由に、男性と同じに勉強できると。一九四六年。で四七年の春から実施されたわけ。それで久保田眞苗は慶應大学の法学部に行ったわけ。ね。それで、森山眞弓さんかなんかは、東大、あの人一年ぐらい後だけど、東大法学部行ったわけ。法学部とか、経済とかは女性は勉強する場所がないわけ。だから私はその時にね、百人津田で取るでしょ。それから五十人東京女子大でしょ。それが一月の七日と八日なのね。私の先生は当時東京だからね、河野みつ先生はね。もしも英語をあれだったらね、聖心女子大が三月に試験があるからって。東京女子大っていう名前だけれども専門学校なのよ。だから、聖心女子大の英語ならまだ使えるから、それでそこを受けたらどうですかって言ったの。まあ、私は、津田と東京女子大と入ったから、それじゃあ津田に行きましょうと、言ったんですよ。そしてね、その時の話はまあ、もう少し後になるけどね、今まず話しちゃうとね、あのね。津田に受けに行った時にね、中に入ってみたらね、三人留年がいたの。クラスに。津田で。それからね、三分の一はね、予備校から来たんだよ。当時。やっぱり難しいじゃない。だって百人と五十人だから。

N：それはつまり女学校を出て、その予備校に通って受験勉強をしているわけですね。

そう。高輪の方に、頌栄（しょうえい）学院ていう有名な学校があったの。それでね、東京女高師と、女の人が行く学校は女高師。それと津田みたいなところが結局学校の先生になれるわけでしょ。資格。それでね、頌栄学院ていうのがあってね、それでねその当時ね、やはりね、四年制の学校もあったんだよね、桑名なんていうところの田舎だったら四年制の学校とか、広島にも四年制の女学校もあった。で五年制の女学校と四年制があったわけね。それでその四年制の女学校の人とかみんな、だから一年浪人してるのよ。浪人が三分の一よ、私が入った時、津田で。

N：はあーそれすごいですね。みなさん勉強して津田に入ろうと。

すごいでしょ。ねえ。考えてごらん、あの当時でねえ。

N：あの当時ほんとに。ええ。数少ないとはいえそういう学校があって。専門学校とか、そういう当時の制度や歴史のことが不案内ですみません。

だからね、ほんとにね、あなたたちが生きた時代と全然違うのよ。ね。女の子っていうのがね、結局ね、まあだからさ、女の子の幸せはさ、女学校卒業して、いい男を見つけ、その男が出世すると。ね、それで結婚して子どもでも産んで、それが幸せであると。

N：あのーごめんなさい、先生。ちょっと時間が戻るんですけれど、先生が小学校で同級生だった十六人ですね、その方々が女学校に入った時に、その方々は異和感とか、そういうことはおっしゃっていないんですか？

まあね、家庭とかね、そういうのが社会が全部そういう雰囲気でしょ。ね。それで県立第一高女に入ったんだから将来有望であると。

N：じゃみなさん別に「こんな変な学校」とかってそういうことはおっしゃらないんですね。

まあね、その小学校から行った人間はちょっとはみ出し。私なんかいつも先生に呼ばれて「はい」（と声を落として）って言ってる（笑）、ね。

N：それはどのようなことで、呼ばれたんですか？

こういうことがあるの。朝礼があるわけよね。朝礼は外であるわけ。そしてね、非常にくだらないんだけどね、スカートに折り目があるでしょ。するとね、ちょっと不良がかったのはね、数を細くしてねこうなんかこう、やってるわけよね。それでそういうのもいるけれどね、まあそれを先生が一応見てね、男の先生もね「あんたの数が多い」とかね。ねえナンセンスでしょ。それからね、まあほんとにね、私とか遅刻していくじゃない、学校へ。そうするとねえ、靴箱がずっとあるわけよね。ズック靴に履き替える。でね、そこが高いから朝礼やってる間その陰にそっと立ってるわけ。そうするとねえ、いちいち見回りに来るわけそこまで。遅れた人のためにね。というふうなね、規則って言うのがあれでね、一つは規律っていうのがあってね。それから清潔・整頓ていうのがあるの。お掃除できれいにしようって、部屋なんかを。それからもう一つは遺留品ていうのなんかね、三つがあってねそれでねえ、五十人のクラスが五組あるわけ。それで五年間あるわけ。そうするとね、ひと月の前にね、講堂に集まって、そして順番を言うんだよ（笑）。規律というのはね、授業の前に騒いでたとかね、そういう規律ね。それから清潔・整頓は掃除が汚かったとかね。それからね、三つ目は遺留品が多い。忘れ物ね。それでねクラスの点数を全部付けてね。それを発表するというくだらない学校なのよ。

ねえ。そういうことでとにかくね、私なんかは自由な小学校の教育受けているから、こうはみ出てるから。そうするとね、まあ例えば放課後遅くまで部屋で遊んでたとかさ、すると、終礼。朝礼があって、終礼っていうのがあるの、クラスで。で終礼の時先生がね、まあそういう人間がいるから注意した方がいいとかって言われるわけよね。それから呼び出されて叱られることもあるし、ね。まあああの、またあとで言いますけどね。そういう状態でね、附属小学校から来た人間はね、ちょっとはみ出てるわけ。

お裁縫なんかもね、お裁縫の先生が一生懸命やっちゃってね。それでねえ、私の母なんかはね、例えば夏休みに浴衣一枚なんて宿題が出るじゃない。そしたらねえ、どこかのお裁縫の先生のところの、知っている人がいるからね「範子、頼んであげる」って（笑）。それでやってね（笑）それで出すわけよね。だって一枚着物縫って出すわけ。そしたらねえ、批評が書いてあってね、まあ「甲の下」ぐらい、付いてね。そしたらね「一人でこれだけできれば結構です」なんて（笑）そういうことが書いてあったの（笑）。

N：先生もちょっとわかったんでしょうか（笑）、なんとなく。

うーん。で私の家がね、わりあい理解があったわけでしょ。それでその私が二年間英語の先生について。三年から英語がなくなちゃったの。そうすると三、四、五年とないわけ。それなもんで『津田リーダー』をね、あのその、河野みつ先生は、お作法の先生とか舎監にさせられちゃったの。英語がもうなくなったの。

N：それは戦争の影響で？

そう。敵国語になったの。敵国語だから。だからね、津田塾だって「津田英学塾」って名前だったでしょ。それが「津田塾専門学校」っていう名前になったのよ。「英」を取るのね。それでねえフェリス女学院大学、フェリス女学院も、戦争中は横浜女学院だったのよ。カタカナはだめなの。それほどだから野球の言葉も全部だめになったのよ。ね。だからほんとにひどいもんだった。だけれどまあ、その女学校では国語とか歴史とか、わりといい教育を受けてみんな頭もいいしね。だけれども、良妻賢母っていうのがいつでもあったわけね。そういんでね、ま、やったわけですよ。それでねえ、そうだからね家政科とかね、裁縫とかね。殊に和裁ね。それを一生懸命やるんですよ。だって袴とかね、そんなのも縫ったのよ。うん、まあ、縫ったって、大概手伝ってもらったけど（笑）。

N：(笑）そうしますと、先生のご家族の考え方では、そんなことやってるよりも、お裁縫やってるよりも勉強しなさいっていう。そういう？

そうね。それでねえ、私の父がやはりねえ、結局あのライプツィヒ大学に二年留学してたでしょ。その留学の仕方が、男爵か侯爵の家に、家族と一緒にいるっていうような留学なの。それだもんだからね。それこそ、私の父の留学、私の生まれる前ですけれどね、直前だけど。なんて言うのかしら。あのー何？　バッハの、例の。

N：聖トーマス教会？

聖トーマス教会！　そう、聖ートーマス教会。あれにね、毎週日曜日はね、その家族と一緒に行ってね。それでカンタータかなんか全部聴いててね。モテットとか。それで夜はね、ワーグナーのオペラに行くとかね。そういうんでね、お嬢様と手を組んで行ったとかね。私の父が、ね（笑）。そこで、言ってみれば西洋のマナーも何もかも勉強してきてるわけ。だからね、私の父は、女学校のお裁縫は、なにも、そんなもの縫わなくても、ドイツでは、みんな繕い物？　何かを直すとかね、そういうふうなお裁縫してたっていうのよ。あんまり細かくは知らないだろうけどね。それがね、こちらは、袴は縫うわ、長襦袢は縫うわ、なんとかは縫うわ、でね。そういうことばっかりやってるわけ。それでお裁縫の先生が威張ってるわけ。そしたらその時ね、私と一緒のクラスにね、あのやはり五年間もちあがりだったんですよ。女学校もね。それでねえ、その時に小学校が一緒だった友だちがあの月丘千秋っていう、ま、あとで、小学校、女学校を卒業してから宝塚に行ったの。でねえ、それでまあ俳優になったんだけど、お姉さんが月丘夢路っていう有名な人なんだけどね。その月丘千秋ね、ながーい友だちだったのね。それで家も近かったの。そしたらね、いつも二人で「将来は人に縫ってもらえる身分になりたいね」って言ってたの（笑）。こんなところでね、自分でいちいち和裁なんかしちゃってねってね（笑）。結局役になんか全然立たなかったわけでしょ、将来ね、和裁なんて。

N：洋服の時代ですから、ね。

ねえ。そうなのよ。全部そういうこともやるの。それでそのお裁縫の先生が威張ってるわけよね。ね。だからね。それからここでもう一つ付け加えたいのがね、私の二年下に弟がいるわけ。ね。

N：五郎先生？

そうそうそう。そうするとね、英語のリーダー、教科書を比べたの。そしたら女学校の方が程度が低いわけ。二年違うんだけどね。程度が低いの。だから、どういうことだと思う？　女の子は少し馬鹿がいいと。まあ、その、あんまり勉強なんかできなくていいと。そういう日本の方針だったんじゃないの？　で、私の母の頃はね、中学校も女学校もね、なんかねえ、私の母も広島の女学校と岡山の県立女学校行ってますけどね、「神田」と「ナショナル」って言ってね、中学校と同じ英語のリーダー使ったっていうんですよ。けれどね、私たちの頃になると、私の時代になるとね、女の子のリーダーは教科書も全部違うわけでしょ。女学校用の。でねえ、それが程度が低いわけ。だから、女の子は少しできなくていい、できない方がいい、と。そういう社会全体のあれなのね。ね。ねえ。ということです（笑）。

ほんとに驚くでしょ。別世界の話だねえ。それでねえ、まあとにかく家政科とかね、そういうお裁縫だとか、お料理だとかね、そういうものをやるのが、まあ、日本女子大がやってるのよね。前々から。そういう歴史があるんだけど。まあそういうふうなことには私はあんまり関心がなかったものですからね。美味しいものは好きですけど。

◆女学校時代③：戦争と教育

それでねえ、まあそんな具合でね。広島が、やはり戦争と学校ということに関してね、女学校時代のことはね、その時代の「女子の教育」ってことが一つあるわね。女の子はそういう、従う教育であるとか、良妻賢母だとか。それからもう一つね、戦争と学校なのよ。戦争がおこった。でどういうことかというと、広島は軍都だからね、とにかく五師団があってね、それからねえ、広島の港が軍港なんだよね、そこからみんな中国に行くわけ。戦争にね。それからねえ、江田島っていうのが瀬戸内海にあって、海軍兵学校が。あってね。それでそこにまあ、エリートですよね、海軍のね。海軍兵学校。

それから、呉というのがすぐそばにあって、呉は軍港なんですよね。だからねえ、すぐ近くですよね。とにかく、まあ軍都なんだよね。それでさっき言ったように、被服廠、兵器廠、糧秣廠とかいうのがあってね。ですから、軍隊っていうものとね、とても密接なつながりがあるわけです。どういうことしたかというとね、例えばね、女学校時代にすでに、しょっちゅう奉仕っていう時間があったの。勤労奉仕。で、その勤労奉仕の時間には何をするかっていうと、例えばね、慰問袋っていうのをつくるわけ。それは、糧秣廠からね、軍隊の、いっぱい来るわけよ。羊羹とかいろいろ御馳走とか、その当時みんなない、食べるものなんかをいろいろね。それをね、慰問袋に包んでね、一つずつ。それからね、手紙を添えてね。そういうことを女学生がするわけよ。ね。それからねえ、千人針っていう、ご存知かどうか、この白いところに赤い……そうそう。ね、それをねえ、それを千二百五十人いるわけでしょ、生徒が。そうするとすぐに千人針になるわけ。だからぐるぐる回ってね、それで次から次へとやるわけ。

それからねえ、まあ被服廠にも行ってね。例えばこの星がこう付いてるでしょ、あれの星をつける仕事とか。そういうふうなこともやったこともあるしね。それからなんか、それこそ、兵器廠でね、何か物を運ぶとかね。そういうふうなこともしたわけね。ね。うん。とにかくね、例えば軍隊が出ていくじゃない。広島の港からね。そうするとねえ、旗をもって行ってね、「万歳、万歳」って。それで、軍歌を歌ってね。それで送るわけ。ね。それからねえ傷病兵が帰ってくるわけ。広島の港に。そうするとねえ、着いたら「ご苦労様でした」って荷物をもってね、女学生がね、次のバスに乗るまでね、こう荷物をもってね、ついてくの。だからね、そのあと問題になってね。ばい菌があったらどうするのかって、いうのよね。だって傷病兵が帰ってくるんだから。でもね、女学生がね、それをもってね、こう荷物をもってついて行ってね。バスを乗るところで送ってあげるとね、とってもいいとかねえ。つまんないことやらされるわけ。馬鹿みたいでしょ。

N：それで実際に病気になった方とかはいないんですか？

それはまあ、知らないけどね。結構問題になったのはね、手と足がない人の病院なんかに行っちゃってね、それを笑ったとか言っちゃってね、今度は陸軍の病院には出入りしちゃいかんとかねえ。まあそういういろいろの時でね、いろんなケースがおこるけどね。まあとにかく、そういう軍都だからね。ある意味で、原爆が落ちたっていうのもね、広島っていうのはそれがいっぱいあるわけよ。

それでねえ、明治時代からね、明治天皇なんかもずっと広島にいらしたりしたしね。それから私の記憶ではね、確かね、あの当時韓国の皇子様と日本のなんか皇室とが結婚したりなんかしてるのよ。戦争中ね。そしたらね、その李王殿下っていうのがいたわけよ。李王殿下がね、原爆で亡くなってるのね。それだもんでね、大本営があったわけ、広島に。それでそこのね、それが広島の大学の建物なんだよ。ね。大学の建物が大本営になってた。そしたら李王殿下がヘッドだったの。それでねえ、原爆で亡くなってるの。それを全然言わないねえ、今。なんだろ。やっぱりね、韓国との関係だろうと思うけど。李王殿下っていうのとね、それから、たしか日本の皇室の誰かが結婚したんですよ。そのころ政略結婚だからね。だからそういうので、私李王殿下が亡くなったっていうのどこかで見たんだろうって、広島のやはり友だちにね、私の小学校の友だちに言ったらね、「あれは亡くなったよ」ってね。それだけど、それがね、韓国だけどね、李王殿下が一番のそのヘッドだったんだよね。だけれどね、あの原爆で亡くなったんだよ。でもそのこと、あんまり出てないでしょ、原爆の日になんかね。だからねえ、まあどういうことになってるのかねえ。やっぱり政治的なことがいろいろありますよね。

◆女学校時代④：音楽とのかかわり

音楽について言えばですね。私は女学校時代になったら長橋八重子先生にピアノの個人レッスンを習ってたわけね。それで、英語は河野みつ先生に習ってね。私の母がね、まあ理解があるわけ。私の家はみんな自由主義だからね。それでねえ、「範子はなんにもできないから、よほど仕込まなくちゃ結婚もできない」とかなんとか一生懸命ブツブツ言ってたけどね。津田を受けるってことになったらね、もう洗濯もなんにもしなくてよろしいと。それでね、すぐにね、アメリカン・チャーチの宣教師がいたのね。ダブルベーっていう。ね。イギリス人なの。でそこで、英語の会話を習うようにしてくれたの。私の母が頼みに行ってね。それでねえ、その人と私の母も親しくってね。だから、戦争が激しくなったらね、全部外国人は収容所に入れられてね。それで呉に連れてかれて、それでイギリスに追い返されたの。そのダブルベーって人はね。それでまあ、私はまあその河野みつ先生に個人的にね、『津田リーダー』っていうのがあったの。その頃『津田リーダー』。その『津田リーダー』が一、二、三、四、五とね、五年まであったから、それを個人的に勉強したのね。

河野みつ先生はね、私がいるあいだ、卒業する頃、お作法の先生させられたんだから。それだからねえ、その先生ね。なんか、陸軍中将のね、後妻になっちゃってね。それで東京にいらしたわよ。ご結婚なさって。後妻になって子どもがちょうどお母さんが亡くなってね。でまあそういんで。河野みつ先生に、英語を個人レッスンで習ってね。それで『津田リーダー』をやってたわけよね。あの五年間。

N：それは津田塾で発行していろ、そういう教科書ですね。

そうそうそう『津田リーダー』。津田の先生がつくった『津田リーダー』。それを勉強して、それで私は受けたのね。そのダブルベーっていうイギリス人にもちょっと会話を習ってね。まあそういう準備をしたのね。

N：あの当時の津田の入試の科目っていうのはどんなものがあったんですか。

あのね、英語とね、津田の特色は数学があったかな。津田はいつも数学があったんだよね。それとね、あと作文。うん、そんなもんだったと思う。

N：会話とかは、英会話とかはなかったんですね。

うん、そんなのはない。だけどねやっぱり発音はね、私も中に入ってね、中国地方から一人しか行かない。だって全部ないから。で東京はね、みんなあるわけ。英語が。だから清水千枝子さんなんかは府立第三でね、五年まで英語があったわけ。で、私は二年間しかないわけ、ね。それでね、津田に入ってみたら、ちょっとなかなか発音がよくって素敵なのはね、私もねえ、わりあい発音はいいのよ。やっぱり耳もあるしね、それからいい先生に習ってたからね。それでね、経堂にある、えーっとなんだっけ。私立の学校でね、津田の卒業生がつくった学校があるのよ。恵泉！　恵泉からね四人くらい入ってきたね、津田に。それでね、発音がいいんだねえみんな。その恵泉が戦争中もちゃんとやってね。それであのー三輪(みわ)田(た)とかでね、一つひとつね、府立第一とかね、それから第五とかね、いろんな学校からね、東京女学館とかいろいろ入ってきたの。だけど東京の人がほとんどでね、それからまあ例えば札幌、あ、小樽からも一人来てたけどね。でも途中でやめたかな。やはり、岐阜とかそんなとこから一番で卒業したとか言うのが津田に入ってきたからね。ついにスペシャルクラスに入れられてね、発音ができないとね。そういうふうに入れるのよ。私は入らなくてすんだんだけどね。津田はスペシャルクラスをつくってね、他のみんなと同じになるように、実力が同じようになるようにするのよ。だから親切なのよ。だけどね、やっぱりプライドが許さないのね。一学期がすんだらね、その岐阜から来たのなんかね、「私はね答辞を読んで卒業しました」とか言うのね。で、もうさっさとやめたけどね。うーん、それでおまけに国分寺は田舎だとかなんとか言っちゃってね。

だから知らないけど。それでね、さっきの話じゃないけど、一年遅れて入った人も多いのよ。私の友だちやなんかいっぱいね、だからね、山本敏子（四十四回生）さんとかね、松岡陽子マクレイン（四十四回生）、みんな私なんかより一級上よ。うん。あの人かなんかはね、香蘭から成城学園とかだけどね、なんかね、やっぱり別にあのそういうふうな経緯か知らないけどね、一年上の人が結構いるわね。それからね、留年がいるわけよ。留年ていう言葉じゃないのね。入ったらリピートっていう言葉が出てきて、リピートっていう言葉。そしたらね、その人が威張ってるわけよ。うん。あのね、それでみんなにね、あなたたちねちょっと屋上連れて行ってあげるわ。とか言っちゃってね、屋上案内したりね、学校の中案内したりね、そのリピーーっていうとね、「リピちゃん」とか言っちゃってね、みんな尊敬しちゃって（笑）。

N：まあ！　先輩なわけですね（笑）。

だからね、面白い学校だった。そういう意味でね、それでね、まあ津田はねまあそういうんでね。でね、とにかくまあ女学校時代はねそういう、ひどいところでございましたね。それでね、あの広島の特色はね、あの女学校のまあ女子教育の特色ですけどね。ランキングがあるのよ。だからね、県立第一高女っていうのにね落っこちたらね、市立の高女があるわけ。市立（いちりつ）の。それからあとね、私立があるの。山中とかね、進徳とかそれが次から次へとランキングになってるわけ。ね。それからねえ、ミッション・スクールっていうのはまた別にあるの。それはね、あれで入れるんだね。あの、なんていうの、推薦でね。で、私のクラスから一人、ミッション・スクールのね。それでね最後、私なんかは女学校に入ってたらぎゅうぎゅうづめだったから、ミッション・スクールでも行けばよかったねえって言ってるんだけど（笑）その時はね、先生がみんなそこに入れたいわけよ。そこに何人入ったかっていうのね。それが十六人受けて全部入ったっていったらもう、有名になっちゃってね。ねえ、お話ししたけれど、隣のクラスだって四人くらいしか入れなかったからねえ。

山中って今私が言ってたでしょ。ランキングで市立の次が山中。で、山中を卒業した人がいるのね。それで、私よく知ってるけど、それは東大教授夫人になってるけどね。とてもいい環境でね。あのあれだけど、落っこちるわけよね。だってそりゃそうでしょ、準備しなきゃねえ。だから私の先生は必死になって準備しちゃってねえ。それでその男の子のことは心配しないでね。半分は上に行くから。それでね、男の子は先があると、だけど女の子はねもうここで運命が決まるとか言っちゃってね。一生懸命教えてね。だから結局男の子と女の子のことね、全然区別なしに教育されちゃってね。うん、よく勉強しなさいとかね。あなたちょっとできないから、家に、日曜日は家に来なさいとかってね。今から考えると問題よね。教育的には（笑）。

N：詰め込み？

そう（笑）それでね、日曜日にね教えたりね。まあよくねそういうことを平気でやったね。

N：すごい先生ですね。

うん。面白い先生だった。あとねえ。そのー、女学校時代の、まあ、ですから国語とかね、いろんなお習字もみんなきれいだしね。教育そのものはわりとレベルはいいし、ちゃんとしてるし。例えば、化学だとか、そういうものもみんないいことはよかったんですよ。だけど、まあ規則はとにかく大変だったっていうことと、一般的に良妻賢母っていうことと、それから、「三従」ですね。三つ従う。ね、まあそういうことですね。それで、あとはそういう戦争のあれだったから、勤労奉仕が非常に多かったのね。それでねえ、私ねえまあ、あの音楽ね。あのピアノはまあずっとやって、それで、やってたんだけど、その時に、音楽学校に行って、一日三時間、ずーっと一生涯ピアノを練習する。これは大変なことであると。私のような怠け者はね、駄目だと（笑）。それでね、まあ英語の学校にしようかと。その私の習ってた先生からはね、みんな音楽学校行くんですよ、藝大に。ね。でねえ、私の一級下のも行ったしね。その上のも行ったしね。みんなその先生のところはね、もうそのすごいウェスタン・スタイルでね。グランドピアノもパーッて置いてあってね。でもその先生ね、原爆で亡くなったの。でね、そういう具合でね、その先生についてたけど、私は英語ね、ちょっときれいだから。だって、まああの時英語をやっていいわけじゃないし、英語廃止の時代だからね。だからそれでまあ、英語でもちょっときれいに発音して、しゃべってみたいなあと。それぐらいの気持ちだったんだよね。津田に行くのもね。それでねえ、家事はね一切したくないという、もうどうしようもない本能的なものなんでね（笑）。

それからね、広島の県立女子専門学校って言うのがあるでしょ。それは県立女学校の上にあるわけ。それが威張ってるのよね。広島で。天向いて歩いてるわけ。とにかく威張っちゃって、最高学府だから。そこが国文科と家政科があって。だから私もね、それが嫌いだったり。それ、それからねえ、女高師とね、それから奈良の女高師と東京の女高師。先生もね、どうも威張ってるんだよね。だからどうも私もねえ、よく津田を受けた人は奈良の女高師と東京の女高師も受けたけど、落っこっちゃって津田は入れたよ、っていう人もいるんだよね。だけど、その二つは行きたくないと。威張ってるから、先生が（笑）ね。それから広島の女学校の上のね、専門学校も行きたくないと。家事とか家政科とかね。それから私のいとこなんかはね、女のいとこがいたんだけど、そこへ行ったわけよね。だけど範ちゃん、あそこ行って家政科の、ちゃんと勉強するといいよって言ったんだけどね。まあ私は絶対行きたくないと。あんな天向いて威張ってんのはいやだと思ってね。それで私は津田を受けたでしょ。それでねえ、そしたら私と仲のよかった月丘千秋は、宝塚と神戸女学院と両方入ってね。それで宝塚行ったんですよ。

まあそういうことでね。それからもう一つね、音楽はまあそういうふうにピアノをずっとやってて。まあ学芸会みたいなのがあった時には、ピアノをちょっと弾いてね。まあ、伴奏も弾いてあげたりね、そういうこともやってたわよ。それからねえ、もう一つはね、こういうことがあったの。ね。二つだけ言いますけどね、一つはね、私の通ってた県立の女学校のね講堂っていうのがね、千二百五十人も全校生徒がいるわけだから、広いわけよ。その講堂がね。で、そこでね、何年生の時か忘れたんだけどねえ、東京からね、まあN響だけど、その頃新交響楽団といったような気がするんだけどね。それが来てね、シンフォニーをすると。それがねえ、聴衆は全部ね、傷病兵なのよ。そこへ入るのがね。大きな講堂だからね、そこを借りてやるわけ。それでねえ、演奏会があるっていうことを聞いちゃってね、これは聴きたいなと思ってね、その時勤労奉仕だったのね。それでねえ、いろいろやんなきゃいけないわけよねえ。でね、その時私はね、その月丘千秋とね二人でね、なんとかして聴こうじゃないのって言ってね。それでやっぱりさ、レコードじゃ聴いてるけどね、生を聴いてないわけでしょ。それでまあ広島にもシンフォニーはあったけどね、まあ、ビゼーのね《アルルの女》とかね、あんなのやってるわけよね。だからねまあ東京から来てね、諏訪根自子とかねいろいろ演奏家は来るけど、それはまあ私もいつも行ってたのね。それでその新交響楽団がね、それだもんでね、どこか忍び込もうじゃないのとか言っちゃってね（笑）それでね、楽屋の上に二階があるわけよね。でそこに行ってね、それでね、そこに早くから、昼休みから忍びこんじゃって二人してね。それで、ちょっと窓を開けると聴こえるわけでしょ。それでねえ、第五シンフォニーやったの、ベートーヴェンの。それでねえ、とっても感動したのね。だからね、まあ、それを聴いてね、やっぱりなんてよかったんだろうって言ったりしてね。そしたらそれがバレちゃってね（笑）それでそのあとそれでね、先生からお説教されちゃったけどね、ああ聴いてよかったねって感じなのよね。

N：生の演奏会なんてそんなにしょっちゅうないのですね？

広島の大学のオーケストラみたいなのはあるしね、東京からはそんなに来ないからね。でも何回か来れば私は、例えば、試験の前の晩でも行ってたね（笑）それで、諏訪根自子とかね、まあの昔のね、そういう人たち。それでねえ、それからもう一つはね、井口基成？　あの人がね、確か女学校の二年の時だったと思う。演奏会で来てね、その頃私なんかね、だいたいね、モーツァルトとかベートーヴェンとかハイドンとかそんなものばっかりピアノでやってたでしょ。そしたらね、ドビュッシーを弾いたんですよ。ね。それでねえ、ドビュッシーの《前奏曲集》をやったんですよ。井口基成が。それでねえ、私はそれを、初めて聴いた時ね、一晩寝られなかったわけ。女学校の二年生か三年だったと思うのね。それでねえ、その時ね、ドビュッシーの音楽って全然違うってね、思ったわけ。ね。それでねえ、一晩寝られなくてね。将来ドビュッシーっていうの研究してみたいなあって思ったわけ。でそれがね、私が藝大に行った一つの理由なんだよ。ね。ね。

N：先生、『名曲解説全集』のドビュッシー作品とかを書いていらっしゃいますよね。

そうそうそうそう。それで、パウル・バドゥラ・スコダの、ピアノ曲集のあのレコードもね、私書いてるけどね、全曲。ドビュッシーね。それでねえ、ドビュッシーっていうのをねえ、、やりたいって思ってね。〈水の反映〉かなんか。それから《プレリュード》あるでしょ、《プレリュード集》のいくつかやってね。今から考えると、教会旋法が入ってたけれど、教会旋法っていうのは私なんか何も知らないで。それまでドレミファソラシドばっかりでしょ。ハイドンにしろ、ねえ。モーツァルトにしろベートーヴェンでもねえ。その頃やってて。その時にね、ドビュッシーっていうのをね、もう二年生の時にね、頭の中に入っちゃっててね。それがずっとあったわけね。だから一回はね、どうしてあんなに感動したのか、やっぱりね、音楽のそういう理論を一度勉強したいなとは思ってたの。それで、私は音楽学校でね、作曲の通信教育なんかもしてて、それを受けたこともあるのね。うん。通信教育で一時やってたこともあってね。ね。だけれどね、それで、私は楽理科に、行こうと思ったんですよ。何はさておき（笑）ね。それなのよ。それだから私ドビュッシーのピアノ曲を、それからドビュッシーのあれをあのーまあ、音楽についてのね、論文やなんか書いたのね。うーん。だけどその時ねまあ、それはまあ、藝大入ってからの話ですけどね。就く先生がいないのね。藝大でね。野村先生とかね、土田先生とかね。遠山先生は二年間だけだったしね。それで、だからね、私はだれに就いたかっていうとね。論文っていうのは初めて書くわけ、だって二回生だからね、みんな。右も左もわかんない。ね。あのね清水脩（おさむ）っていう人がね、ドビュッシーのね、何周年記念かなんかの時、ね。

N：ああー、「しゅう」っていう字を書く？

そう「しゅう」っていう字。あの方がね、講演したのね。ドビュッシーについてね。で、それも聴きに行ってね。で、その清水脩さんに手紙を書いてね、それでね、是非私はドビュッシーを少しでも研究したいって言ってね、卒論に取り上げたいけど、就く先生はいないと。だって辻荘一先生とか野村良雄先生とかねえ。そんな。そしたらねえ自分のとこいらっしゃいってね。それでフランス語のねえ、私もそんなにはよく読めないけど、『ル・ミュズィカル』とかねえ。詩をいっぱいもってらしてね。あの方はね、あの大阪の外語大のフランス文学、仏文を出て、うん。そうなの。

N：音楽の、音楽の専門家っていうだけではないんですね。評論とかそういうのもたくさん書いていらっしゃったかと。

うん。それはねフランス語科なの、大阪外語の。それを出てね。それで作曲家になってるわけよ。だから藝大なんか出てるわけじゃないのよね。うん、清水先生がね、自分のところにあるいろんな雑誌とかね、本とかみんなもってってね、それで、研究していいよって言って。それで私はドビュッシーのね、曲を研究して、論文書いたんですよね。藝大卒業する時。ね。まあそういうことです。

でまあーそうねえ、女学校のことはそういう、こっそり聴いたとかね、あんまりいいことは一つもないんです（笑）。それでねえ、それからもう一つね、まあそのー、なんていうのかしら、まずはね、付け加えますとね、あのね、津田を受けるということになったわけでしょ。受けようとね。そしたらね、その河野みつ先生なんかはね、もうひどい目にあってるわけですよ。でしょ、そうやって英語は全部なしになっちゃってね。それでねえ、その時にね、私が、全部手続きしたわけよ。もう津田を受けるように。東京女子大の英文科。両方ともやって。そしたらね、その女学校でね。岡イマジっていう、忘れもしない校長がいるの。それが、私を呼んだの。個人的に。校長室に。そして何て言ったと思う？「国文科にしなさい」と。ね。それでね、英語なんかなんで勉強するんですかって言ったの。ちょっと。ひどいもんでしょ。広島は軍都だからね。それでその世間が全部英語廃止なの。ね。だからね。それで、英語をやる人なんかいないわけ。だから中国地方から、ね。神戸女学院からは来てるよ。もう、全部岡山とかそういうところから、津田に行った人なんかいないわけ。ね。私は呼ばれてね、国文科にしなさいと。それから日本女子大かなんかは国文科がある。それで私が帰ってきて、しょんぼりと帰ってきて、先生にそう言われたと。そしたら、私の母がね、なんて言ったと思う？（笑）これもまた愉快なんだけどね（笑）「女学校の先生の言うことといちいち、いちいち聞いてなくていいよ」って（笑）。あのね、私の母はね、そういう点がねまあ、父もそうだけどね。父もリベラルだったのよね。だけどね、私の母がね、一言そう言ったのね。でねえ、女学校の先生のいちいちいちいちいち、そんな気にすることないよって言ってね。それでねえ、もうちゃんと津田にね、受けることにしてるんだから、それでいいじゃないって。

それからねえ、国語の先生がいたのよね。それで国学院出た先生なんだけどね、とってもいい国語の先生だったのよ。でねえ、その先生がね、私にね、まあ私は長田範子っていってたでしょ。「長田さん、どこか上の学校受けるの？」って言ったのよね。まあ、受ける人少ないわけでしょ。だって、あの当時でね。で、「いいえ、受けません」ってそう言ったのね、私。

なぜかっていうとね、その母がね、もうね、女学校の先生にいちいちそんなこと言われるの気にしなさんな、って言って。そう言ったから、私はその先生がね、尊敬してたのよ。いい先生だけどね。「いえ、受けません」って言ったのね。どこか受けるのって聞いたの。そしたら、本当は二つ受けたでしょ。その、二人ともね、原爆で亡くなってるんだよね。まあ、私もちょっといやになっちゃうけどね。女学校の先生がね、十八人くらい亡くなってね

それでね、もう一つ名前をあげとくとね、竹内尚一っていうね、「たけ」っていう字にね「うち」っていう字にね、それから「なお」っていう字があるでしょ。尚一先生っていうのがね、広島の大学の、文理科大学とか、高等師範の、オーケストラがあったのね。それの指揮者だった。うん。だからね、その先生がよく指揮をやってね。で、もともと、音楽学校で、藝大だけどね、チェロだったって聞いてるんだけどねえ。名簿まだ見たことないけどね。その竹内尚一っていう人は。だからそれは広島にいたの。ね。それから、ヴァイオリニストでね、もう一人女の人が広島。広島なんかやっぱり少ないからね。で、私の妹はヴァイオリンをその先生に習ってて、それも原爆で亡くなったのね。だからね、まあ、原爆ではいっぱい亡くなってるわけよね。ねえ。まあそういうことですねえ。

今の女学校がすんで、それから津田の時代って言うのがあるか。どうします？　ちょっとお茶でも飲んで（笑）。

第四章　津田塾専門学校英文科

◆津田塾での授業

購読が三種類あってね。あの時代は、津田塾は専門学校で、予科っていうのが一年あって本科が三年だったの。それで、四年制の学校を出たら本科に入れるの。だけど、私の先生は、河野みつ先生はよくご存知でね、予科の時に鍛えられるんですと。だから予科に行きなさいと。だからみんな予科に行ったのよ。陽子マクレインなんかも一年遅れているけれど、みんな予科に入って。

その予科の時はね、例えばグリムの童話とかアンデルセンの英語のものを百ページくらい読んでいくわけ。それで、会話だけやるとか、徹底して英語をたたきこむというか。だから、卒業してからアメリカに留学して、ほとんど困らなかったね。授業については。音楽だから具体的だし。だけど、一時間、むこうは一時間なのね、最初のうちはガックリとくたびれたけれどね（笑）。

N：ものすごく集中して聞かないと、聞きのがしてしまいますよね。

そうなの。でも主題が音楽だからね、とてもいいわけよ。これが哲学なんかだったら大変だけれど。

N：英語がしっかり聞けてしゃべれるというところまでは。たぶん私たちの時代の英文科の人たちは、そこまではいってないのではないかと思います。

私たちは、ディヴィジョンで、二十二、三人でしょっちゅうやられてね。私、忘れもしないね。九州の福岡かどこかから来たのが隣にいたのね。今でも友だちでいるけれど。その人がね、あたるでしょ、そうするとね、こう足が上がったままね、すーっとふるえているの。

N：うわぁー、すごい緊張して！

とにかくね（笑）、そういう状態でね。どんどんあたるからね、人数少ないから。

N：ゼミではよくあたりました。私たちの頃も。

津田のいいところは、人数少なくてそれだけやったら、ビリの人まで、全部同じ実力で卒業させるのね。使いものになるのよね。だから戦後大変だったのよ、みんな。

N：引っ張りだこですね、英語の先生もいませんから。

そう。みんなが英語ができないから。だから私も留学した時なんかは、航空会社の予約とかホテルの予約とか、電話でするのは全然困らなかったの。だから、津田の英語はね、そういう意味では実力つけてくれたんだよね。

◆音楽の大学――日本と海外

私もね、おかげ様でね、整理をしようと思ったの。いろいろなものを捨てて、取捨選択して、整理しようと今思っているんだけれどね、身辺をね。そういう気持ちになったわ。あなたがたがこれをやるっていうから。

N：すごく貴重な、大事な資料も先生がいっぱいもっていらっしゃると思うのですが。

そう！　それでね。この間名付け親の話をしたでしょ。私の弟が一中なのよ。その一中の時の友だちが、その奥様っていうのがね、吉田賢龍の孫なんだって！　そういうことがわかって、吉田賢龍の資料を、いろいろあげるっていうのよ。

N：お写真とかもおもちでしたらぜひお見せください。

ええ。あの当時はね、東京から来るのよ、文部省の次官をやった人は。だからね、学長がそういうのなんですよ。学長と事務官というのが東京から派遣されてくるわけよね。だから、だんだんそういう資料が出てきて。だから私が今考えているのは、音楽学の、私、第二回生だから、音楽学のあれだとか。あなたたちは音楽教育をね。それと別に、個人的に、私の祖先だとかのことを詳しくお話ししようと思って。吉田賢龍さんという人も大変な方だったんだしね。

まあ、広島っていうのはね、小学校の時に習っていたけれど、六番目の都市とかね、人口からいうとね。だけれど、一つの特色があるんだよね。学校も、広島と東京にそういうのがあったしね。軍隊があるでしょ。ヒラハラさんていうのがうちの隣だったけれど。立派な家だったのよ。だから、やっぱり海軍のすごい偉い人だったらしいんだよね。ほらこの間、正木中将のことを調べてくださったけれど。

N：インターネットでお名前が出てきました。

そのヒラハラさんていうのもそうだったと思うのよ。呉に行っててね、海軍のところにね。広島っていうのはたいした大きな都市じゃないけれど、教育とかそういうものが熱心だったしね。それで、その学校が素晴らしいって。あんまりできなかった人間ってわかるでしょう、だいたいね。それでもみんな、そう言ってエンジョイしてるんだよね。それがいいと思うの。級長、副級長もないし、成績表もなかったから。でも、できる人っていうのはわかったけれど。

エリートね、その当時のパイオニア的な人たちが多かったと思うけれど。私の友人もどんどん亡くなっているからね。東京に何人かいたけれど。裁判官なんかになっていて。井口洋夫さんていうのを調べてくださったでしょう。そのお兄様と一緒。その洋夫夫人というのが県立病院長のお嬢様なの。それで、私のクラスにお姉さんがいてね、その妹と結婚しているの、洋夫さんが。だから、きょうだいのこともね、みんなが知っているわけ。それで、きょうだいよりももっと、ずっと時間をともにしているでしょ、六年間。まあ、一種の実験学校よね。私、実験学校だと思う。そういうこと、今はなかなかできないでしょう。もちあがりとか、教科書は使わないとか、国立なのに文部省のつくった教科書は使わないとか。

N：優秀な先生方が指導をされていたんですね。

そう、だからね、全国から小学校の先生方がよく参観に来ていた。今でも、教育大の附属、筑波の附属、それから広島大の附属はあるけれど。今はどこの学校も小学校があるじゃない。それから県師範の附属があるでしょ。今は大学の附属になっているんじゃないの？

学芸大の附属っていうのがあるよね、東京は。あれが、県師範の附属なんだよね。だって名門校じゃない。だから、今は一つの県に、全部、一つあるのよ。広島でも県師っていうのがあったのね。県師の附属小学校、それから高師、高等師範学校の附属小学校とあったわけよね。だけど、高等師範のほうが自由にやってた（笑）。だから、あんな学校なかったねって卒業した人たちが言っているよ。今できないわけよね。やっぱり難しいでしょう。

文部省の力も強いしね。

O：特にそういう教育学部の附属というのは、そうですね。

そう、だってあれでしょう、文部省のつくった教科書使わないなんて。それをやってるわけでしょう、国立なのにね。よくやってたと思ってね。

O：やはり、どちらかというと、教育学部の附属のほうが学習指導要領にちゃんとのっとって。

そうなのよね。あなた、よく音楽教育に関心をおもちになったね。楽理科で四年やって、修士は？

O：はい、修士から音楽教育です。

音楽教育の先生にいたよね。なんとかタケシっていう？

O：井上武士ですか。

そうそう、あの先生、私知っていますよ。私たちの頃は、音楽教育ってなかったでしょ。いつからできた？

O：研究室が四十周年ということだったので、四十年前からですね。

それで、楽理科ってね、男子学生が少ないって心配してるけれど。

N：私が入学した時が、楽理科始まって以来、女子だけという学年でした。

O：毎年男子は一人いるか二人いるか。

何人とった？　二十五人？

N：私が入学した時は二十四人だったと思います。

そう。それでね、宮原卓也さんていう声楽家が、あの人二期会でオペラ歌手だけれど。彼がね、音楽学校に行くっていうとね親から勘当されるよって。小泉文夫さんが勘当されたって。それで、服部幸三先生だって養子か何かにいっちゃってね。服部先生のお父様って裁判官だったのよ。それで、服部先生は一高から東大に行ったんですよ。それが音楽のほうに来ちゃったのよ。

N：本来ならばそちらの道に進まれるという。

裁判官とかね。だからね、養子に行ったんですよ。だから男の人が生きていくのに、やっぱり、服部先生も藝大の教授になれたから生きていけたけれど、なかなか大変なわけよね。ことに作曲家も大変だしね。だから、日本は音楽をやるっていうのが大変なのかしらね。ハーヴァードなんかでも。私、留学したあとも私の先生のところによく行くんだけれど、そうすると、今年は大学院で、いつもは十五人とるところを、やっぱり先が、仕事がないから十人にしましたとか、そういうふうに少なくしちゃったとか。いつもは二十人のところを二十五人にしましたとかね。そういう、いつも先でね、どこかの大学で教えるっていうのがないと、人数少なくするのよね、大学院のそういうところが、何ていうか、柔軟性があるっていうか。日本ではわりあい決めたことをすぐしなくちゃいけないでしょう。ことに国立だとね。だからね、そういう点が、アメリカのほうが柔軟性があるっていうか、自由にできるって思ったわね。就職とつながってね。総合大学に音楽学部が全部あるんだから。日本はないんだから。総合大学に音楽学部が全部あれば、ずいぶん楽理科のはけもいいのにね。

N：今、音楽学の就職が本当に大変で、音楽教育はまだ少しいいんですけれど、教育学部はありますから。でも音楽学の教員募集があると何十倍という倍率になるって聞きました。

そう。だから、東大にもね、早稲田、慶應も、明治学院も。全部、音楽学部っていう建物があって、そこでちゃんと教授や助教授なんかがいるわけよね、プリンストンとかハーヴァードも、イェール大学もね。イェール大学なんて大学に音楽学部があって、その他にもスクール・オブ・ミュージックっていうのがあるのよ。それで、チェンバロとか何か、言ってみれば、コンサーヴァトリーなのね。それでボストンなんか、ニューイングランド・コンサーヴァトリーがあって、それで、ハーヴァードに音楽学部があるでしょ。立派なペーン・ホールっていうのがあってね。私も行ってね、一年半しかいなかったけれど、シュトックハウゼンなんて、初めてアメリカにデビューしたとかね。アシュケナージだって私初めてアメリカで聴いたのよ。アメリカ・デビューを、ピアニストとしてね。だからそういうのが、本当に、音楽っていうのが、ハーヴァードではペーン・ホールっていう音楽部の建物があってね。地下に、ピアノを練習する部屋があってね、チェンバロまであるのよ。だから私もアメリカに行っている間にチェンバロを習おうと思ってね。ダニエル・ピンカムという人がチェンバロ教えてあげるって、それで、その地下でねチェンバロを教えてもらって。チェンバロとかピアノとかが地下にずっとあるの。

N：ダニエル・ピンカム！　そして、いつでも練習できるようになっているんですね。

そうなの。それで、音楽学部はmusicologyなのね。音楽史とかそういうの。それと、その他にニューイングランド音楽院というのがあって、そこが演奏なの。それで、作曲家の教授もいるし。一つの科目は一週三回あって、最後の土曜日っていうと歌ったり演奏したり。それで、月曜日と木曜日とか、一時間ずつの授業なの。それがmusicologyなんだよね。トリオ・ソナタとかね。だって対位法だって、藝大だったら対位法というんだけれど、modal counterpoint、tonal counterpointって、結局、調性の対位法と教会旋法の対位法と、そういう授業が別々にあるわけ。だから本当に細かい、それこそ、リュート・タブラチュアなんてＡＢＣと書いてあって、いちいち現代譜に直すとか、ものすごく忙しいけれど。音楽学部だけれど、専門的なことをバッチリと実力つけさせる、そういう感じよ。

それから、プリンストンでも、プリンストン大学なんて普通の総合大学でしょ。普通の音楽学部があって、教授も助教授もいて、いろいろやってね。そこの図書館がね、風景のために三階建てにしかしないのよ、プリンストンていう町は。それで、地下が五階なの！　地下が五階あってね、そこにセミナー・ルームとかあってね。私も、プリンストンに三ヶ月くらいいたことがあるんだけれど、その時にセミナーに出させてくださいって言って行ったわけ。そうしたら鍵を渡されちゃってね。セミナー・ルームのそばに鍵で入っていくと、そこに楽譜が、全部置いてあるわけ。セミナーは六人か七人でやるんだけれど。それが地下にあるの。とにかく、そういう意味で徹底しているっていうか。

だから藝大のことを考えると、藝大で何を習ったんだろうっていう感じだったのよ

N：環境が違いますね、本当に。私、学部の頃は、何をやったかなあって思いますね。やっぱりもう少し、外国にもどんどん交流ができるような、そういうあれがあるといいよね。音楽だからね、とにかくいろいろな学校とコミュニケーションができるっていう。いずれにせよ、みんなドクターとったんだからすごいじゃない。あなたもドクターコース？　音楽教育？

O：そうです、音楽教育です。

どういうことをなさっているの？

O：音楽教育史のことをやっています。

ヒストリー？

O：はい、ヒストリーです。

あなたのご両親も教育学でいらっしゃるのだからすごいね。大変なことよ。まだ、時間は大丈夫？　寒さは大丈夫？

O、N：はい！

まだ津田が残っているわね。

◆津田塾専門学校受験、戦時中の学校の様子

津田塾にうつりますね。先ほどお話ししたように、その当時は、敵国語でね。当時の風潮としては、今歴史のことが随分問題になっているよね。朝鮮との、韓国との歴史をどう扱うかとか、中国との。戦争中は、そうね、「南京陥落」っていう時に、たしか私が女学校時代だったと思うけれど、今「南京大虐殺」といってmuseumができてるわけ。それでみんな見ているわけ。で、日本人がいかにひどかったかっていう、cruel残酷だったと。だけどその時に「南京陥落」と言ってちょうちん行列をしたの。勝った、勝ったって。それでやはり大本営とか軍隊は、日本がいいことをしているっていうことで、大東亜共栄圏といって、日本が中心となってアジアをいい国にしましょうという。そういう状態で、日本が一番優位に立ってやるっていう、そういう教育を受けたわけね。

それで小学校の時から女学校まで、私、ずっと戦争中なんだよね。小学校の時は満洲事変が始まったしね。日本のことを、「大にっぽん」っていうのよね。「大」が付いているのよ。今、「大フランス」とか、「大ドイツ」って言うかっていうのよ。「にっぽん」って言っちゃいけないのかしら、「大にっぽん」て言わなきゃいけないのかしら、という、それがほんの一つの話だけれどね。それほど社会全体がね、日本はいい国である、素晴らしい国である。天皇陛下は神様である。宮城遥拝（きゅうじょうようはい）、教育勅語、君が代。そういうことを押し付けてね。みんなそう思い込んでいるわけよ。日本が一番上に立って、朝鮮とか満洲とかをいい国にしてあげようと。そのために兵隊さんは中国にも行って戦争してるんだって。だから、「南京大陥落」とか言っちゃって、ちょうちん行列したんだわよ。ひどいもんだわね、今から考えると。ものすごく残酷なことをしているわけよね。だから真実っていうのを知らないわけよね。

話はちょっとそれますけれどね、私が留学する時にね、ロックフェラー財団が行かせてくれるっていうことになったわけよ。その時私が思ったことはね、音楽史を勉強したいと、一つ。敵の国を見てきたいと、その二つがあったの、留学するのに。やっぱり、そのくらいね、日本の国はいい国で。なんとかかんとかって、小さい時から教え込むっていうことは恐ろしいことだわね。ほんとに。それで、とにかくね、津田に行ったという動機は先ほどお話ししたように、河野みつ先生の発音とかイントネーションとか教授法がいいから行こうかと。その時にね、女子の教育だけれど、希望がないんだよね。例えば、医学はもちろん、吉岡彌生（注1）の医専があったし。だけれど、行く学校がすごく少ないのね。医専と、英語の学校と、それから東京女子大、日本女子大。日本女子大は国文科なんかもいいっていうことだったけれど。だから、行くところがないわけよね。だからみんな、私の時代に津田に行った人は、あの時行ってよかったけれど、行くところなかったよねって言っているわけよ。行く学校がないわけよ。

N：選択肢がそんなにないわけですね。

そう、ないわけよね。だから本当にそういう意味でね、今は、経済学やろうと思ったら一橋大学に行くこともできるし、慶應に行くこともできるし。そういう意味で、津田というところに行こうと思ったんです。それで、私の父は、東京女子大を知ってたわけね。石原謙（注2）ていう人だったか、まあ、よく知っていたんだね。だけれど私は津田にね、その河野みつ先生のあれで行ったわけね。

非常に少人数制で、いい教育を受けたわけですよ。英語について。私のうちが、ある意味リベラルなうちだったから、津田に行って、英語をその当時勉強することに対して、何も別に、あれがなかったわけ。勉強してきなさいっていう感じだったから。だから私は問題なく試験を受けに行ったわけですよね。でも面白かった。広島から行ったでしょう。たった一人でね。まず東京女子大に、前の日が東京女子大の試験だったの。それで、例の頌栄学院からいっぱい来ているわけでしょ、受けに。それで、みんな休み時間も本やらいろいろ出してやっているわけ。私は母と二人で行っていて、範子、何か読まないの？　って言うから、私、何にももってきてないのって（笑）。むこうは、すごいグループで来ていてね、そんなんだったわよ。私、わりにのんきな人間なの。入れたら行こうと。ダメだったらまあいいやと。何に関しても、私、わりあいのんきなんだよね。そんなことでね、津田に入ったわけですよ。

津田に入った時に、すべてが英語なの。すべて英語で。もちろん、勉強も充実しているしね。で、寮に入ってね、先ほどお話ししたように、女中さんが全部食事をつくって。日本女子大なんかの寮は、自分たちがつくったりなんかしているのね。何人かが一緒になって。だから、そういう点が、あまり家事なんかやらないほうがいいと。女の子が家にいると使われるからなるべく寮に入りなさいと。そのほうが勉強できますって。でもそれを公に言うとねえ。藤田タキ先生なんかね、いやいやそんなことはって。だって結婚式でそんなこと言われちゃ困るでしょう。

それで、勉強に集中して、そういう意味で大変よかったし。先ほどお話ししたように、一年ぐらい浪人して入ってきているのがいるわけよ。でも全然気にしないんだから。だって、リピートっていうのが留年なのよね。留年っていう言葉使わない。あの人リピートよとか、リピちゃんよとか言っちゃって。それが威張っているわけ。だから、この学校はみんなに実力をつけさせてあげるんだからって。そこのところは津田の精神があるから、みんな、あの人一年遅れているとか、そんなこと全然気にしないの。普通の学校ってわりとそういうことあるでしょ。

N：たった一年ですけれど、その年代ってすごく大きな差があるって思ったりするんですよね。

そうそう、そうなのよ。何年も上の人もいたよね。そうなのよね。

それから、すべて充実した授業を受けてね。科目の中からいうとね。例えば、発音学とか西洋の歴史とか、そういうのが全部英語の教科書。それで勉強したわけ。それから、英作文っていう。それが普通の作文なのよ。よく日本で英作文っていうと、日本語を英語に訳すと英作文って言っているでしょ。だけど、作文を書くわけ。それも全部英語。

N：小論文みたいな。はい、私たちの頃もありました！

それから国語もなかなかいい授業でね。『源氏物語』なんか、その当時有名な池田亀鑑（注3）という先生が教えたんだよね。それから吉田精一（注4）っていう人も日本文学を教えて。だから日本文学もよかった。

N：吉田精一、すごく有名な方ですよね！ お名前見たことあります。

そう、愉快な人なの。とってもいい、愉快な人。池田亀鑑も有名な、『源氏物語』では第一人者よ。そういう講師の先生がいい先生でね。それから、日本語の作文も重要視するわけ。だから英語の作文も大切にしたわけ。

N：英語の作文とかは、全部ネイティヴな先生が教えていらしたんですか？

私の時代は、ネイティヴな先生がみんな収容所に入れられていてね。はじめは、英語の会話はネイティヴな先生がいらしたけれどね。日本人と結婚した人なんかがいたけれどね。それでも、マキ先生なんて、向こうでずっと育った方だったけれど、ミセス・マキっていう。ウェルズレーっていう、アメリカに大学があって、そこを出た方とかね。それからマスター・カレッジとかね。だからみんな向こうで勉強した人でね。津田梅子はブリンマー・カレッジだったから、ブリンマーの卒業生は多いけれど、そうでない先生も結構いました。

それで、ミセス・マキは、留学のいろいろなお世話をなさったりなんかして、外交官夫人だったの。その先生もとてもいい先生でした。大いに活躍していたみたいよ、戦後なんかは。そういう先生に習って、学生生活は楽しかったし、勉強も楽しかったし、厳しかったけれど。そんな具合で、本当に勉強に集中したけれど、やっぱり一年半くらいで工場作業になって。工場作業について、大変感心することはね。まず電波兵が入ってきたの。大学全部と、寮が二つあったけれど、東寮と西寮とね。そうしたら、その西寮をとっちゃったわけ、電波兵が。それで、私たちはみんな東寮という、一つの寮に詰め込まれたわけ。その時にね、星野あい塾長が、私はとっても偉いって思うんだけれどね。フェリスの女学校を卒業して、津田にいらしたのね。それからブリンマーに留学して、それから教えていらしたの。その星野あい先生が塾長だったの。その先生がね、学校の雨天体操場というのがあったの。板の間の。そこに全部機械を置いて、そこを学校工場にしたの。それで日立製作所の、ミーリングなんていって、けずるのをやったんですよ。ということは、今はそういうことはあまり言われないと思うんだよね、津田の中でも。でも、私、そのことは大変なことだったと思うのよ。その先生の功績としては。それで、私たちは、どこかへ働きに行かなくてよかったの。大学の、学校のキャンパスの中にね、寮にいて、それから、そこですぐに。そのへんが、星野あい先生は偉いと思いますよ。学校に学校工場をつくっちゃって。結局、戦闘機のね。どこかに書いたつもりなのだけれど。

戦闘機の発動機の部品をつくるということをやったんですよ。今思い出すのに、私たちは学校のメイン・ビルディング、学校の校舎と寮一つとられてね。それで、一つの寮に閉じ込められているけれど、雨天体操場まで通えばいい。キャンパスの中。東京女高師に行った私の友だちがいるんだけれど、その人なんか遠い工場に通ったっていうのよ。だけど私たちキャンパスの中なのね。それで、作業服着ちゃってね。それでもってはちまきでね。まあ、遠藤中将（注5）の筆になる「必勝」という文句と日の丸のついたはちまきをしてね、それで、カーキ色の上下の作業服を着てね。それでみんなで三交代。というのは機械を遊ばせたくないでしょう。だから三交代。

N：夜中もですか？

そうそう、夜中も。みんな時々文代するわけよ。だけれどね、学校のキャンパスにね。私、星野あい先生の偉いと思うのは、やっぱり女の子をあずかっているわけでしょう。だから本当によかったわけよ。

N：夜中にそんな遠くへ出かけていくなんて。

そうそうそう。それでね。あなたなんかご存知でしょうけれど、門標事件って知ってる？

N：ああ！　聞いたことが。

門標。津田塾専門学校っていう門標が門にあるわけ。そこに、第何十何部隊っていうのを上に置いたわけ。そうしたら私の隣の部屋に四人いたの。それがね、それをとって、川に投げた。そしたらね、これは軍法会議だって軍隊が怒っちゃってね。星野あい先生が、やった人は自分のところにいらっしゃいと。そのかわり絶対に言わないと。それで、言いにいったんでしょうね。軍隊のほうには全然言わない。それで、星野あい先生はそんなふうにね。

とにかくね、三交代で働くわけよ。機械のために八時間働くわけだから。そういう状態で工場作業をやらされて、時々空襲があると防空壕にもぐる、と。だから私たちみんな反骨精神がおこってきたわけね。そういうわけであんまり先生の言うことをきかなかったからね。いろいろ規則違反をしたとか何とか言っちゃって、始末書とらされたりね。いろいろ学校側と。だってそうやってね、落っことす人間もいるとかね。

それからあの久保田眞苗さん、寮が二つあるでしょう。その一つのほうは東寮で、私たち西寮だったの。その西寮がとられたわけよ。それで、東寮に移って今度ぎゅう詰めになったわけよ。一人部屋に二人入るとかね、そういうふうになってきたわけよ。そしたらね、久保田眞苗はね、軍隊が入ってくる、そこにね、全部電気のコードとって横浜の家に帰っちゃったの。軍隊が入ってきたら全然電気がつかないって大騒ぎなの。誰がやったんだ！　って大騒ぎで、窓の辺やなんかで騒いでいたけれどみんな知らんぷりしててね。その久保田眞苗がね、コードを全部とっちゃって自分のうちへもって帰っちゃったの。そういう、やっぱり、あれがあるわけよ。

とにかく工場作業になったでしょ。で、勉強ないわけでしょ。でもね、何かの時間ができた時には勉強するという、学校は一生懸命ね。だから星野あい先生っていうのは素晴らしい先生だったと思うの。

フェリスにね。たまたま私はフェリス行ったんですよ。あれは柴田南雄先生のご紹介でね。柴田南雄先生が、村井さん行ってくれないって言うからね、はーいって言って。私はね、言われたら必ず行くことにしてたの。というのは女の人に仕事はこないのよ。男にいっちゃうわけでしょ。だから私もね、柴田南雄先生がね、御茶ノ水の文教育学部の音楽科もあるでしょう。あそこにも行っていたの。そしたら柴田先生がね、村井さん行ってくれない？　はい！　って言って行くわけね。いつもそうやっていたの。一ヶ所だけ行かなかったのが、その千葉県。なんとかってあるでしょう。

N：聖徳ですか？

そうそう。あそこは何？　仏教か何かの関係？

N：聖徳太子の「和」の精神と聞いたことがあります。

そう。実はあそこはね、先ほどお話しした、ちょっと余談になりますけれどね、清水脩さんがね、最初ね、お頼まれしてね。どうも、清水脩さん、仏教と関係あったんじゃないかと思うの。そこにね、つくる時に関わっていらっしゃるの。それで、清水脩さんが、私、論文でお世話になっているでしょう。家に出入りしているしね。それで、清水脩さんからそこへ専任で来いって言われたの。でも千葉県だから遠いからって。その時に私、子ども育てていたしね。私が野尻に別荘もできるんで、大学村で、野尻に行くって言ったら、そこまで教務主任が頼みにくるっていうわけよ。それでね、先生にもお世話になったのだけれど、ちょっと、千葉は遠いから行きませんと。そう、聖徳学園よね。ええと、カワなんとかでしょ。経営者（注6）。知っているのよ。一人慶應を出ているのがいるのよ。その経営者の子どもがね。で、そこだけが、私も遠いと思ったの。今から思うと、行けないわけでもなかったと思うけれど。とにかくね、長野県に行くって言ったら、そこまで教務主任が行きますよって。でも、私、申し訳ないんだけれど、どうしても千葉は行かれないって言っておことわりしたの。おことわりしたの、それ一つよ。だって、埼玉大学も行ったし、どこだって行ったんだから。フェリスだってね。で、フェリスはいい学校だったからね。そういうことがありますよね。

星野あい先生はフェリスの女学校を出てね。で、フェリスとすごく関係のあるファミリーなのよね。いとこかな、誰かが教務主任とかね。それで、フェリスの女学校を卒業して、津田にいらしたの。星野あい先生のなさったことは、そういうことで、大変立派だったと思うの。ただ、私たちはね、本当に反抗してたの。というのは、警戒警報鳴ったり、空襲警報鳴ったり。で、防空壕に入る、と、いやんなっちゃってね。ああ、もう死んでもいいから寮で寝てるわっていう感じで、寮にいたりね。それで、それを久保田眞苗もやったんですよ。もう、死んでも何でも勝手ですよって言ったらね、学校の先生方がきちっと規則として決めたんだから、防空壕入らなくちゃいけないんですよと。空襲警報鳴ったら。寮から出てきて、夜中にね。そうしたらね、久保田眞苗が何て言ったかっていうと、先生方が会議でお決めになることが必ずしも正しいとは思いません、て。そうしたらね、それを教授会で話したらみんなが怒っちゃってね。あれは退学だと。彼女、それで、退学に決まったの。卒業前よ。だって戦争の最中。それで、みんなが、私たちのクラスの人が頼みに行ったの。一人ひとりの先生方にね。だって教授会で決まっちゃったんだから。そうしたらね、そういうことがあったのか、こういうことがあったのかって。もう一度教授会を開きましょうって。それで、彼女ね、二ヶ月ぐらい停学？

でちょっと卒業が遅れたんだと思うのよ。でも戦後のどさくさだからね。だからだいたい同じ年に卒業して。それでそのあと、理事になっているんだからね、亡くなる前に。

だから、私たち全部、そういう意味で、学校に反抗してたのよ。その戦争の。

N：戦争中の、ある考え方が染み付いているような時代ですよね。でも学問というのは別の世界のことですから。

そうそうそう。学校のほうは。とにかく、津田はつぶされそうになっていたのを、理科と数学とつくって。星野官房長官っていうのがいたのよ、その戦争中に。それが星野あい先生の甥だったの。それで、ちょっと、ツーカーのところがあって、いろいろアドヴァイスも来たんだと思うのよ。理科と数学つくりなさいって。それで、理科と数学つくったのよ。それで、理科が、四、五年やったけれど、理科はお金かかるでしょう。数学はあまりお金かからないけれど。それで、数学が今もあるわけ。理科はなくなったわけ。

その星野官房長官っていうのが甥なの。だから星野あい先生っていうのも、なかなかのファミリーなのよね。まあ、そういうことで、戦争中をなんとか切り抜けたわけ。わたくしが津田塾で感心するのは、もちろん、専任の先生もいい先生だったけれど、非常勤講師の先生がそうやって国文学の先生とか、それこそ吉田精一も面白いし、いい先生を連れてきてね。ただね、国体とかいう時間もなきゃいけなくて。

N：それは何の先生が？

国体って天皇制やなんかのことでしょう。どこか、文部省か何かから来てね、それで、国体の本義とか何とか言っちゃってね。面白くもない授業やってたよね。そういうのを入れなきゃいけなかったんじゃないかしら。それで、一つね、すべての人は同じ実力。だから、成績がビリのほうでも、みんな同じ実力にして卒業させる学校だったのね。それはとってもいいことだったと思うんですよね。

実は、その、戦争のどさくさで、八月十五日の玉音放送とかいうのは、東寮の食堂でみんな聞いたの。そのあと、私なんか、久保田眞苗と肩を組んで、ランランランと。ああ、もう戦争すんだからよかったね、ってやってたんだけれど、次の日に新聞を見たら、原爆で全部広島がやられてるんで。久保田眞苗さんは、あなたワアワア泣いてたよって言うんだけれど、私は全然覚えていないんだけれどね。いずれにせよ、それで、広島のほうに帰ったわけです。

とにかく、星野あい先生っていうのは、私は、津田塾を救ったと思うんですよね、そういう意味でね。それで、ちょっとでも時間があるとね、あなたご存知かどうか、道を隔てた反対に託児所があるのよ。それは、その辺の農家のために託児所を早くから津田塾で経営してたんですよ。で、その託児所で授業するのよ。そこにね、中野好夫っていう有名な評論家がいらしてね。

N：あの有名な中野好夫先生！　翻訳された本とか読みました。

そう。その中野好夫先生が話したのを、私覚えているんだけれどね。“Ignorance is bliss.”「知らぬが仏」。だから、私たちは、戦争の状態を、真実を知らされていないと。だから、“Ignorance is bliss.” だからみんな平気でいると。だけれど、本当は大変な状態だ、ということをね、英語で“Ignorance is bliss.”という話をしていたのよ。その中野好夫先生がね。

それからもう一つお話しすることが。あ、あのね、工場作業している時に、五月と六月かな。六月と七月じゃなかったと思うんだけれど、とにかく、六月を中心に二ヶ月くらい日立製作所の部品が何もなくなったの。それで、工場作業ができなくてね。授業をしたの、託児所で。だって、校舎はとられているわけだからね。それで、そこでもう日本は負けてた。だって、ドイツが五月に負けてるんですよね。たしか五月か六月にイタリアも降参しているのよね。だけど、日本が、戦争を続けている。そうしたらね、部品がなくて工場作業ができませんて。だから、これはおかしいねえって言っていたの。それで、託児所で勉強したの、少し。そういう状態だったんですよ。

それからそのあと、その言葉は専門用語だけれど、「オシャカ」っていうのがあるのよ。例えば部品をつくっても、うまく検査に通らないのがあるわけよ。それをオシャカって言っているのよ。そうしたらね、何て言ったと思う。私、忘れもしないけれど、まあ、他の人も知ってるだろうと思うけれど。ああっ、これはオシャカだ、と言ってね、日立製作所の人が言うのね。「ああ、特攻隊用だ！」ってこう。わかる？　特攻隊には、もう、そういうオシャカっていう不良品を使ったの。だから戦争の終わり頃、特攻隊っていうのは向こうの戦艦に突っ込むわけ。それが、上にあがったらもう落ちる。それで死んだ人間も結構いるんですよ。だからむちゃくちゃだったのよ。私なんかが知っている範囲はほんのわずかだけれど、身近にそういうことがあったわけね。日本の軍隊がいかにひどかったか。だって、これ特攻隊用だって言うんだよ、平気で。それでオシャカを使う。

N：女子学生が作業している、そこで言うんですか？

そう。だからね。まあ戦争っていうのは本当にひどいものなんですよ。

それで、その新聞に、広島に新型爆弾が落ちたって書いてあった。だから私はたいしたことないって思っていたの。そうしたらね、八月十五日の次の日の十六日の新聞に、第一面に、原爆が広島に落ちたと。それで、広島が全滅だって。それで私が泣いてたと久保田眞苗さんが言ってるけど。その時のトピックスはね、星野あい先生がね、戦争はすんだと、玉音放送をみんなできいたわけよね。その次の日か、二日後だったかと思うんだけれど、さあ、みなさん、勉強ですって言って時間割全部発表しちゃったの。勉強の。それもすごいと思わない？　ねえ。さあこれから勉強ですって、やったんですよ。

それで、みんなも、ああこれから勉強だと。

実は、文部省から通達がきてね。復員兵と兵隊とね、それから学生を全部郷里に帰せ、と。そういう命令が出たの。ことに女子学生は帰せと。アメリカの兵隊が上陸してくる。だから学生は全部帰せと。特に女子学生はと。

復員兵っていうのは、全部、したんに何もなしになっちゃって、兵隊だから。全部帰す。で、私は広島だから、東京駅に行って、一晩、一昼夜並んだかな。それで、広島行きの券を手に入れてね。広島では私のうちは町中にあったわけね。私の家は、私が住んでいた家じゃないのよ。もう、建物疎開っていって壊されてね。いずれにせよ、広島に帰るしかないからね。そうしたら、後輩にね、一人だけ広島から来てるのがいたの。その人がね、広島の郊外の、田舎のほうなの。それで、その人のうちにひと月泊めてねって、二人で広島に帰ったんですけれどね。その人のところに一ヶ月くらい泊まってたの。それで私の父が瀕死の重体だったのよね。それを看病するようなことになったんですけれどね。

いずれにせよ、卒業式もない、謝恩会もない。いつの間にか卒業したっていうような感じでね。だけれど、津田塾のすごいところは、私たちは本当は次の年の三月卒業する予定なのよ。そしたらね、一月から三月まで補習授業したの。私はまた広島から、やっぱり行きなさいって父が言うもんだからね、二ヶ月くらい行ったのよ。みんなは三ヶ月くらい勉強したんですよ。三月までね。もう、卒業は九月頃に、卒業式もないし何もないけれど卒業ということになったんだけれど。

N：終戦の年の九月ということですよね。

そうそう。だから混乱状態の中で、一月ごろから三月ぐらいまで補習授業したのよ。それで私も、三ヶ月は行かれなかったけれど、二ヶ月くらい行ったんですよ。

だからね、津田って学校はすごいと思わない？　みんな生きるか死ぬかっていう、食べるものもないわけでしょ。それでもやったのよ。だから津田っていうのは、星野あい先生っていうのは大変な先生だったと思う。塾長だったけれど。

N：学問の場の目的というものを、どこまでも貫いて。

そういう点がね。小さな学校だったわけでしょ。だって一学年が百人いなかったわけでしょ。みんな疎開したりなんかしてね。私たちのクラスなんか六十五人卒業しているんだよね。入るのは百人入ったんだけれど。結局みんな途中で疎開したり、あちこち行ったりとかしてね。それで、卒業が二、三年遅れているのがざらにいるわけよ。一緒に卒業しないでね。だから、そういう状態なのよね。いかに混乱状態だったかということがわかるよね。

そういう時、津田塾の、やはり学生を思う気持ちと、それから、実力をちゃんと付けさせて卒業させようっていう。それでもう外に出たわけでしょ。戦後のね。もうみんな大変な引っ張りだこでね。それで、その中野好夫先生も補習授業にいらしてて、君たち、私は大学教授だけれど、君たちのほうが二倍も三倍も月給とるんだよね、なんて言っちゃって（笑）。もうみんな引っ張りだこで、大変なものだったのよ。英語ができるっていうのは。面白い話だけれど。

◆小学校同級生のこと（前々回の付け加え）

とにかく戦争のあとはね。大変なひどい状態だったのよね。戦争というのは絶対にすべきじゃないし。それから、復員してきてね、みんな学徒も死んだり、いろいろしてね。

私は、小学校の友だちがきょうだいみたいで何でもしゃべるでしょう。そうすると、大分晩年になって、東京に七人いたの。その小学校のクラスの人間がね。それで例の井口さんなんていう、最高裁の裁判官になっちゃってね。名古屋にも行ってね。それから福岡にも行ってね。そうするとね、五百坪の家に住んででたっていうからね。官舎がそうだってね。それで、飲み屋に入っちゃいけないんだって。そばやもいけないんだって。裁判官は。その人裁判官になったから、いろいろ話してくれるわけよ、小学校の友だちだから。そして彼がね、亡くなったけれど。その、洋夫さんの兄きだけれどね。やはり一中、一高、東大よ。それがね、東大の法学部でね。それで、裁判官になってね。その人、絵を描いていたけれどね。私もってるよ。原爆のドームの絵を描いていてね。その人が、そういう、そばやとか飲み屋とか入っちゃいけないと。それで、家が、五百坪の官舎にいたりなんかして。それでも一緒に食事してね。

小学校時代の友だちが一番懐かしいって言ったのは、中学校の、一中の友だちがね、その人一高に行ったわけだけれどね、裁判官になったのがいなかったらしいのね。それで、一人は東大の法学部。お役人になっているけれどね、裁判官になったのは自分だけだって、さびしいって言って。それで、小学校の友だちをすごい懐かしがってね。みんなきょうだいみたいだったから。それで東京でよくクラス会しちゃってね。亡くなるちょっと前。腎臓悪くして透析してたの。だから、やっぱり亡くなったんだけれどね。

小学校の友だちからいろいろ入るニュースはね、今、戦争の話だけれどね、軍人になったのが結構いるのよ、小学校の友だちで。あの頃、幼年学校から陸仕に行くんだよね。なかなか優秀なのが。二人か三人くらい行ったかな。小学校の男の子が。そうしたら一人は軍人の息子だったの。エリートコースでね。それで、戦争がすんだあとも、自衛隊の、大出世しちゃってね。それがいろいろ言うんだよね。だって、クラス会で、もうそれこそきょうだいみたいでしょ。

こんな話していた。お話ししたと思うけれど、満洲にいた職業軍人と学徒兵。とにかくね、戦争というのはね。職業軍人は生きて帰るのよ。

もう一人私の小学校の友だちで女の人がいたの。その人は大変立派な家(うち)の人なのよね。広島で、電気関係の会社でね。それが結婚して、松山の素封家のところに行ったわけよ。東大を出た人で、学徒出陣で兵隊に行ったわけよ。そしたら二週間しか一緒にいなかったって。結婚して。女学校を卒業してすぐ結婚したから。それで二週間でもう戦争行ったの。

その弟が職業軍人よ。陸仕に行って。そしたらね、お兄さんは学徒出陣に行って死んじゃって、弟は、生きて帰った。ね、だからね、戦争っていうのはね、職業軍人ていうのは生きていくんだよね。私の聞くところによると、ある上野のほうの高官の息子は、ガダルカナルかなんかに行っても、戻されちゃって生きてるとかね。やっぱり戦争のひどいところってわかるわけでしょう。だから結構そういうふうに生きてるのが多いの。

お兄さんは学徒出陣で亡くなってよ。弟は職業軍人で生きて帰っちゃって。それで、田舎でしょ。松山なんてね。そしたらね、その女の人、広島が郷里だから広島へ帰りますっていうのにね、弟がね、ぜひ自分と結婚してくれって言って、そのお兄さんの弟と結婚しちゃってね。そういうのあるよね。

N：当時のそういう話、時々聞きます。ご兄弟が亡くなられて。

そう。まあ戦争っていうのは大変なことでね。それで私は思うんだけれど、職業軍人のほうが、ことに高官。高官だと息子なんかいいところに行かせてもらえるしね。それに、みんな小学校の友だちが口あんぐりでね。中西さんていうのは次の日に東京に立ってたのにね、もう一人の中山さんていうのはシベリアで死んじゃったって。

N：同級生ですよね。

そうよ、同級生。同じクラス。でもその中西さんていう人が特別列車でずっと帰ったよって話した時は、よかったねってみんな言ったのね。で、それで、その人が亡くなってからわかったわけ。お兄さんが知らせてきたの。というのはシベリアへ行ってたからね、しばらくね。

N：消息も、みなさんは、その時直ぐはまだ知らなかったんですね。

知らなかった。なんにもね。ただ、その井口さんていう、洋夫さんのお兄さんが東大法学部でしょ。東大の法学部でばったり会ったよってそう言ってたのに。だけれどその人も亡くなってね。だから戦争っていうのは、もちろん、軍人が悪いってわけじゃないけれどね、軍人のほうが有利なんだよね、そういう時ね。やっぱり、学徒出陣とかそういうのは一番やられちゃうんだよね。

だからそういうのは、私の小学校がそういう具合だから、いろいろ話を聞くことができたわけ。経験することができたわけ。私は、戦争というのは絶対すべきじゃないし、私の考えは、やっぱり日本は無防備で何にも軍隊ももたなくて、アメリカの、今いろいろやってるでしょう。でもアメリカが守ってくれるはずはないのよね。私はそう思ってるのよ。だからそういう点で、沖縄は本当に気の毒だなあって思ってね。

日野原さんがいろいろ書いてるの。その中には、十年を契約にして、それで全部アメリカの兵隊はいなくなって、日本は何もなしでね、タマが飛んできたら死ぬと。そういうつもりでね、コスタリカのように軍隊をもたない国。それで自衛隊は全部、地震の時とか、そういう時に援助するっていうことでね。だって日本は、戦争しないっていう国になっているんだからね。やっぱりコスタリカとか、そういうふうな国になったほうが、十年計画でなったほうがいいって。日野原さんの書いたの、私ちゃんと切ってあるけれどね。

N：あの、お医者さまの日野原重明先生ですよね。

そうそうそうそう。だから、今津田塾まで話したけれど、津田塾の後半部は工場作業と戦争とそれだけだったの。それも一つの経験だし、時代がそうだったし。星野あい先生というのが本当に立派だった。で面白いでしょ。終戦二日後に時間割発表したって。

N：私などは、星野あい先生はお名前しか知らないですが、そういう、いろいろな伝説的な話ってありますよね。そういう先生がいらっしゃったから、津田塾の歴史もあるなあって思います。

◆英語学習の成果

私ね、津田塾には、河野みつ先生の発音がきれいだったから、ああいうふうに英語しゃべってみたいなあって思って。だって希望がないわけでしょう。卒業していいことがあるなんてないじゃない。英語廃止なんだから。だけどね、私も音楽やってるから、耳からきたと思うの。イントネーションとか発音とかがすごいきれいなのよね。だから今私ね、鳩山さんがしゃべるでしょう。あれは、津田の人がきいたらね、やっぱり発音やイントネーションがダメだなあと。というのは、やっぱり時代なのよ。十七、八歳からがっちりやられると、イントネーションとか発音が、ちょっとしたexpressionが。あの人は大学を卒業してから行っているでしょう。

N：このところの首相の中では上手ですよね。英語は。

そうね。もちろん英語はいくらでもできるわけよ。だけれど、あの人が話すよりも、津田なんかの人のほうがやっぱりスムーズな話し方でね。私もプリンストンとか、いろんなところへ行って英語しゃべったらね、beautiful English ってほめられちゃう。やっぱり津田ですごい鍛えたから。そのあとも英語使うことがあったし、留学もしたしね。

だから私、国際会議に行っていたでしょう。あの時いつも一人で行っていたのよね。私、よくあんなところへ一人で行って。それで、帰りにリスボンの空港に行ってパリに一泊して帰る予定だったの。そうしたら、ストでね。もう全部動かない。空港に入ったきりで私は一人、こう座っているわけなんですよ。そうしたらね、お医者さんの団体なんかが来て。でもその人たち、ヒアリングができないわけ。それで、アナウンスを全部訳して通訳してあげて。それから帰ってきたことがあるけれどね。そういう目にあったことがあるけれどね。私、ずっと三、四年、IAMLの会議も、これは大事だと思ってね。私、西洋音楽史を教えているでしょう。そういう音楽のほうの会議に出るとね、何となく、「気」っていうのかなあ。それを感じるんだよね。そうでないと、もうわからないことが多いわけ。トゥルバドゥール、トゥルヴェールなんていったってピンとこないし。だから、そういうのがやはり、ヨーロッパに一年に一回行くとね。今じゃ考えられないけれど、やっぱり若気の至りなのよ。午後、夜とあるわけよ、プログラムが。夜は音楽会とか。それで一週間でしょ。で、council meetingなんていって、各国の代表が行ったの。それにずっと私行ってたわけよ。だから今から考えるとよくやったわと思って。いろいろ面白い経験したしね。だからベルゲンなんかも行ったし。ノルウェーの。ベルゲンも、オスロも。オスロで、小説家の人がね、私の父が書いた『原爆の子』の訳をしてくださった文学者がいてね。

N：ノルウェー語にですか、それは？

ノルウェー語に。その方にお会いしていろいろ連れていってもらっちゃったの。

N：その方は日本人？

いや、ノルウェーの。

N：あ、オスロ大学にあります。日本文学科っていうのが。

ああ、そう。その人はね、ドラマや何かを、フランスのドラマをノルウェー語にして劇場でやったりする人でね。その人がいろいろお世話くださって、オスロでお会いしてね。会議はベルゲンであったのよ。でもオスロでその方にお会いして。一緒に食事したり、いろいろしてね。

N：何というお名前の？

その本を見ればわかるんだけれど。ノルウェー語でね。全部じゃなくて抄訳ですけれどね、あれ厚いからね。そういう意味で、ノルウェーも面白かったわよ。

N：そういう、会議が終わったあとの旅行にもいらして。

そうなの、会議の前とあとに修学旅行しちゃってね。それで、いろいろ行ってね。北欧は全部行ったわよ。全部、それぞれの一つ一つの国へね。二度くらい行ったところもあるわ。もちろんフィンランドも行ってね、ラップランドも行ったよ。

N：ああ、そうですか！　あそこの民族はアジア系というか。

そう。夜の十一時でも日がこうまだあるわけよ。それで、あれがいるでしょう。そうそう、トナカイ。それから、そういう肉も食べさせられちゃったりね。

私って面白いの。話したかもしれないけれど、小学校の時の熱心な先生が地理だったの。そしたらね、地理をよく覚えさせるわけよ。いろいろな町をね。だから地図で勉強したの。教科書なくて白地図で。山脈書いたり。だからわりと地理の先生に五年と六年ね。だから新しいところに行って新しいものに接する、文化に接する、食べ物に接する。そういうのが好きなのね。だからどこへ行っても、どこがおいしかったですかなんていうけれどね、私どこへ行ってもおいしいのよ。日本食が食べたいなんて一回も思わないの。

だからハンガリーなんて行くし、ハンガリーは素朴なところでね、やっぱり野菜とかそういうのもある。本当にね、ハンガリーのお料理もおいしいし、スロバキアとチェコとかあるからね。どっちも行ったけれどね。本当にいろんなところの田舎に行っても、私、食べ物がいやだなんて全然思わないのね。やっぱりそこの土地のものを食べるのが好きなの。だから日本食が食べたいなんて思わない人間なの。だから全然困らないっていうか。

N：何よりですよね。やっぱり、なかなか食べ物であわなくて、早く帰りたいっていう話をよく聞きますけれど。

そうよね。よく食べ物であわないって。私ね、だから、ロンドンに行ったらね、日本のレストランがあるよなんていってもね、私はロンドンに行ったらステーキのおいしいのでも食べて、ロンドンのおいしいものを食べたほうがいいと思うよね。だからわりあい外国へ行ってもいやな思いもしないし、友だちもできるし。ＩＡＭＬなんて行くと、帰りにここへいらっしゃいとかで、いろいろ遊びに行ったりね。いろんな知らない土地へ行って、そして、知らない音楽を聴く。これも楽しみよね。ディクシーランド・ジャズも聴いたり。

N：それを、現地でお聴きになるわけですよね。アメリカの、まさにその場で。

そうそう！　アメリカの南のほうでやってるでしょ。やってるところがまたちょっと雰囲気が違うからね。だから私もそういう土着の音楽とか、それこそethnomusicologyだからね。そんなふうで、津田では英語を勉強してね。小説も読んだり、いろいろしてね。

◆女学校時代、小説を読む

この間のところで、女学校時代で一つ言えることは、やはり、ちょうど、あなたたちもそうだと思うのだけれど、中学校よね。女学校の二、三年から小説を読んだの。文学全集。それでね、月丘千秋の家にね、下から上まで世界文学全集、世界大衆文学全集、それから探偵小説集、そういうのがみんなあるわけよ。そのお父さんが、もともと堅田（かただ）っていって、毛利家の家老の出なの。それで結局ね、堅田という有名な家老の家だったの。山口県だけれどね。それが広島に、旭爪（ひのつめ）家、旭（あさひ）っていう字に爪（つめ）っていう字。その大金持ちの家にもらわれてったのよ、お父さんが。その旭爪という名前で広島にいたわけ。やっぱり、そういう趣味なんだね。自分は読みもしないのにね、全集が下から上まで全部、十畳ぐらいの部屋にあるのよ、お座敷に。下から上まで。それで、私、そこでね、あなたなんか読んでないでしょうけれどね、菊池寛全集を全部読んだ。でね、菊池幽芳全集。ユウホウって知ってる？　幽霊のユウに芳しいっていう字。菊池幽芳全集。そういうのとか、もう、くだらない小説から何からすべて借りちゃって。世界大衆文学全集、世界のいろいろな全集ものがあるのよね。それを女学校の二年三年四年と読んでたの。それがよかったと思うのは、オペラ。オペラを見た時は、筋が全部ね。「マノン・レスコー」でも何でも読んでるわけでしょう。それが女学校時代。だから、私、あなたのうちで助かっちゃったって言ってね。だって、へんな話なんだけれど、私のうちではね、広島大学のキャンパスがあるわけよ。その前に、セキゼン館っていう本屋さんがあるの。それで、そこで本を買ってもツケで買うわけ。それでね、どんな本を買ってもよろしいと。私のうちでは本だけは好きな本を買いなさいということで、小学校以来ずーっと、ツケでね、何を買ってもいいの。だけれど、菊池幽芳全集とか菊池寛全集を買う気はないでしょ。やっぱり、岩波なんかのいい本は、岩波文庫なんかは買うけれどね。子ども心にもね女学校の頃は。だからその月丘千秋さんのうちがね、何というのかしら、お金持ちの成金、成金じゃないけれど。その旭爪家っていうのが、広島の神社があったら、大きな石が、旭爪ナニ左衛門とかいうのが寄付しちゃったりしてね。そういうお金持ちのうちにもらわれてったわけね、お父さんがね。とにかく下から上まである部屋にね、全部、全集があるわけよ。で、探偵小説集。それで大衆文学全集もあるわけ。だからくだらない本もあるわけね。それを一冊ずつ借りてきちゃう。そしたら、その友だちが言うの。あなただけよー、全部読んだのはって。うちじゃ誰も読まないのよって（笑）。

N：今想像していたのは、月丘夢路さんと月丘千秋さんが俳優さんになられたのは、世界の文学にそうやって触れていらしたのもあるのかなあと。「読まない」と言っても、きっと。勝手な想像ですけれど。

そうね。お姉さんの夢路さんがね、広島の県立の第一高女で、三年か四年の時に宝塚に行ったの。そしたらね、何て言ったと思う？　この学校は立派な学校なのに、なんで女優なんかが出るんだって言われちゃってね。それでも宝塚に行ったわけよ。そのお姉さんが成功したわけでしょう。その妹も、神戸女学院と両方受けるって。だからもともといいうちなんだよね。もともと家老のね。だって毛利家だから、同じ家老でもすごいわけでしょう。で、毛利家の堅田っていう家老の家だったんだけれど、もらわれていって。だから、次男か三男だったんだろうね。そこにとにかく下から上まで世界文学全集があって。その人も少しは読んでいたけれどね。私はその頃一冊ずつ借りては、また読んで。

そうしたら、後年、オペラなんか、ああ、あの時「マノン・レスコー」なんて読んだわって。だからそのライブラリのお蔭でね。それが、世界大衆文学全集とか菊池幽芳全集とか、読んだ人いないと思うのよね。いわゆる恋愛ものとかそういうものだけれどね。お蔭で読ませてもらったわ。だから女学校時代は勉強もしないで。だって、お裁縫だからね。お裁縫は誰かに手伝ってもらって（笑）。

N：その間にご本を読んで。でもそれはすごく大事なことですね。本を読むっていうことがとにかくすごく大事なことですね。

ええ、そう。本を読むことは本当大切ね。私よく、小さな子どもにもね、絵本を読ませるっていう。外国のあれにも書いてあるけれどね、小さい時から本は三十分子どもに読ませるとか、そういう習慣にしてね。やっぱりテレビを見るっていうのはダメよね。あれは全然ダメでね。テレビはなくていいのよ。だからよく音楽家のうちでね、テレビのない家あるよ。テレビを置かない。アメリカのうちなんかでもよく、テレビは、うちは置いていませんていうの、いるよ。

やっぱり本を読むっていうのはとっても大切なことよね。私も、いくら本買ってもいいんだけれど、やはり一回読んで捨てるっていうのは買わないのね。そのセキゼン館ていうところでもね、岩波文庫なんかのいいのは買うんだけれどね。月丘千秋さんのお宅に全部あったから、あなたのところの本のお蔭ねって、今でもよく電話で話すんだけれど。お蔭でね、読ませてもらったって言って。よかったわ。

そういう環境っていうのもあるよね。私自身のね。津田は津田で。そういう環境だったりね。

◆東京藝術大学楽理科のことなど

それで、藝大の楽理科のお話もしなくちゃね。あれはまた、本当にね、入学した人が、「何やるところかしら?」って。あなたたちの頃はちゃんとカリキュラムもできていたと思うけれど、私たちの頃は全然そうじゃないの。「何やるとこ?」という感じでね。今でも、ピアノの教師、ずっとやってた人もいるしね。ドミニコ学園なんかでね。ドミニコ学園あるでしょ。あそこでずっと音楽の先生やって今でも発表会をしてるっていうのもいるけれどね。例えば、大村恵美子さんみたいに、バッハのカンタータばっかり歌っちゃって。

N:それから、バッハといえば小林道夫先生も演奏家としてご活躍ですね。

一級下なの。それで、小林道夫さんはね、本当に英語がよくできたよ。英語の購読っていうのもあるでしょ、楽理科で。

N:はい、楽書購読とか、いろいろ、外国語の購読の授業。

あれで一緒のクラスで。あの人は小山台高校か何かね、小林道夫さん。それで、息子さんがフルートをやってるらしいね。

N:そうですか! 小林先生、大先生ですね。私の母の叔母が声楽家でよく伴奏をしていただいたと聞いています。本当に、楽理科の先輩はいろんな方がいらっしゃいますね。

そう? そうね。でもみんなね、何やるところかしらって、楽理科に入ってきたんだよ。

N：私の頃も、「楽理って何？」って言われました。楽理科って、何それって。

例えば、ピアノ科落っこちたっていうのが入ってくるのもあったからね。ずっとピアノの先生するとかね。だからわりと自由だったのよね。自由だったし、わりと重んじてたよね、それぞれの個性をね。重んじてたの。

国立音楽大学って意外と保守的なんだってね。それで、名簿は、男子の名前が先にあって。今頃。そうなんだって。

小林緑さんているでしょう。今、津田で講師しているよ。

N：小林緑先生、女性作曲家についてのご研究をされていますね。

そうそう。久保田眞苗さんのようにね、女性の人権とかそういうのを頑張った人もいるけれどね、私はわりと、小学校の時から偏見がないでしょう。だから女学校へ行っても、まあ女学校はそういう学校だったけれど。わりと男の人、女の人の偏見がなくて、私は生きていられる。だからね、その辺は。久保田眞苗さんは活躍したでしょう。

あらもう五時。そう、じゃこの辺で。

N、O：大変長いお時間ありがとうございました。次回も楽しみにしております。

〈注　釈〉

（注1）吉岡彌生（一八七一～一九五九）東京女医学校、東京女子医学専門学校、東京女子医科大学創立者。

（注2）石原謙（一八八二～一九七六）一九四〇～一九四八年東京女子大学学長。

（注３）池田亀鑑（一八九六〜一九五六）国文学者。東京大学教授。専門は平安朝文学、特に『源氏物語』の研究。

（注４）吉田精一（一九〇八〜一九八四）国文学者。東京大学教授。専門は近代文学研究。

（注５）遠藤三郎（一八九三〜一九八四）陸軍中将。

（注６）川並弘昭（一九三三〜二〇一一）聖徳学園学園長、理事長。聖徳大学学長。

第五章　音楽学を志す——東京藝術大学楽理科へ

◆女性と職業

今日は藝大、楽理科でしょ。それでね、私が思うにはね。音楽学のあけぼのだよね。ねえ、右も左もわからなくてね。音楽学っていうのがね。

N：大変な時代に。最先端の学問ですよね、先生方がそうやって道をつくってくださって。

そうそう。一番新しいことね、その時代の日本においてね。それでね、私思うんだけど、戦争すんでからのことを話そうと思うんだけれど、今回ね。それでいいですか？

N：はい、お願いします。

戦争すんでから、私は、結婚したり、子ども産んだり、それから楽理科行ったりってあるから、それをちょっとね、話して、あなたがテープおこししてくださるから、それをじっくり見て、あなたとの会話のかたちにして本にしていけばいいね。

やっぱりある意味でね、音楽学のあけぼのの時代を過ごしたっていうことと、私自身のことを考えるとね。あの頃結婚したり、家庭をもったり、子どもをもったりするとね、公の仕事っていうのができないと。何か仕事するのなら女の人は独身でずっとやると。そういう時代だったのよ。そうでしょ。ですからね、そういう、女性と職業？　そういう問題もからんでくると思うのよ。

N：女性が結婚したら専業主婦になるのがあたりまえの時代ですね。

そう、「奥様」ってね。だから私の友人なんかでも、藝大の楽理科やなんかの人も、藝大の人は言わなかったかな。津田の人だったかな、あなた、結婚したのにどうして仕事なんかしてるのって言うのね。そういうこと言う人もいるわけよね。

N：当時の社会の常識と違うわけですね。

そう、それからもっと面白いのはね、結婚してわりと早くここに住んだんだけどね、その時ね、あそこは共稼ぎの家であるって（笑）。だから、夫婦二人仕事もってるとね、共稼ぎの家と同情されるわけよね。

N：何かご事情があって、共稼ぎなさらないといけないんじゃないかと。そういう目で見られるんですね。

そうそう、もう時代がね、そういう時代よね。面白いね。

N：男性のお給料で家計全部を支えるのがあたりまえで。

そうなの。それで、女性は結婚したら家庭にいるのがあたりまえと。

私がなぜ仕事をもったかっていうことはまた話しますけれどね。私自身はね、女の人も必ず外に出て公の仕事をしてね、プロフェッション。自分自身を試されなきゃいけないと。例えばね、社長夫人、夫が社長になったら社長夫人になる、夫が小使いしてたら小使いの奥さん。それはおかしいんだよね。やっぱり、女の人が一人の人格をもった人間とするならば、そういうことでしょ、外へ出て試すっていう。だから私は「外の仕事」、時々それを入れますけど、この話の中にね。やはり私は、仕事をもって、もてるならね、もって生きていきたいと。自分を試したいと。自分自身をね。だからそう思って仕事をさせていただいてたわけ。

N：それはやっぱり、先生が育たれたご家庭の、お父様やお母様のお考えとか、何かそういう影響があるんですか？

そうですね。お話ししたけれど、私は、十七歳の時に母が亡くなったの。それで、父は、それから再婚はしないでね、まあ、お手伝いさんというのがいつも私の父の身のまわりのことをやっててね。母親が亡くなった時にね、母親の姉が私に、「のりちゃん、今度はね、お父さんのお世話はあなたがするのよ」って言ったのね。よくあるじゃない。女の子がいたら、お父さんのそばで、ずっといるっていう。それがちょうど津田へ入った時なの。十七歳。十七歳で、あの頃は五年制だからね、女学校。それで津田に入る二ヶ月前くらいに亡くなったのよ、母が。それでね、私はもう津田に行かなくてもいいし、人生ははかないと、早く死にたいぐらい思ってたわけよ。やっぱりショック受けてね。そうしたらね、私の父が、津田塾の入学試験はもうすんでたから、合格したんだから行きなさいと。お父さんの面倒なんか何にもみなくていいと。そう言ってね、自分はちゃんとハウスキーパーでやるからって言ってね。私の父は、私が勉強することをいつもすすめてくれたわけ。

今日お話しするのはね、敗戦後のところから始まる、今日はね。いいですか。それでね、私が女の人として、当時は珍しかったのよね、だけどね、仕事続けたっていうのは自分自身の意思もあるし、父もいつもそういうふうにね、一切家事なんかしなくていい、お父さんの身のまわりなんかしなくていいと。そういう人間だったの。勉強しなさいと。

それでね、研究っていうことなの。研究者になれと。人間は研究者になるのが一番幸せだっていうことを私にいつも言っていたわけ。自分が研究してね。まあ、私の父はペスタロッチーの研究なんかしてね、ずっとやってたので。ですからまあ、父親はそういう考えだったわけ。私の父は私が三十六歳の時に亡くなったからね。三十六歳までは何かと親としてのいろんなことを、相談とかいろいろやってくれたわけ。それはね、私の父は何でもやりなさいと。

　父はライプツィヒ大学に二年留学したのよ。それで、その時にね、ピアノを帰りに、中古品だけれどなかなかきれいなピアノをあの時にもって帰ってきてくれて。それでもなかなか日本の気候風土に合わないんだね。やはり弦やなんかがね。それでね、金の燭台が付いてマホガニーですごいのだったの。それを広島の高等師範学校の附属小学校に寄付したの。それで、私はヤマハのアップライトを使ってたの。そしたらね。原爆で。それが今あったら素晴らしいと思うの。燭台なんか付いてね。だけどね、原爆でやられたの。ま、そういうことです。

　でも父がそれをもってきてね、私が六歳になった時にね、範子、ピアノを習ったらどうかねって言うから、うん、習ってもいいよって言ったら、もう先生紹介してくれちゃったから、私もね、毎週毎週レッスンに。私の父が、そのピアノをライプツィヒでね。父は、それこそ聖トーマス教会にも、日曜日ごとにね、その家族と行ってね。男爵かなんかの家にいたんですよ。それで二年間、その家族とともに生活するような留学だったの。

N：ホームステイですね。

　そうなの。だから毎週日曜日には教会に行ってね、家族と一緒に。バッハのカンタータとモテトと聴いてたっていう。それから夜はワーグナーのオペラなんかに行ってたっていうの。非常に恵まれた留学ね。フォン・ウェーデルっていう一家だったの。

　まあそういうことがあったから、非常に、私に対しては理解をもっている、っていうか、それがあたりまえだと思っているわけ。当然そういうふうにしたらいいと。

N：まだ、もしかしたらドイツとかヨーロッパでも、お父様が留学なさった頃というのは、女性はそんなには社会進出をしていないような時代でしょうか。

そうね、いつ頃になるかしらね。実は、私の父は非常に恵まれていてね。京都大学の哲学なんですね。それから教育学。その時の総長というのが澤柳政太郎っていう人で、文部省の次官なんかしてね。一高の校長とかね、私の父が学生時代は京都帝国大学の総長で。それからね、東北大学の総長もした人なのよ、澤柳政太郎って。あなたに本差し上げたよね（注1）。

N：はい、いただきました。

その澤柳先生のお弟子でね、かわいがられてね。大学卒業して間もない頃、比較的若い時に、一年間、澤柳先生と文部省の次官かなんかと四人か五人でね、ずっと旅行してるのよ、世界旅行。あの本に書いてあったでしょう。

N：はい、ありました！　あのエジプトのスフィンクスの写真が印象的で。

だからそうやって世界中を見てきて、それでその澤柳先生っていうのは、東北大学の教授の時に女子を入れてるの。その当時、女子なんか絶対入れてない時、澤柳先生が総長の時に入れたのよ、何年か。五、六年だか七、八年か。当時女子はまだ入ってないわけよね。だけど澤柳先生っていうのは、なかなか新しい考え方の人だったのよね、そういう点が。それで、その時にね、父は若造で、ずっと一緒に行かせていただいたわけ。ですからね、歴史的にね、ほら、話したかしらね。フーバーっていう大統領の晩餐会に招かれちゃってね。私の父、お前若いから、スピーチしろって言われてね、フーバーの前でスピーチしたっていうんだけれど。日本の教育視察団の代表ということで。

N：視察団ですね。昔はそういうのがよくあったようですね。私の主人の父が文部省なんですけれど、若い頃、視察旅行というので何度も海外へ。先生方と一緒に、それこそ小学校、中学校の先生と一緒に行ったんだと言っていました。

そうそう、そういう文部省からのね、そういうのでね。澤柳先生が文部事務次官なさったこともあるし、一高の校長もしているしね。それで、京都大学の総長も、東北大学も、なさってね。それで、成城学園つくったの。最晩年。

N：はい、教育の世界で、本当に大変な方ですね。

そうそう、そういうね、教育のね。そうね、あなたのところも文部省だったのね。今日ね、それから始めますか。戦争のすんだところから。津田塾もちょっと入ってくるし、私の人間的な、女の人としての仕事。そのところを、それも入ってくるから。私もメモを書いているから。

N：ありがとうございます。大変な、大変な量、すごいページ数です。

いいえ、どういたしまして。まだね、メモをちょっと書いただけでね。それを言いますね。

◆終戦直後の津田塾、広島

大戦のね、一九四五年、八月十五日、その時に私は津田塾にいたわけですよね。工場作業をしていたわけ。勉強なんかしていなかったんですね。それで、大戦の玉音放送。それは、その当時の東寮、東の寮の食堂で津田塾の学生がみんな集まって、ラジオをつけて。それで玉音放送で、そこで日本が負けたと、わかったわけですよね。その時に、わりあい津田塾では、ああ戦争すんでよかったっていう雰囲気だったの。明るい雰囲気だったの。ほかではよく、泣いたとかね。

N：そういう写真がありますね。

そうね。それでちょっと思い出して言うけれどね。私と久保田眞苗さんが肩組んでね、ランランランって言って食堂から出ていったっていうんだけれどね。まあ、戦争がすんで嬉しかったことだけは事実だわね。

ただ、実はね、その八月十五口の前の八月六日に原爆が落ちたんですよね。で、私のうちは広島にあったんですよ。母はもういないけれど父がね、いた。それで、原爆の時はね、新聞に小さく二行だけ広島に新型爆弾が落ちたと、だけ出たんです。というのは、日本はもう、その頃負けるってことがはっきりしてたのね。ですけれど、まあ原爆がすごい破壊したわけだけれど、二行だけ新型爆弾が落ちたと書いてあったから、私はね、ああそうか、爆弾落ちたか、と思うだけだったの。原爆とか、全然わかんないわけよね。で、原爆ってことは大分あとになってからわかったの。新型爆弾が落ちたって二行ほど、小さく出てた。ということは、わかりますか。結局、世の中をあれされたくないでしょ、まだ戦争続けているんだから。結局ドイツが降参したとか、イタリアが降参したとかっていうことはほとんど知らさない。それで戦争続けてたわけね。だからね、戦争が終わる前に、非常に面白いのは、津田塾では日立製作所の飛行機の部品を学校工場で、雨天体操場でつくってたのね。そうしたらね、部品がもう二ケ月なくてね、授業に切り替えたのよ。ですからね、その年の五月六月、六月七月かなあ、もう部品がなくてね、日立製作所に。学校工場が成り立たないわけ。そういう状態だった。だからもう敗戦ていうか、戦争に負けるっていう状態よね。それで、日本全国空襲にあってね、三月十日の東京空襲から始まってね、七十の都市が全部焼けたんだから。そういうふうなことも全部秘密。

N：新聞とかにも載らないんですね、そういうことは。

そうそう。言わないのね。ただ私たちは部品が全然なくなったんだから負けるなと思った。だってもう工場作業しないで託児所で勉強しだしたの。だから、中野好夫先生も講義にいらしてね。そういう状態だったの。部品がなくなっちゃったの。だからそれほど日本は疲弊してたのね。それから、一番ひどいことは、前にお話ししたけれど、その部品「オシャカか、特攻隊用だ」って。

とにかくいずれにせよ戦争に負けたわけ。それで、次の日の新聞にね、十六日の一面にね、新型爆弾で、みんな、広島がすごい。それが原因であるって書いてあったのね。久保田眞苗さんに言わせると、私が泣いてたっていうわけよ。とにかくそういう状態だったんだけれど。それで、次の日かな二日後かもしれないけれど、星野あい先生が、さあこれからは勉強ですって言って、時間割全部発表しちゃったわけ。そういうふうに津田はやはり元気のいい学校なのよ。戦争に負けた混乱の時にね、皆さん、これからは勉強ですって言ってね、時間割発表しちゃったの。すごいと思わない？

N：それはすごいです。私の母も横浜出身ですので、わりと都市部では食べ物はない、着る物はない、物はなんにもないっていう、戦争中、戦後というのは本当にそうだったというんですけれど。そういう状態で、星野先生は勉強、勉強を最優先になさったのですね。

そうなの。さあ勉強ですってやっちゃってね。そうしたらね、文部省のほうからね、まあ、他の省もそうでしょうけれどね、軍隊は全部家へ帰すと、復員すると。それから、学生も全部郷里へ帰すと。ことに女子学生は全部郷里へ帰すと。アメリカが占領してくるんだからあぶないと。ことに女の子は全部返すと。そういうふうな指令を発したの、文部省が。それでみんな郷里へ帰ってくださいという。それで私も、広島もやられているっていうから広島へ帰るっていうんで、十五日のあと直ぐに東京駅に行ってね、広島行きの切符を買った時にね、一番の後輩にね、一年生かなにか、予科かなんかの、二世の人がいたの。ハワイから来たっていう。なぜかっていうと、ハワイからおじいさんとおばあさんをお見舞いに広島に来たら、戦争になっちゃってハワイに帰れなくなったって。ハワイに家があるんだけれど。それで行くところっていうと、津田みたいに英語の学校が入りやすかったんでしょう。それが入ってきたわけ。で、広島から来てるのは私とその人だけだったの。それで、その人の家が広島の街中の郊外にあるって。だからね、そこへ一ヶ月泊めてちょうだい、私も、家はたぶんやられていると思うけれど。とにかくね、あなたと一緒に帰ろうと言ってその人とね。その人の名前を覚えていたんだけれど、今ちょっとはっきりしないんだけれど、その人は二世よね。だからハワイが家なの。

N：でも、顔立ちは全く日本人？

もちろん、二世だから。国籍はアメリカだけれど。その人が下級生にいて、じゃあうちへ来てくださいって言ってね。それは、おじいさんとおばあさんの家だけれどね。それは広島の田舎のほうだったから大丈夫だって言ってね。でその人と二人で満員電車乗ってね。

N：ああそれは、大変。長い、長い旅ですね。当時はまだ交通機関が。

そうそう、でその人と一緒に帰ったんですよ。それでとにかく広島に帰宅して、そして、広島の大変な惨状を見たわけですね。駅についたらね本当に焼け野原でね。今まで見えなかった山が全部見えてね。そういう状態で。全部やられているわけよね。とにかく、その当時でもまだね、人を焼くにおいとかして、それから電車なんかが焼けただれて立ってるとか、そんな感じでね。とにかくその人と広島の街をあちこち歩いてね。私の父の安否をたずねて、その人のうちに一ヶ月ぐらい泊ったんですよ。

N：その方のおうちは、本当に、郊外で大丈夫だったんですね。

そうそう、そうなの。そして、広島の街中に行ってあちこち探したら大学の事務所ができてたの、仮事務所が。そこに行って聞いたら私の父が生きてると。そして、こういう、虎竹さんのうちにいるとわかって、それでそこへ行ったんですよ。そうしたら、父が四十三ヶ所ガラスの破片でね。その時全然知らなかったんだけれど、私の二つ下の弟がいたの。で、一ツ橋の予科に入ったばっかりだったの。

N：あの、五郎先生ですか？

そうそうそうそう。その頃電話とかも通じない時代でしょ。それだもんだから、だまってね、八月三日に広島に帰った。というのはね、その頃ね、男の人は、みんな、兵隊に行くのはたしか二十歳ぐらいなんだけれど、だんだん年齢がさがって十五歳とか十六歳っていうのがみんな、だんだん兵隊に行かされるわけよ。年齢がおりてきてね。だから、いつ兵隊に行くかわからないから広島に帰ったんですって。それがちょうど八月三日だった。それで、その日ね、私の弟はね、原爆の日の話はあとで聞いたんだけれど、まだ八時十五分に寝てたんだって。それで、布団に入ってたから、布団の上を椅子やなんかが飛んだっていうのね。だけどね、寝てたんだって。八時十五分に。そしたらね、大きな音がして、じゃあ近所に落ちたかなあって。一晩中空襲だったの、広島のまちは。それで私の父はね、大学につめてたの。それで帰ってきて、ちょっと水浴びして廊下にいたの。その時は全然警報は出てないわけ。そこでどしゃんと来たわけね。それで吹き飛ばされて家の下敷きになってたわけ。それを弟がね、救い出して、隣のうちの前に船があって。川のそばだったの。それで、船に乗せて近所の人も女の人なんか乗せて対岸に行ってずっと逃げていったわけ。私の父を背負ってね。弟が救ったわけよ。

N：もし弟さんがその時に帰ってらっしゃらなかったら。

そうなの。もちろん父は亡くなってるわけよ。だって下敷きになってね。それからその時にね、お手伝いさんがね、お手伝いさんがいたわけね、山口県から来ていた。それがお米屋さんに行ってたの。そしたらね、お米俵の間に入ってたから命が助かってね、それでどこか逃げていく途中でね、もう、お手伝いさんがぶっ倒れていたら、兵隊さんが背負ってね。その当時ね、広島は軍都だったから、被服廠っていう軍隊の衣類を扱う大きな建物があってね。で、そこへ私の父を連れて、弟もまず行って。そこにお医者さんがいて診てくれたりして。みんなそこに横になってだんだん死んでいったりなんかしてるわけよね。そこにお手伝いさんも、兵隊さんが連れてったらしいの。耳のところが少しやられてたらしいんだけれどね。

それで、私の弟はそこへ父親を連れていってお医者さんに診てもらったら、これは出血多量でもう死ぬって言われて。それでもそこへ寝かして、どうしたらいいかと思って。その近くに師範学校っていうのが昔あったわけよ。今あなたがお勤めのところは、昔でいえば師範学校ね。広島には高等師範学校と、県立の師範学校って小学校の先生、高等師範学校っていうのは中学や女学校の先生、養成する。で、その師範学校は郊外にあったわけね、広島市の。県師って言って。

県立師範学校。で、そこにね、私の父のお弟子がいたわけ。虎竹さんとコレツネさんていうお弟子が教授でいたわけね。そこに、師範学校が近いから、被服廠まで逃げて行って。爆心地から逃げてくわけよね、遠いほうへね。で弟が、荷車なんかで、それを拝借してね、師範学校の宿直部屋へ父を連れていったわけ。それから、虎竹さんとコレツネさんていうお弟子もいるからね。その師範学校に避難。そこにまたお手伝いさんも連れていって、二人とも助かったわけ。私の父とお手伝いさん、ハウスキーパーがいたわけよね。だから弟の功績は大きいわけ。そういう意味で。

それからそのあと、その一人の虎竹先生の家がその近くでね。それで、そこが引き取りますって言って父を引き取ってくれたわけね、先生のうちでね。それで私は、その近くの農家の離れっていうのがあるわけよね。その離れの部屋を借りて、父に会ったりいろいろして。それでそのあとまた、その辺の大地主の隠居所みたいなところを借りてね、っていうようなことで父がだんだん回復していったというわけ。だから非常に幸運ではあったわけ。まあ、原爆物語はそういうことです。

それで、父ははじめ死を宣告されたんだけれど、だんだんよくなって、その年の十二月に学長になったわけ。広島の文理科大学の。そういう状態なの。それで私は実は、看病をして、卒業式もないままに卒業したっていうことになったわけよね。だけど星野あいという先生はね、補習授業をしますと言ってね。あなたたちは工場作業をして勉強をしてないからって言って。本当は、津田塾って四年だったのよね、当時ね。で三年半ぐらいの時に、勉強もしないうちに、終戦の時にどさくさで九月頃卒業っていうことになったわけだけれど、補習授業しますって。来年の三月まで。一月からしますって。それで私の父は、二月と三月はそこへ行って勉強してきたらいいって言うんでね。また津田塾に戻ってね、二月と三月はその補習授業っていうのを受けたんですよ。

N：まあ、そうですか！　もう、でもその頃、お父様は回復なさってたんですか？

そう、だんだんね。出血多量だったけれどね。面白いのね、中にガラスが入っているでしょう。それが三、四年あとからもちょっと出てきたりするんだよね。そういう状態だった。こう、肉が盛り上がってくるわけね。もう、花が咲いたみたいになってたんだって。ガラスの破片で。爆風もすごいしね。とにかく助かって、まあ、学長をやったわけですよ。

N：そういうふうに大けがをおわれて、学長をなさって、すぐにまた大学を。次々と学生さんをご指導なさって。

そうそうそう。だから結局ね、後始末をずっとしてね。だけどね、そういう時代よね、どこもかしこもね。それで私の父は助かったわけだけれどね、あの『原爆の子』という、あれは自分自身の経験から、子どもの経験を『原爆の子』にしたんだけれど。その時岩波書店と、あの岩波茂雄さんて、岩波書店のオーナー？　で、ペスタロッチーの本もずいぶん出しているんですよ、それまでにね。それで、岩波茂雄さんと父はすごく親しいわけですよ。岩波茂雄さんていう人は諏訪の人なの、長野県の。それで、私の父もね、そのそばの茅野なんですよ、出身が。それで、岩波茂雄さんの別荘へ招かれたりね、すごく親しいんで、本はみんな岩波から出してってね。それで、『原爆の子』の時にね、私の父が長い序文を書いているんですけれどね、その時に、原爆についてね、一九五一年に出たから、原爆について、占領下だから言っちゃいけないと。でも、子どもの作文集ということで出せると。子どもの作文だから。そういうことで岩波書店から出したんですよ。

父は長い序文を書いて。その本について言えば、十七ヶ国語に訳されているの。最近ロシア語版が出たの。ロシア語版が。ですからね、ノルウェーやスウェーデンや北欧の国のも出てるしね。それからドイツ語版も、もちろん英語版も出て。ベトナム語版も出たの。もう立派なものなのよ。中国とか韓国も出て。その時岩波さんと話ししてね、子どもの作文集っていうことだったら占領下でも出せると。アメリカに対してね。原爆について言っちゃいけない時代なのよね。占領下だからね。

そういう意味でね、まあ、私の父があれしたのが、そこにある、いわさきちひろさんのこの絵本(注2)。あれは百版になったの。すごいの、いわさきちひろさんのほうが売れてるわけ。あの絵が、絵本だからね、読みやすいから。いわさきちひろさんの中にある、ある一つの詩が、今度ドイツ語に訳されて細川俊夫って有名な人がいるでしょう。

N：ああ、はい！　作曲家の。

そうそう作曲家、日本のね。その人がオーケストラの作品をつくっちゃって、九楽章かなにかで。もともと『原爆の子』だけれどね、ちひろのあの中の詩をドイツ語に訳して、今度十月と十一月にドイツでやるのよ。

それでショットっていう出版社があるでしょ。それの日本支部からね。私があれ版権もっているのよ。いわさきちひろさんがね、父が亡くなってから私のところに訪ねてきて、あれをやるっていうんでね。それこそ、細川俊夫と私とショットのあれとサインしちゃってね。それでその詩を一つドイツ語に訳してね、ドイツでやるっていう。

N：すごいですね。そしてそういうことが今までずーっと続いているっていうことが。

そうそうそう。それで、私なんかただ娘であるっていう、長女であるっていうんでね。父の版権っていうのがあるからね。だからそれでね。ちひろの百版なんていうのはね、みんな、「子どもを守る会」っていう全国の、もう五十年も続いている組織があってね、印税は全部そちらへ寄付してるの、毎年毎年。もう相当していると思うのよね。これも平和運動なのよね。

N：そうですね。そしてそうやって世界にどんどん発信されていくっていうのが大事ですね。

ええ、そうなのよね。平和運動、だから私もこれをやるわけよね。音楽会（注3）もね。

それで、そういうことで、私がここで言いたいことは、やはり、原爆の残忍さを自分自身の目で見たということは、私の生涯に渡ってのものの考え方に大きな影響を与えた。それを見たってことは。いろいろな角度でね、影響を与えているの。ということはね、例えば、私が仕事をしたということもそうだと思うんだけれど、ね。私は、子どもが二人いるわけよね。その子どもの仕事についても、フィールドについてもね。私、例えば、法学部とかそういうところに、東大の法学部とか出世コースだけれど、そういうふうなことは、私はしないで、やっぱり技術を身につけてね。例えばアフリカに行っても、インドネシアに行ってもね、できる仕事？ そういうものをしてほしいなあと心の中では思ってたわけ。だけど、別に、言わなかったよ、子どもには。だけどなぜか自然に工学部に行ったんだよね。だから私思ったのは、早い話がね、髪の毛伸びるんだから散髪屋になってもいいとね。とにかく、どこにいても、何かできること。それはやっぱり日本が戦争にも敗れたし、原爆の惨状を見た時は、そのあとの私のものの考え方に非常に大きな影響を与えているわけ。だから私が仕事をするっていっても、結婚したらね、食べさせてもらえるという気は、私はないわけよ。やはり自分で、自分自身で世界をもって生きていかなきゃいけないっていう。それは、原爆の惨状を見てそう思いましたね。それがやっぱり私に大変な影響を与えているわけね。ね、そうでしょう。だって原爆で家族を全部失ったっていう、そういう友だちもいるしね。私のピアノの先生も即死。女学校の先生、十八人即死。そういう状態でね。校長以下みんな亡くなっているの。だから、そういうことがやっぱりありますね。

そういうことで、いろいろちょっと雑談が入っちゃって申し訳ないけれど、あなたにあれしていただいて。

それから、私のうちは、その当時、長年広島にあったうちはね、あなたご存知ないと思うけれど、「建物疎開」という言葉があったの。建物をね、疎開する。疎開って人間がどこか行くわけでしょう。建物疎開は建物を全部壊すこと。それはなぜかっていうと、道を広げて、タンクと戦車の通れるような。だから、もしもアメリカが攻めてきたら戦えるように、タンクと戦車が通れるように、建物をこわすのよ。そういうことをしたの。軍隊ってむちゃでしょう。だから軍隊の指令っていうのがあってね。だけど私の母なんかも、今から考えるとね、ダイヤモンドの指輪とかいろんな宝石とか全部出されたのよ。それが一体何になったのかしらと思うけれどね。それから、二階の窓とか、枠とかよく、カネでできているでしょう。あれも全部出すわけよ。そういうふうなことで物を徴収するわけよ。まあ広島は軍都でね、そういうことが激しいわけよ。そういう状態だったのよね、その当時の状態は。それだもんで、建物も壊されちゃったわけ。それで、他のうちを借りてね、それで住んでてそこでやられたの。とにかく広島っていうのは軍都だから、やっぱりねらわれたと思うし。

去年の朝日新聞のアエラにね、私の知っている記者がね、慶應出た人だけれど、書いてたけれど、もしみんなが防空壕に入っていたら大分助かっているわけよ。一挙に二十何万の人が死んだってことは、一晩中空襲だったの。だから私の父も大学につめてたわけでしょ。で、帰ってきてね、空襲警報もなんにもない時に原爆が落ちたのよね。その時ね、二機だけ来たの、飛行機が。それで、空襲が、警戒警報がおこっているかどうかちゃんと探知しながら、アメリカは、それで計算してね。それでみんなが外に出て作業している時にそれで落としたの。だからすごいやり方なの。すごいの。それがアエラに出ていた。私もちゃんと切りぬいてあるけれどね。

だって、私の弟は、一・六キロだから。一・六キロの家にいて、布団にいて無傷。ね。

N：爆心地から一・六キロですか。

そうなの。それでね、私が帰ったでしょう、十日ぐらいあとに。防空壕にね、私の弟と二人でね、荷車引いていって。防空壕の中にお米とか缶詰入れてたでしょう。今から考えると放射線よ、いっぱいね。でもそれをもっていって食べたわけね。それで二人とも四週間寝たのよ。お腹をくだしてね、歯ぐきから血が出て、そういう状態で。もう体中の力がなくなっちゃってね。四週間ほど寝たんですよ。だから、その時じゃないのよね。原爆の時には、少しその辺も行ったからね、放射線も出てるけれどね。また、米も食べちゃって缶詰も食べちゃってね、放射線がいっぱいあるものを。知らないから。

N：わからないですからね。そういう貯蔵していた食料を。でもそういうふうなことになった方がきっと大勢いらっしゃる？

そう、いっぱいいる。それで亡くなった人もいる。その当時の県知事っていうのが東京から行くわけよね。昔内務省って言ってた。その内務省のお役人が県知事になってきてね。県知事は即死だったのよ。そのお嬢さんが、大東百合子（注4）先生のお弟子だったらしいの。大東先生はお茶の水で教えていてね。そこにそのお嬢さんがいてね、それで父親が亡くなって、母親の看病で広島に十月頃入ったんだって。それが原爆症になって死んじゃったの。だからあとに入っても、まだ出てるでしょう。それで死んじゃうわけ。だからその年の十二月くらいまでにどんどん死んだわけ。だから原爆にあってなくても、まちの中を歩いちゃって、ね。

N：先生、よくご無事でいらっしゃいました。

そうそうそう。だからね、本当不思議なの。私の弟が一番ね。だからその時警報が出ていて、みんなが防空壕に入っていたらね、大分違ったと思うのよね。

N：そこをねらったんですね。ほんとうにひどい。

だからね、よくね、長田五郎さんよく生きてますねって言われるぐらい。一・六キロでね。でも布団の中にいた。いろいろそういう話は興味深い。だけどね、原爆症にはなったのよね。そういうことがわかんないわけでしょ、放射線が出てるって。そういうね、不可思議なね。だからアメリカのやったことは、大変なこと、許せないわけよ、ね。ほんと。そういうふうなことで、私のところでは家もなくなってたわけよね。建物疎開で。それで借りてた家も焼けた。私の父が学長になったから、ミドリマチっていう住宅地があるんですよ。広島の郊外。そこで官舎、学長の官舎という立派なのを、残った住宅ね、そこに入ってね、そこで生活して。その隣に少し空き地があったからそこをまた買って、家を建ててね。それで父は、住んでね。父はわりと広島が好きだったからずっといましたね。

その次の年なのね。一九四六年の四月から一年間ほど私も広島にいたわけよ。看病もすんで、家もできたわけでしょう、その官舎にね。で父親は学長つとめてて。それで、面白いのはね、津田を卒業したんだから、英語がちょっとでもできる人が、ねえ。

N：大事ですね。そういう方いないですからね、他には。

そうそう、そうなの。それで、東京の友だちはね、みんな中央郵便局の翻訳。手紙の検閲を占領下でやるんだよね。だからまあスパイみたいなものだけれど。手紙を開けて見ては全部翻訳してね。津田の生徒はもう引っ張りだこですよ。もう戦後は。

N：日本語の手紙を英語に訳して、アメリカに。

そうそう、中央郵便局でね、全部封を切って中を見てね。占領政策に反対とか、全部チェックするわけよ。それをやらされてたわけ。それはいい給料で。そうしたらね、中野好夫先生がね、あなたたちは私よりもよほどたくさんの月給もらってるんですよって。まあ、そういういろいろな仕事があったわけ。だけど中央郵便局の仕事はね、本当に、ある意味で高給なんだよね。みんな行ったんだよね。清水千枝子さんもやったし、久保田眞苗もちょっと行ってすぐ、久保田眞苗はいやな仕事だって言ってやめたけれどね（笑）。

Ｎ：津田の皆さんは本当に、英語がすごくおできになったんですね。

そうなのよ、津田の人たちはね。他のみんなが英語できないからね。当時英語が廃止でね。だから津田の人はね、大変だったの。それで私も、広島でね、何かやりたいっていう感じがあってね。一年間ほどね、運輸省の広島鉄道局っていう、広島の宇品港っていう港があるわけよね。湾だからね。そこに広島鉄道局は残ったんですよ。爆心地から離れているから。そこでね、翻訳官っていうのを募集したのね。それで私は、やっぱり英語をせっかくやったんだからって。広島鉄道局の翻訳で、六、七人募集してね。そうしたら、行ったらね、みんな東大の法学部出たとか、大阪の外語大出たとかっていう、そういう人もみんな来ちゃってね。翻訳官に採用されて、一年間ほど鉄道局で働いちゃってね。

Ｎ：具体的にはどんなお仕事ですか？

ＲＴＯっていう、Railway Transportation Office、ＲＴＯっていうのがアメリカの占領下で全部できたわけよ、各駅に。それで、翻訳官は運輸省の関係で広島の鉄道局に、アメリカが占領してるわけだからね、アメリカからいろいろな通告が、通知やなんかがあるわけよね。それを翻訳するわけよね。英語のものを。アメリカからの通知を日本語に訳す。それで日本からのものを英語に訳すこともあるわけよね。そういうんで私もそこに勤めてね。なんかその、みんな働いちゃってるからね。こっちも英語がちょっとできたからね。

それからRTOっていうのがずっと、広島駅にも、どこにも全部できたわけよ。アメリカの占領下だから、アメリカのオフィスが。それで、そこで働く運輸省関係の若者がいるわけね。それの学校があるんですね。それが広島駅のそばの、解体地って言ったと思うんだけれど、その辺にあってね。それで鉄道教習所っていうのがあったの。そこでね、RTOで働く人間にね、英語の会話を教えるっていうのがあってね。一週間に一回ね、英会話をね、教えに行ってたんですよ。運輸省の関係でね、嘱託になっちゃってね。

N：日本人に英語を教えていらしたんですね。

そうなの、アメリカ人ばっかりだから。アメリカは全部占領に来てるわけだから。

N：ちゃんと英語が使えるようにという。

そうそうそう。簡単な会話をね、一週間に一回教えて、あと翻訳をして、広島の鉄道局に勤めたの。そしたら途端にね、全国に通用するパスかなんかくれちゃったからね。今度はすぐに東京に行ってね、久保田眞苗のうちに泊っちゃったりしてね。パスがもらえたのよ。まあそんな話をしたことがあるのね。

N：当時は英語がおできになる方がそんなにいらっしゃらなかったから、特別な存在ですよね。

そうなの、そうなの。だから当時はね、高給取りでね。父のね、学長の月給とほとんど変わらないくらいもらっちゃってね。

N：えー！　そうですか！　それは大変。

それから広島鉄道局っていうのが残ってるわけでしょ。だから鉄道でね、いろんな野菜とか肉とかお魚とか運んでくるわけよね。一週間に一回くらい市が開かれるわけ、その鉄道局の庭でね。それで、それを買って帰るわけね。そうするとね、我が家のために私が一番尽くしてるわけ（笑）。そういう面白いこともあったと、英語ができたからね。それから、その次に、私も少し英文学でも勉強しなくちゃと思ってね、一九四七年からの一年間、広島大学の、広島文理科大学の英文学のクラスの聴講生になってね。それで少し英文学の勉強をね。クラスに出てたのね。それから一九四八年の四月に結婚したの。早いの。二十三歳！

N：あらー！　一九四八年の、四月。

そう。それでね、結婚して、それから東京になったわけなんだね。それで村井実は、慶應大学の専任講師になって、次の年に助教授になったんですよ。何しろ東京も全部、焼け出されてね、焼け跡でしょ。そんなもんだから国分寺にね、ある弁護士の別荘があってね、そこに部屋を借りてね。国分寺のちょっと入ったところにね。それで、結婚してからそこに住んでたわけ。そしたらね、私の父がね、ここに、成城に土地があるからね、そんな土地は隠居所、成城ってみんな単位がさ、三百坪とか五百坪だったからね。だから隠居所を建てるくらいの土地しかないけれどね、まあそこの一角に小さな小屋でも建てて住んだらどうかねって言うんでね。それでね、ここに、新建築かな。小住宅、小さい住宅、小住宅コンクールに受かった人が設計してくれて、小さな家を建てたわけですよ。ここに。それが成城に住んだ始まり。

私の父が、澤柳先生の関係があったでしょう。それで澤柳先生がね、お前はね、若造だからね、きつねの出るような竹藪の、竹藪があるのよね。きつねが出るようなところを少しもって、協力したまえと。みんな協力したわけですよね、このまちづくりにね。土地を買ってね。で、協力したまえって言われてね、きつねの出るような竹藪のある（笑）、そういう片隅にね。これ、片隅だったわけよ。ね。それで、父の先生の澤柳先生とか、それから直接の先生に小西重直って。小西重直っていうのは東北の出身の。その小西先生のうちなんかね、それこそ三百坪くらいの広いところをね。駅に近いところでね、あったけれどね。これは片隅なのよね、ここは。それで放ってあったわけ。ずーっとね。それでそこへ、小さい家でも建てなさいって。それで、小住宅コンクールだから小さな家よね。それを建てて、それで住みだしたのが始まりなの。昔々の物語です。

N：先生は、そうすると、それからずーっとこちらなんですね。

そうそう。もうだから長いですよ。まあ、この家もね。これは大分たってから鉄筋に立て直したけれどね、はじめはその小住宅でしょ。小さいのね。で、部屋を建て増したり、二階をくっつけたりして少し広くして、それでお手伝いさんがしばらくいたことがあるのね。だから三畳の、玄関のそばにあれしたりね。そういう木造住宅でね。木造住宅だとくっつけたりなんかってできるでしょ。それをやって。それで、やはりここがね、すごくうるさくなってきたわけよ、車が通って。成城のまちっていうのは自転車とウォーキングだったわけ。それだから、のどかだったんだけれど、もう音がうるさいからね。どこかのマンションにでも入ろうかしらって言ってみても、ほら本や何かがあるじゃない、雑物が、我が家には。それだもんで、鉄筋にして、やってあげましょうっていう人がいてね。ハタエさんていうんですけれどね。ビエンナーレなんかでプライズとった人なんだけれど、建築でね。ハタエケンロウ（注5）っていうの。まあ有名な建築家だと思うの。あそこの早稲田の建築が有名でしょ。早稲田を出て、ハーヴァードで建築を勉強した人なの。そのハタエさんていう人がね。これを設計してね。音を完全に遮断する、そういうのをやってくださったの。それでこういうのが全部、部屋ごとにね。まあいろいろ。それで床まであけちゃってね。あいてるでしょ。

N：はい、ここが、このガラス！

二十八年前よ。ずいぶん頑丈でしょう。

N：そうですか！　それにこんなにモダンな。

そうなの。それでね、そのハタエさんていう方がやってくださったのね。それでここに住んでますけれどね。まあ何度もね、それこそ、お手伝いさんも置いたこともあるのよ。子どものためにね。仕事するのにね。まあそういうことでね。

◆楽理科受験と入学後の生活、授業の様子など

結婚して、次の年に長男が生まれて。それで非常に面白いのはね。いよいよ子どもが生まれるっていう一ヶ月前ぐらいかな。ラジオでね。藝大に楽理科ができるっていう放送が入ってきたわけ。ああ、これこそ私が勉強したいことであると思ったわけ。それが、子どもが生まれる一ヶ月前ぐらいなの。それでラジオで聴いてね、とにかく私は藝大に行きたいなあと思ってね。それで、そういうの勉強したいなあって思ったわけ。だから子どもも産んだけれど、そういうこ

とになったわけ。

　そういうことがあって、一九五〇年の四月に藝大の楽理科に入ったわけ。それでね、あなたが教育のことをやってるからね、申し上げますけれどね。新制大学っていうのになったわけよね。東京藝術大学っていうのは、もともとは国立の東京音楽学校と東京美術学校とが一緒になって、新制大学、新しい、制度の制、新制大学っていうのがその当時できたわけ。そして、一九四六年に新憲法ができて、女の人も、すべての大学に入れるようになったわけよね。東大とか慶應とか、どこにもね。それまでは、私の時代っていうのは、女の人は入れなかったわけ。これは、一つ、大きな問題よね。だから、女の人がどの科も勉強できるようになったの。私の時代は、英語を勉強するんだったら、津田塾で百人、東京女子大で五十人。それしかなかった。今ね、私の友だちなんかね言うのね。行くところがなかったよねえって。津田しか行くところがなかったから行ったのっていう感じなのよ。

　それで、東京女子医専っていうのがあったのよね。それが医学のほうのね。それから、東京体育専門学校かなあ。今の体育大かしらね。あの、体操の先生になれるっていう。体育のほうもあったのよね、女子が行けるところが。それだからね、結局英語を勉強するとなったらそれしかないのよね。それで日本女子大というのは、わりとお嬢様が行って、途中でいい縁談があったらさっさとやめて結婚するという、学校だったのよ。もちろんいろんな人がいるけれどね。それから、東京女子大と津田を比べるとね、津田のほうが職業的でね、東京女子大のほうがお嬢様っていう。でも私の父なんか東京女子大の学長も知ってたしね。だから東京女子大いいんじゃないのって言ってたんだけれどね、私はたまま女学校の時に、二年間津田を出た先生に習ったわけ。その先生がすごく発音がよかったわけ。それで私もわりと耳がいいから、こういうふうに英語はしゃべりたいと思ったから津田に行こうと思ったのね。それで、音楽学校に行くとなるとね、一日三時間ずつ一生涯ピアノを練習すると。これは大変だと(笑)。ね、だから、私の先生からは、広島からは、ずっと、音楽学校も行くのよね。そういう先生だったの。長橋八重子って、原爆で亡くなったけれどね、有名な先生なのよ。その先生についてたからね、みんな行くわけよね、音楽学校にね。だけどね、いい相手が見つかったらね、途中でさっさと。そういう感じだったのね。

それで、今回は楽理科のことね。そういうことでね、これは、私の勉強したかったことだなあと思ったわけよ。理論とか歴史よ。それで、そう思ってね。まあ子どもが生まれるということもあったけれどね。

N：先生そうしますと、ご長男がお生まれになったぐらいで入学されたのですね？

そうそう。だから前の年に生まれたの。一九四九年に生まれたんだからね。それでね、四九年の六月にね、第一回生なんだね、藝大の。変則なのよ。というのはね、新制大学でごたごたしてるわけよね。それで、新制大学っていうのができたっていうんで、六月に入学してるの。だから、私たちの一級上の人はそれだったのね。で私たちは四月に入学したの。だけど、あなた、わかるでしょう。戦争に負けてね。混沌としてるね。もう東京焼け野原だしね。みんな食うや食わずの時だもの。だから、五〇年に私が入学した時もね。みんな惨憺たるものでね。ピアノ科の学生がね、ズック靴はいてね。ピアノ科の学生ってちょっとお金持ちでしょ。それがズック靴をはいてね、足の指先がちょっと穴があいてるっていう。そういう恰好だよね。

N：本当に、物のない、そういう時代ですね。新しい靴も服もどこにもないような。

そうそうそう。そういう時代なの。だから昭和でいうとね、昭和二十五年。藝大に入学しました。それでその準備をしたわけよ。だって入学する時にね。その時私はね、ちょっと紹介されてね、音楽理論は髙田三郎（注6）さん。

N：はい！　有名な作曲家！

そう、個人レッスン。それからソルフェージュはね、まあこれ有名な人だけれど、城多又兵衛（注7）っていうのがいたの。声楽の先生で。それでそこにね、山のごとくお弟子さんが行ってるわけ。それでそこでソルフェージュ、コールユーブンゲンとか習うわけ。それでそれぞやって。それからピアノは室井摩耶子（注8）さんて、成城にいる。それで室井摩耶子さんに習って。それで準備したわけ。で、聴音なんかは友だちが来て、弾いて、それで私が一生懸命練習して聴音の練習してね。

N:当時から、入学試験の科目は、そういう実技系の、ソルフェージュとか、歌ったりとかピアノとかと、それと音楽理論、歴史とかがあったんですか？

入学試験はね。秋にね、なんか、メンタルテストみたいな試験があったのよね。あれなんていう名前だったのか、調べてみるけれどね。総合的なね。それをまずパスしなきゃいけないのよ。秋にあったのよ。

N：学力・適正テストみたいな感じですか？

そうそう。そういうものがあってね。それで私も、津田から行くわけだからね。成績証明書とか出すわけでしょ。だから、一ツ橋のね、国立の。そこでその試験を受けたわけ。試験を受けに行ってみたらね、私の津田の時の友だちのね、ソバイシさんていうのが来てるわけよね。あなたどうしたのって言ったら、私これから学習院のフランス文学科に入るとか言っちゃってね。それで、まあ、その人も久しぶりに会ってね。その人、津田塾の最後の年に退学になったのかなあ。何か、違反をしてね。そういう人だったと思うの。

とにかくその試験を受けて、それにパスして、それから受けられるわけよね、藝大をね。それで藝大を受けたわけです。秋にあったわけ。ナントカっていう名前があるのよね。それで、一次試験、二次試験、三次試験ぐらいまであって。三次試験の時は、耳の、音のね、アップー（低高）とか、プップー（高低）とか、それを全部やる、東大の医学部で耳のテストやったわよ。それが何百題ってあってずっと書くんだけれど。まあ、それは、一つの材料に使われたのかどうか知らないけれどね。でもその耳の試験で、ヴァイオリン科の人が一人落っこちたっていう。まあ一次試験、二次試験って。一次が学力みたいなもので、二次がピアノだとかソルフェージュだとか聴音だとか。ね、聴音もあったし、音楽理論もあったし、学科の試験ももちろんあるわけよね。

N：国語とか数学とかもですか。

そういうのもあったと思う。英語ももちろんあって。それで、なんかね、入学してみたらね、あなたは英語はもうとらなくてもいいです、なんて言われちゃってね。というのは、考えてみたら先生のほうが英語できなかったんじゃない、当時（笑）。ねえ、今から考えると。

それで、楽理科に二十人入ったわけ。その当時はね、第二回生だけれど、第一回生は、七、八人だったみたいね。まだ、混沌としたのよね。私が入った時も混沌としててね。それで、東京藝術大学の音楽学部長がね、カトウヨシユキ（注9）っていうの。ヨシは成るっていう、成長の成。それから、ユキは、ノみたいな、あの音楽之友社の「之」。それで加藤成之先生は東大の美学を出た先生でね。それでヴァイオリンもお弾きになるしね。でその先生はね、加藤弘之っていう、東大の総長なすった、それの孫なの。その成之っていう先生が学部長でいらしたの。それでその先生が、ヴァイオリン弾いたりして、お家にも遊びに行ったのね。そうしたらね、その先生から話を聞いたんだけれど、楽理科というのはね、ヨーロッパではすべての総合大学に音楽学部っていうのがあるんだけれど、それで、東大に楽理科をつくろうと。そういう話が出たけれど、私はやはり、音楽の実技を一緒にやったほうがいいから、東京音楽学校と一緒に音楽学をやる科をつくったほうがいいから、楽理科を東京藝術大学に、音楽学部に置きましたってそうおっしゃったの。だからそれは私、直接ね、この加藤学部長から聞いたわけ。お宅にも時々遊びに行ったりしてね、とってもいい先生だったのね。

そういう意味でね、欧米の大学では全部、音楽学という学問だわね。楽理科っていうのは音楽の学問でしょ。だから欧米の総合大学ならどこでもあるけれど、日本では東京藝術大学に置いたほうがいいと思いますって、学部長がそう言ってらしたの。

加藤先生は、おじいさんもお父さんもそういう偉い方でしょ。森鷗外か誰か。誰だったかしら。美学を自分はやったっていうわけね、東大でね。美学。美学をやったんで、そんな食べられないものをなぜやるかって言われたっていう。でもあの先生も外国にも留学なさったりしてね。とてもいい方だったわよ。それが第一回の学部長。

それから楽理科に二十人入って、その時にね、楽理科では、右も左もわからないような。まあ先生も生徒もそうだったと思うの。その時の楽理科では、今の楽理科と違って、西洋音楽史専攻五人、東洋音楽史専攻五人、音楽美学五人、音楽理論五人と、そういうふうな感じだったのよ。それで私は西洋音楽史専攻ってことで入ったの。それで大村恵美子さんなんて、あのバッハ合唱団の人は美学、音楽美学とかね。音楽理論の人もいるしね。東洋音楽史の人もいたの。そういうんでもね、勉強するにしたって先生もいないしね、ひどいもんだったのよ。

それで、藝大の生活ってことになりますけれど。楽理科って何するのっていう、楽理科に入ってきた人がね。だってわかんない世界でしょ。

N：はい、いまだに言われますから。いまだに「楽理科って何？」って言われますから。

そうそう、今でもね。だって、音楽に学問があるなんて誰も思わないわけだから。それでね、日本ではもちろん初めてでね。それで、私が面白いと思うのはね、一つ感じることは。例えば、美術のほうはね、美術史とか美学とかそういうかたちで東大にもあるしね、どこにでもあるわけでしょ、総合大学にね。でも音楽っていうのは、明治時代に大学ができた時に、そこへ入れてもらえてないのよね。だから音楽に学問があるというのは誰も考えないわけ。音楽というのは歌舞音曲であると。その辺の河原乞食であると。ね、芸能人。だからそういうふうに日本では考えられていたわけだし。実際に、そういう学校機関でもって、それこそ、日本の音楽だって扱っているのは藝大しかないでしょ。邦楽科があるところは、少ないわよね。だからそういう意味で、音楽というのが一つの徒弟制度だしね。そうでしょ。お能だって、流派があってね。そんなところに、公の機関が関わるってことは何もしないわけだからね。日本では音楽のあり方が、社会の中での、それがちょっと違うわけよね。日本の場合は、伝統音楽っていうのが。

音楽学に関する先生のことを申し上げますとね。長谷川良夫（注10）っていうのが主任に。というのは作曲家が理論で、呼ばれてきたわけよ。あとはみんな講師みたいなかたちで。遠山一行先生は、東大で美学をやって、音楽美学をやって卒業したてよ。遠山先生もまだフランスにも留学してないしね。そういう若手としてね。それから、野村良雄（注11）。上智大学の教授。野村良雄先生が美学を教える。それから土田貞夫（注12）っていう。その先生も美学。でも土田貞夫先生はね、音楽のことで楽譜書いたらね、黒板で間違ってるからね、みんながワハハって言って笑って、学生から軽蔑されちゃって。まあ、そういう状態なのよ。あとね、神保常彦（注13）っていうのが美学。知らない？　埼玉大学の教授だった。神保って、神っていう字に保つっていう字に、常彦は、常っていう字に、それから彦。それから辻荘一（注14）先生ね。それはバッハのあれをやってらっしゃったけれど、あんまり音楽学っていう感じじゃないんだよね。それから私たちが卒業する頃かなあ、卒業してからかなあ。服部幸三先生と皆川達夫先生が現れて。服部先生ははじめ、私たちが勉強していた時に、長谷川先生のところに来て勉強してた。だって東大の法学部だったからね。だからここへきて勉強してたわけ。それで入ってきたの。それで、服部先生っていうのは、お父様が裁判官かなんかで、だから結局東大の法学部行って、そういうふうなコースをとるかと思ってたら、子どもが結局音楽史やったわけよね。それでね、私たちの時にね、専攻科っていうのに私は行ったんだけれど、その時に、服部先生の授業があったかわからないけれどね。ちょっとまだまだ初歩的なあれだったんだよね。だからまだそんなに尊敬している先生とかいなかったんだよね。

N：まだ先生方もお若かったんですね。そんなに研究というのもまだ。今、私の目から見たら錚々たる方々のお名前が並んでいますが。

野村良雄先生もそのあと藝大の教授になられたからね。でも野村良雄先生も、やっぱり私たちから見たら音楽学としては素人なんだよね。だけど美学をやって。

N：私が入学した年に、いらっしゃいました。野村先生が。授業を数科目だけ担当されていたと思います。それで楽理科の遠足にご一緒にお出でくださいました。この先生が、活字の上でお見かけするあの先生！　お会いできたのですごく嬉しかったです。

ああ、そう！　まあみんな有名な先生よ。全部ね。まあそういうことですね。

そしてその頃の、理論や何かの勉強を、和声法っていうのを、ハーモニー、池内友次郎ね。池内先生に習って。あの頃は、ピアノとか声楽の人たちがね、一緒に勉強するの。だから楽理科だけっていう勉強はそんなにないのよ。例えば遠山先生の音楽史も全部が一緒よ。特に、バッハ研究とか何とかっていうのは、まあちょっとした特殊講義とかセミナーとかね、遠山先生とか辻先生とかあったけれどね。まあ比較的ね、のんきなようなそんな授業よね。考えてみたらね。ただ理論とかそういうのはいろいろね。

私がとったのはもちろん、池内友次郎先生のハーモニーをとったんだけれど、他の人はいろんな人のをとれたと思うの。

例えば、長谷川先生のとかね。それで、長谷川良夫先生のはね、私は対位法をとったのね。それから、楽式論とか管弦楽法が石桁真礼生。それから合唱っていうのも必修だったのよ。金子っていう先生、指揮者ね、それがいらして。それからクルト・ヴェスっていうのが現れちゃってね。それで、クルト・ヴェスで、例えばドイツ・レクイエムなんかを歌ったりなんかしてね。それで、合唱があったでしょ。あなたも。

N：はい、必修で、ありました。

楽理科じゃないの。みんなと一緒なの。

N：声楽もピアノも一緒ですか？

みんな一緒なの。

N：私たちの頃は、楽理科と作曲科が一緒でした。

ああそう。だからね、みんな　緒なの。だからクルト・ヴェスなんかのね。ヘンデルのメサイアをはじめたのよね、第一回はね。その時なんかもみんな一緒だったのよ。合唱も必修だったのよ。

それからね、個人レッスンは、声楽を、私は磯谷威（いそがいたけし）っていう先生のをとったわけ。そしたらね、その時声楽の人はね、磯谷先生がね、個人レッスンでね。わりあい、楽理科の人もみんなとれるわけね。いい先生にね。それから、ピアノは伊達純。伊達純先生も、その時頑張っている時期だったけれどね。それで磯谷先生がね、私がとっても声がいいと。だからあなた声楽科にかわってオラトリオのね、オラトリオ歌手になったらどうですかって。ヘッセルトに紹介しますよって。磯谷先生の話が面白いの。あなたは津田から来たんだから、津田から来たから頭はいいんですよって。それで、声楽家は頭がよくないとできませんっとか言っちゃってね（笑）。それで、頭がよくて声がいい人間がやったらいいから。あなたはオラトリオの歌手にいいからねって。ヘッセルト先生に紹介するから声楽科に移りませんかって言われたの。だからね、先生、私は演奏家には向きませんからって言って。でもとても、よくしてくださったの。

N：でも先生、いいお声で。お話しなさっているお声も。

まあ、そう？　そういうことがね。磯谷先生のね、末路はね、ほら各県に国立大学ができたでしょう。それで、群馬大学の専任でね。はじめは藝大の講師、非常勤だったけれど、群馬大学のね、磯谷先生ね。音楽家でしょ、だから人事？　なんかのことについてちょっと大変でね。それで、亡くなられたの。私、お葬式にも行ったけれどね。それが声楽の先生で。発声がとてもいい先生だったの。

伊達純先生はね、その後藝大の教授にもなったけれどね。まあ、そういう先生に就けたのよね。楽理科でもね。とにかくね、みんな本当に一生懸命勉強してた。音楽をね。音楽そのものをね。だからピアノのレッスンとかハーモニーとか。それで、休憩時間になったらね、私もびっくりしたんだけれど。次の授業が休講なんてなるとね、みんな、ピアノがある部屋があるでしょ。そういう部屋に大急ぎで跳んでいってね。それで勉強するんだよね。

そういうふうでね、みんなとてもよく勉強したの。それからね、いずれにせよ、貧しくてみんなアルバイトしてたの。で、どういうアルバイトしてたかっていうとね、あのね、なかなか面白いのはね、やっぱりね、ＧＩ？　アメリカのね。占領してるんだから。そこでオルガン弾いてるとかね。そのあとの橋本英二さんなんかね、オルガン科だったからね。オルガン弾きにね、アルバイトで行ってね。それからね、一番面白いのは、まあいろいろやってるんだけれど、日劇ミュージックホールっていって、日劇の一番上にさ、ストリップ劇場みたいな、そういう日劇ミュージックホールっていうのができたんだよね。戦後ね。そしたらね、そこでピアノ弾きするんだって。それは作曲科の人とかね。先生も行くんだよね。先生がね。作曲科の学生とかね、そういうのを連れて行ってるんだよね。もう、みんなそういうふうに貧乏生活。それでアルバイトをやって。それで、GIで、GIって占領軍。そこで、管楽器とかそういうのを、みんな雇われてやってたの。

私自身は幸運にもとてもいいアルバイトがあってね。それは、ルーテル教会の宣教師の一番上の人だけれどね、アレクサンダー・マイヤーっていうのがね。私の友だちが紹介してくれてね。そのお説教を日本語に訳してね。それでローマ字で全部書いてね。その人がしゃべるのを指導するわけ。一時間、二時間っていってもわりがよくてね。それを友だちに紹介してもらってやってたの。全部ローマ字で書いて、パクパクパクって練習しちゃってね。

N：その、アレクサンダー・マイヤー先生っていう方は、日本語をまだあまりお話しにならなかったのですか？

日本語も勉強してた。ナガヌマスクールっていうのがあったの、その当時。そのナガヌマスクールに通ってたの。その人ね。それで、そこで日本語を勉強してたのね。ナガヌマスクールっていうのは、私もよく知らないけれど、大変有名な日本語の教育の学校で。やっぱりアメリカの占領軍なんかが来てねいろいろやってたの。私、四人教えてたの。そのうちの一人はね、美智子さまのね、家庭教師でね。東京女子大の講師だったの。それでその人は、わりとインテリなんでしょうね。ミラーさんていう人だけれどね。それからもう一人はね、看護婦さんのね、看護婦さんが地位が高いでしょ。アメリカはね。看護婦さんの婦長さんみたいな人に。その四人に日本語を教えてね。それからあとは、アレクサンダー・マイヤーさんのね。目白のすごい邸宅に入っちゃっててね。家族で来ててね。それでいい生活してたよ。それは、友だちから紹介されてね。だからみんなアルバイトはしてたんだよね。

そんなことで、私自身は、ずっとね、授業も、家庭ももちつつやるわけだから、三年までで全部単位はとっちゃってね、四年になったら論文だけにしようと思ってね。とにかく頑張って一生懸命やって。

私は、ドビュッシーのピアノ曲についての研究で論文。もともとドビュッシーの音楽をやりたいと思って。女学校の二年ぐらいから。だから今の中学の二年頃にドビュッシーの作品を聴いてね、それは、井口基成かなんかが紹介したのね。ドビュッシーの前奏曲、プレリュード。それで私はその時に一晩寝られないぐらい。というのはね、ドレミファソラシドの調性じゃないでしょ。教会旋法も入っている。その時にね、すごく感動しちゃたのね。ドビュッシーはどうしてあんなに違うんだろうって。モーツァルト、ベートーヴェンとは。ねえ、そればっかりをやらされるわけでしょ、モーツァルト、ベートーヴェンとかね、ずーっと小さい時からね。それでね、ドビュッシーの音楽は調性と違うわけだけれど、調性のことも知らないのよね、何にもね。

とにかく私は、ドビュッシーにすごく感動して、ドビュッシーが大好きで、ドビュッシーをやりたいと。ドビュッシーのピアノ曲をやるために藝大に入ったようなものなのよね。それで、ドビュッシーのピアノ曲を論文に選んだのよね。それからいろいろなものに書いたりしましたよ。そしたらね。その時に辻荘一先生なんかね、バッハをやればいいのに、なんでドビュッシーなんかやるって言われてたんだけれど。私は、ほら、前お話しした、清水脩っていう作曲家がいてね。大阪の、外語大のフランス語を出てるの。その作曲家がね。それでドビュッシーのね、生誕か没後の何十周年か何かで講演をなさってね。それで私、その清水脩さんに師事して、ドビュッシーをとにかくやりたいからって。そうしたらね、フランスの、『ル・ミュズィカル』とかいろんなのをご指導くださったの。だから、私は清水脩さんにご指導いただいて論文を書いたわけなのよ。それで辻先生が担当だったけれど。まあ、辻先生はバッハでもやりなさいって言っていたけれど、私はそれをしないで、やったわけね。

それで、そのあと、ピアノの楽曲解説とかね、音楽事典とかね、楽理の人はいろいろあるでしょう。そういう仕事もしましたよね。それから、学会でね、ドビュッシーを発表したのね。それで、そのあと、専攻科っていうのができたの、初めて。第一回生なの。それは大学院の始まりなの。その時二十人卒業して四人だけしか行かれない。文部省のほうのあれでね。それで四人でね、専攻科に一年行きましたね。その時の論文は、ドビュッシーの歌曲についてやったんです。だからドビュッシーばっかりやってたのね。

やっぱり調性の問題とかね。結局資料っていうのは、フランスの雑誌だとかね。それからいろいろ。ラテン語もあったし、楽理科で。ドイツ語で読む時間もあったし、フランス語の先生もいたしね。わりあい、だから、小松清っていう、小松先生って東大のフランス語の先生もいらしてたしね。だからわりあいそういう点がね。よかったですね。藝大の楽理科でね。それで、学会で発表したりね、音楽事典、平凡社のだとかいろいろ書いたりね、楽曲解説。

N：『名曲解説全集』、あれは音楽之友社ですね。あれにも先生のお名前、たくさんお見かけします。

そうそう。なんかかんかね、お頼まれするとね。それから労音。それの時の最初にね、野辺地瓜丸（のべちうりまる）なんていうピアノの先生がいたの、藝大に。その先生が演奏なさる時にね、最初にご挨拶でね、解説やなんかで私が出てってやって。それで場所もね、あの共立講堂。そんなところでコンサートがあったりしてね。まあ、なんかかんかね、頼まれてやってね。それからやはり面白いのは、藝大時代にね、四年の時かなあ、最初のフルブライトの訪問教授っていうのが来たの。アーヴィング・シェイエットっていう。それでね、シラキュース大学の音楽教育の人なのよ。とにかくフルブライトの客員教授っていうのが初めて来たわけよ。で、それの通訳を私がしたわけ。学校から頼まれちゃってね。結局今から考えるとね、先生方がみんな英語できなかったんだよね。私だってそれほどじゃないけどね。

それで、一週間に一回の講義の通訳を全部してね。それからいろいろな身辺の生活のことやなんかも、私、面倒みてあげてね。それで、その教授の息子さんがね、私、その後アメリカに留学するでしょ。そうしたらね、その息子さんにハーヴァードでばったり会ってね。それで、それの息子がドクターコースにいてね。フレデリックっていう息子ね。いまだに来るよ。交流が。そう。いまだにクリスマスカードも来るしね、アメリカに行くとね、ここに泊ってるって言うとね、アマーストにいるからね。アマーストの教授だったから。すぐにとんできてね、隣のホテルで朝食一緒に食べようとか。それからそこの家にも行ったり、子どもや孫にも会ったりしてね。今やその、シェイエットさんのね、そういう関係になったの。

N：それは、よほど何か深いご縁が。

そうなのよ。それでそのプロフェッサー・シェイエットの家がね、シラキュース大学だったんだけれど、その後ニューヨーク大学の、バッファローにあるんですよね。一つのuniversityが。それでそのバッファローの家にも泊ったのよ。アメリカ行った時。それから私がボストンにいた時は、ボストンにも訪ねていらしてね、その先生にもお会いしてね。それでその息子さんとも親しくなってね。いまだに息子さんからクリスマスカードも来るし、アメリカ行くとその息子さん一家にも会うわけ。そういう、ファミリーで親しくなったの。

それから藝大では、私も結構引っ張りだこになっちゃってね。ハンス・カーンっていうピアニストがね。そうそうあの有名な。客員教授でいらしたのね。イギリスから。客員教授だから教授会の時にね座るわけよね。それで隣に座ってくれって言われてね。学生なのに隣に座っちゃったりしてね。それからね、フランスのパリのオペラ座の音楽監督が来て講演したことがあるの。その時も、英語でやるからって、それで、私が学生のために通訳したりして。やっぱりね、藝大のために大いに尽くしたわけ。ね。

N：本当に当時、先生方は英語がおできにならなかったのですね。

考えてみたら、そうじゃない？　戦争があったから。それからそのあと、大分経ってからね、学部長が誰だったかしら。私が一九五八年から留学したでしょう。その時にね、成績表やなんかをつくってもらったわけね。あのロックフェラー財団の。それで、その学部長が有名な作曲家なんだけれど、その人がね、私はドイツに二年留学しましたけれどドイツ語ができなくて苦労しました。村井さんはね、英語ができるんだからよかったねーって言って。私、びっくりしちゃってね。まあその当時は、ドイツに留学したりね。とにかく英語ができなかったのよ。戦争っていうのがあったでしょう。だから英語を学ぶチャンスがないわけよ。そう、英語をね、ルーテル教会のあれに日本語教えたりね。コミュニケーションやってたからね。津田を卒業していたけれど、それもあったと思う。だって、英語と日本語でしゃべらなくちゃいけないわけでしょ。そういう人たちと。だから、それもいい勉強になったと思うの。

だから、藝大時代は、考えてみたら藝大のために大いに働いたわけなの。アーヴィング・シェイエットさんが講演頼まれるわけよ。神奈川大学とか。

N：あ、藝大だけじゃないんですね！　他のところも。

そうそう。それもね、私一緒に付いて行ってたの。それから一番よかったのはね、宮城（きゅうじょう）にね、外国人招くんだよね。それで、雅楽のね。庭で雅楽をやったの。その時ね、シェイエットさんと奥様が招かれたのね。ちょうどその時奥様は自分の母親が病気だからってアメリカに帰ってたの。そしたら私にね、一緒に行ってくれって言われちゃってね。そのプロフェッサー・シェイエットと一緒に行ったの。日本人なんて招かれないんだよね。外国人ばっかりで。その頃まだ占領下だったしね。それで行ったのね。そしたらね、宮城の庭園にね、こーんな太鼓を置いちゃってね。雅楽をやっちゃってね。それを聴くことができたの。それは、私にとっていい経験でしたよ。外国人にはそういうことをやるのね。

N：外国から来ている大使とか、そういう客員教授とか、そういう人のためのコンサートだったんですね。

そうそうそう。日本人はあまり呼ばない。だから私、その雅楽のね、庭でやるのを一回見たのよね。それは、ミセス・シェイエットのかわりにね、行ったのよね。

N：やっぱりそういうのはご夫妻でいらっしゃるのが習わしになっていますからね。

そうなの、だから私に一緒に行ってって言われてね。

その後大分経ってからハーヴァードの教授がいらした時にね、雅楽が聴きたいって言ってらしてね。それで私、文部省のね。学術会議の事務局長か何か、偉い人にね、ワタナベタダシっていうんだけれど、よく知ってたからその人にお願いしたの。そしたらね、宮城の中のホール。あそこでね、雅楽をやるというあれがあるから、その時にハーヴァードの教授をお連れしたらいいって言われて。それでその時に、車でいったらね、侍従が乗ってきちゃってね。その人侍従に紹介してくれてたらしいの。文部省のワタナベタダシさん。そうしたら、侍従が車に乗ってずっと中入っちゃってね。ここが天皇陛下がね、お仕事にお入りになる扉。ここからいらっしゃるんですとかね。それから謁見する場所。そういうところも全部見せてくれちゃってね。侍従が。それで、偉い人だったんだね、文部省のね。

それから、雅楽の演奏があってね、すんでからね、インタビューをしたいってね。そのジョン・ウォードっていう私の先生が。それは後年の話よ。私が学生時代でなくて。ずーっと後の話よ。

インタビューしたいと、雅楽の演奏家に。それで、その時にね、私も通訳してあげたんだけれど、一番最初にお聞きになったことは、そのジョン・ウォードっていう、有名なルネサンスのハーヴァードの教授だけれど。雅楽の人たちに「あなた方はどこにお住まいですか」って聞いたの。そうしたら、宮城の中！　そこに住んでるって。それは結局ね。音楽史の中では、エステルハーズィー公のね。

N：ああ、エステルハーズィー公のお城の中に住んでいるハイドンと一緒ですね。

そうそうそうそう。だからね、面白いなあと思って。やっぱり質問が面白いよね。

N：やはり、西洋音楽史の中の方なんですね。

そう。こういう世の中が今でもあるのかと思ってびっくりなさったんじゃないの。

N：そうですね。宮廷があって、宮廷の音楽があるっていう。このウォード先生は、そういう認識を。

そうそう、結局、今やヨーロッパでももうないわけでしょう、宮廷っていうのが。そして宮廷が小さくなってるわけよね。だけど日本は、そういう点が別世界だからね。あなた方はどこに住んでらっしゃいますかって質問でびっくりしてね。何をお聞きになりたいのかと。そうしたらね、みんなが宮城の中に住んでますっていう答えで。で、二十人いるんだよね。それで東儀秀樹さんていうのが、最近、外に出たでしょう。それで、藝大に私が入った時に東儀さんというのがいたんですよ。ヴァイオリン科とピアノ科に。京都から来ててね、そういうファミリーなのよ。雅楽のね。もともとが京都なの。出がね。そういうファミリーがあるんだよね。ずーっと続いた。

N：いやあ、先生大変。学生さんでいらっしゃるのに、ものすごいお忙しい毎日ですよね。先生方と一緒にいろいろなところへ。

そうそう、忙しかったの。シェイエットさんなんかもあれして。それからフランスのオペラ座の音楽監督も来たりね。それから付け加えるとすると、まあ私たちの頃、藝大に学んだ人たちは、もちろんみんな一生懸命やってたけれどね、戦争があったでしょう。だから先生方も外国とのあれがなくなっているわけでしょう。ヨーロッパとのつながりがね。そういうもんでね、みんな、私たたちの世代は、みんな外国に留学しようとそういうことを考えたの。もう日本じゃ、藝大この程度と。やっぱり本物に触れたいと。で結局ね、この第二回生もね、声楽が十人だったかな、ピアノ科が十人かな。人数少ないんだよね。楽理科は二十人ね。今二十五人？

N：はい、今二十五人です。

そうね。当時二十人だったのね。それからね、昔師範科っていうのがあったからね。それが合唱科っていうのになってたの。合唱科っていうんでね。十人か二十人か。合唱科っていうのは少し多かったと思うの。それから、いろいろ器楽があるよね。オルガンとか管楽器とか、弦とか。それでそういう器楽もいたのね。それで合唱科っていうのが、昔の師範科だから、音楽の程度では第一線よりちょっと、まあ声楽科に行こうと思ったけれど合唱科に入ったとか。そういう感じの人が入ってるわけね。それで、ピアノ科に行こうと思ったけれど、楽理に入ったっていうのもいると思うけれどね。

N：はい。今でもいます。

そういうのがあるわけよね。それで、合唱科の人はそういう点で、声楽科は十人。自分たちは声楽家ですって感じよね。やっぱり音楽学校だったからね。そういう感じだったけれど、卒業して、合唱科の人も結構いろいろ伸びてね。だからね、いろいろ、私たちの時代の人はみんなね、柳貞子さんなんていうのはスペインに留学したしね。それから、山田実は声楽だけど、コロンビア大学でドクターとったとかね。それからもう一人、加納さんなんかもアメリカへ留学してね、ジュリアードかなんか。みんな行ったのよ、みんな。うまく奨学金もらったりしてね。

たしか山田実なんていうのは、ルーテル教会かなんかのキリスト教関係ので行ったりね。それから橋本英二さんなんてオルガン科だったんだけれど、最初シカゴ大学のオルガン科に行って。それから今度イェールでチェンバロに転向しちゃってね。アメリカで仕事もして、アメリカ人と結婚して。

N：ああ、そうなんですね！

今シンシナティの大学でずっと教授して、向こうに落ち着いてますけれどね。クリスマスカードなんかもらうけれどね。そういう、みんなあちこち行くっていう時代だったの。だけどみんな貧乏でしょ。だから奨学金もらわないと行けないの。だからね、私も五八年から六〇年にかけて、ハーヴァードのね、ロックフェラー財団の奨学金もらって行ったのよね。

それで、付け加えるとね。藝大を卒業して専攻科っていうのが一年間だったのよね。大学院の始まりよね。それで一年あって。それから研究室に勤めたの。初めて、私は、助手の他に副手っていうのがあるのね。それで副手をちょっと務めて。それから、わりと早くね、講師でね、教え始めたの。だから、私が、一九五八年から六〇年にかけて、ロックフェラー財団の奨学金をもらって、アメリカのハーヴァードに留学したんだけれどね。その前に、一年半ぐらいね。五六年の四月から藝大の講師を務めたわけ。音楽史をね。西洋音楽史を、声楽科の人を対象に教えるとかね。それから楽理科のね、まあ、人がいなかったんだね。一年生の主任かなんかになったりね。そういうのもやったのよね。だから混沌とした時代で、卒業したてで、一応講師をさせてもらって。それから留学して帰ってきてからもちょっとやって。それからあちこちで教えるっていうそういう生活になったわけよね。

さっき話したドビュッシーの研究なんかも音楽学会で発表したの。まだ音楽学会もホヤホヤでね。それこそね。

N：日本音楽学会ですね。あの、今もある。

そうそう。だってあなた、それがすべてできたてのホヤホヤだもの。

N：先生が音楽学会で発表された、何か資料や記録とかが音楽学会に残っていますでしょうか？

あの、NHKのね、何とかっていう本なんかにも入っているしね。ドビュッシーのなんかね。それから論文はどうしたのかな。それからドビュッシーのピアノ曲っていうのは、あのバドゥラ・スコダのピアノ曲集。それに入ってますよ。解説にね。まあ一部ですけれどね。

私も、ハンス・メルスマンの新しい理論だとか。それから『ル・ミュズィカル』っていう雑誌をね、清水脩さんがいっぱい貸してくださってね。それで、清水脩さんもドビュッシーなんかの研究をされていて。フランス語科だからね。いろいろご指導いただいたの。

それから、初めて、教会旋法とかそういうのもやったんだけれどね。まあアメリカ行ったらね。留学したでしょう。そうしたらね、日本で何やってたかっていうくらい。結局ね、バッハ以前しかやらないんだよね。音楽学研究っていうのは、日本はバッハ以後でしょう。

N：はい。それがすべてのような。

そうそう。もう、だからね。ルネッサンスのリュート・タブラチュアとかね。それをいちいちね、ABCとか楽譜があってね。それを五線譜に直すとか、そういうテクニックもあってね。もう主題が全然違うんだよね。それで、いわゆる一般の音楽史も、私留学して聞いたよ。そうしたら、それはね、一週間のうち三回あるの。一時間ずつ二回あってね、講義が。それから、土曜日の午後はその実演。それが音楽史なの。三回あるの。

N：実演っていうことは、その音楽史で取り扱っている時代の、例えば歌なら歌を歌うとか、そういうことですか？

そうそう。それもすごいアサインメントって、宿題があってね。あなたは『リーベル・ウザーリス Liber Usualis』なんか知ってる？

N：はい。聖歌集ですね。

そう。あれなんかを、みんな一冊ずつもっててね。それで、例えばね、プレイン・ソング。世俗歌曲ってあるでしょう。それを教会旋法で分析するわけ。もう何ていうかしら。ある意味で深い研究だよね。研究としてね。

N：徹底した研究。研究の方法っていうのも一緒に習うわけですね。

そうなの。それだから、例えばゼミみたいなのも、十七世紀のトリオ・ソナタについてとか。ルネサンスのリュート・

タブラチュアについてとかね。

N：日本ではあまり扱わない時代の。

そう。全部バッハ以前でね。それで私も帰ってきてからね、中世ルネサンス音楽史研究会に入ったわけですよ。それで、そこで、ラテン語で十五世紀の理論書やなんか読むね。ゆっくりやってるけれどね。ひと月に一回、一時から五時までやってね。三十年ぐらい。

N：すごいですね。それが読めないと、音楽の古い文献とか読めないわけですね。

そうそう、だから十五世紀の音楽事典を翻訳したりね。アルス・ノーヴァとか、音楽史に出てくるでしょう。そういうものをね、皆川達夫さんとか高野紀子さんとかいてね。それで、そういう人たちがグループでね、中世ルネサンス音楽史研究会って、三十年以上やったわよ。ラテン語で読んだの。

N：たぶん、まだ日本ではあまり研究がすすんでいない分野ですよね。

そうそう、でも無理もないのよ。だって遥か彼方のだからね。それでねＩＡＭＬなんかもね、私はアメリカの留学の帰りにイギリスに寄ってね。その時に、ケンブリッジ大学の、音楽部でね、日本に帰ったらね、西洋の音楽を遥か極東で勉強するにはどうしたらいいって聞いたら、そしたらＩＡＭＬに入んなさいって言って。すぐ手続きの書類をもってきてくれたの。それをもって帰って、私が遠山一行先生にこういうのがありますからって。そうしたら、遠山先生が、遠山音楽財団って図書館をしていらしたの。だから公の団体会員になって、私も遠山先生も個人会員になって。IAMLに入ったんだけれど。でもすぐには行かれないよね。私一九六〇に帰ってきて。で七二年にね、チュービンゲンに、村井実が行ったから、その時にボローニャの会議に初めて出たのよ。その時一人よ。元気があったから。

N：アジアの地域の人なんてほとんどいないっていう、そういう時代ですよね。

そうそう、そうなの。チュービンゲンから飛行機に乗ってね。ローマに着いてね。そこから電車でボローニャへ。それで、ボローニャの会議に初めて出たので。ものすごくみんな親切にしてくれてね。来年もいらっしゃいねって。それで、IAMLの日本支部をつくるっていうことを頼まれちゃってね。むこうから。それで日本はすごいもたしてね。藝大なんていうところがね、直ぐに反応がないのよ。藝大はね、なんにもそういうことをやろうとしないのよね。

N：それは、教授の先生方のあいだにそういう風潮がなかった？

藝大の先生？　うーん、多少閉鎖的っていうか。あんまりオープンじゃないよね。だって卒業生やなんかにどんどん留学しなさいなんて、そんな雰囲気ないでしょ。

ここからは余談だからね。（録音終了）

〈注　釈〉

（注1）新田義之（二〇〇六）『澤柳政太郎――随時随所楽シマザルナシ』ミネルヴァ書房。

(注2) 長田新他著、岩崎ちひろ画（一九六七）『わたしがちいさかったときに』童心社。
(注3) 二〇〇五年、東京津田会主催「戦後六十周年記念コンサート」（村井範子・渡辺淳子企画）を開催。翌年から「世界の平和をねがうコンサート」として二〇一〇年まで継続。中西も東京津田会メンバーとして司会、運営などで関わる。
(注4) 大東百合子（一九一九〜二〇一〇）津田塾大学教授、学長（中西在学中の津田塾大学学長）。専門三十八回生。明海大学学長。津田塾大学、明海大学名誉教授。
(注5) 波多江健郎（はたえたけお）（一九二二〜二〇一五）建築家、都市研究者。波多江健郎建築研究所主宰。工学院大学名誉教授。ワシントン州立大学建築学部卒業、ハーヴァード大学デザイン大学院修士課程修了。
(注6) 髙田三郎（一九一三〜二〇〇〇）作曲家。武蔵野音楽学校、東京音楽学校卒。国立音楽大学名誉教授。
(注7) 城多又兵衛（一九〇四〜一九七九）声楽家（テノール）。東京音楽学校卒、同研究科修了。東京藝術大学教授。
(注8) 室井摩耶子（一九二一年生まれ）ピアニスト。東京音楽学校卒、同研究科修了。
(注9) 加藤成之（一八九三〜一九六九）音楽教育者、音楽学者、貴族院男爵議員。東京藝術大学初代音楽学部長。
(注10) 長谷川良夫（一九〇七〜一九八一）作曲家。東京音楽学校卒、同研究科修了。東京音楽学校教授、東京藝術大学名誉教授。
(注11) 野村良雄（一九〇八〜一九九四）東京帝国大学文学部美学科卒。上智大学・慶應義塾大学教授。東京藝術大学名誉教授。
(注12) 土田貞夫（一九〇八〜一九九〇）東京帝国大学文学部美学科卒。日本大学教授、東京学芸大学名誉教授。
(注13) 神保常彦（一九一七〜二〇〇五）埼玉大学教養学部教授、同大学名誉教授。
(注14) 辻荘一（一八九五〜一九八七）音楽学者。東京帝国大学卒。立教大学、国立音楽大学教授。

第六章　アメリカ留学時代

◆ロックフェラー財団奨学金によるハーヴァード大学留学

今日は留学のお話をね。あなたと、日本における音楽学の歴史のようなことをまとめたいと思いますよ。私は楽理科の第二回生だから、昔のことを知っているから。まあ少しでもそれが一つの土台になればね。あなたとの会話体でね。

それで今日は、留学。この前藝人時代をやりましたよね。それで、あいだがあくかもわからないけれど。私が勝手にしゃべるんで申し訳ないわね。きちんと書いてないけれど。

それで、できたら、今日留学時代が全部すむかどうかわからないけれど、留学時代というのと、その次の、二番目の主題が音楽学を教えるっていうこと。それは、私は卒業したらすぐ教えたの。というのは、それほどいなかったわけね。それから三番目には翻訳。それがヒットしたからね。それから四番目がＩＡＭＬのこと。国際会議のこと。それぐらいで私自身の音楽学の領域のことをね。その間、音楽学会とかも入っているけれど。

私が留学したのが一九五八年九月から六〇年の三月まで。私自身は藝大を卒業して、その当時初めて一年間の専攻科。ね、だってすべてが新しいわけでしょう、第二回生。だから藝大でもそういう組織をつくっていくっていう。それで、卒業して一年間の専攻科っていうのができたの。今藝大の名簿を見ると大学院としてあるんだけれど、大学院の前身なの。それを一年間やったわけ。その時は、二十人楽理科にいたんだけれど、四人だけ行かせてもらえたわけ。一年間ね。

N：それは試験か何かで選ばれていらしたのですか。

四年間の成績でね。それで、私がびっくりしたのは、アメリカに留学する時の書類を出した時に、学部長の下總皖一先生っていう、作曲家の。あの先生が音楽学部長だったの。それで、当時レコメンデイションを書いてくださったの。専攻科というのはなかなか入りにくいのに、選ばれて入っているんだと書いてあるわけよね。だから、その頃混沌としている状態だから、専攻科に行ったたって、仕事したって、仕事が一体どういうのがあるかどうかもわからない。まあ、のんきな時代といえばのんきだし、まだ藝大の楽理科というものがはっきりしていない時代だった。一年間楽理科の専攻科というのをやって、それがすんだら、副手っていうのになったのよ。ほら、あの助手の、副手っていって。それも藝大が始まって初めてなのよ。それで、私一人が副手で、他の人たちは補手とかいってね、補うっていう。だから「キャッチボールみたいね、ホシュって」と言ってたんだけれど、それが二、三人いて。そういうのんきな時代よね。だって、国立大学だから、文部省からあれするわけでしょ。全部つながっているからね。それで、私は非常に早く、一年間くらいでね、藝大の講師になったの、非常勤講師。それは、やっぱり津田を出ているから。

それからもう一つ付け加えますと、藝大時代はものすごくみんな貧乏だったわけ、みんな、日本中が貧しいわけ。藝大は、一九五〇年から、私がいたのは、五四年に卒業して五五年専攻科を修了したわけね。本当に貧しい時代でね、みんなアルバイトをしていたわけ。そうでないと音楽会に行かれないのよ。そろそろフランスからピアニストが来たり、安川加寿子先生とかが連れてきちゃって。それから原智恵子だっけ、ピアニスト。そういう方がピアニストを連れてきちゃって。藝大でもピアノの特別演奏会があったりね。そういうのがあったりして、初めて西洋の音楽に接する機会がね。

それでラザール・レヴィ、初めて来日して、藝大にもいらして、安川加寿子さんが連れてらして。ラザール・レヴィのコンサートが日比谷公会堂であって、みんな感動して、ああ、これがピアノの音かって言ったりね。そういう時代。それでも藝大の学生は、朝はん抜きにしないと行かれないとか、そういう本当に貧しい時代だったのね。

だけれど、まあ私はいろいろ、学校のお役にも立ったわけね。大事にされててね。それで、卒業して間もないころ講師になって、音楽史を教えるんだけれど、まあ、トゥルバドゥールとかトゥルヴェールなんていっても全然わからなくてね、やだな、何にも知らないことを教えるなんてって思って。レコードを、少し手に入ったものとか、楽譜集とか使いながらやったわけですよ。

それで、実は、留学をするという時に、みんな何しろ、藝大時代に習ったことっていうのは、ほとんど何が何だかわからないわけでしょう。楽理科の時の先生だって、まあ、先生そのものが、いないわけ。寄せ集め。野村良雄とか、宗教音楽の、上智の教授だったんだけれど。それで、作曲は、服部さんじゃなくて、ほら、何ていったかしら、その方が学部長になっていたのよ。楽理科は、遠山一行先生がちょっといらしたけれどね、二年間ぐらいね、だから、私たちの頃というのは、その遠山先生に初めて西洋音楽史を習ったの。それからバッハの特殊研究があって、これは辻荘一とか野村良雄とかね、土田貞夫先生っていうのが美学でね。それでも何しろ音楽のことはご存知ないのよ。みんな小さい頃からピアノをやって入ってきてるわけでしょ。だから、先生方あんまり音楽のこと知らないね、っていう、そういう感じだったの。今ちょっと思い出さないけれど、作曲家の先生が楽理科の主任教授だったの。何をやったかっていうことはこの間ちょっと話したけれど、理論と作曲法みたいなことと音楽史だけれど、音楽史の本もほとんどないという状態でね。

そういう状態でいましたから、みんな、すべての、声楽の人も何もかもみんな留学したいわけ、留学熱があるわけ。今とちょっと違うのね。みんな留学したいと思っていて、私はたまたまロックフェラー財団のチャールズ・ファーズっていうんだけれど、チャールズは普通のチャールズよね（Charles)、それからファーズがエフ、エイ、エイチ、エス（Fahs)、ファーズ氏っていう人が、ロックフェラー財団のヒューマニティーっていう部門のディレクターだったの。それで私は書類をいろいろつくって、下總先生やなんかにレコメンデイションも書いていただいて、成績も出して、書類を出して面接を受けたわけね。それが、国際文化会館で受けたの。それで全部英語でやったわけ。私は英語については困らないぐらいだったから。学生時代もアルバイトで、ほらあのアレクサンダー・マイヤーさんのお説教を訳すのやってたからね。それがアルバイト。だからわりと高給なのよ。みんないろいろアルバイトしてたんだけれど。

私は英語はわりと困らない程度になっていたわけ。どこへ出てもね。だからいろいろわりあいうまくいって、ロックフェラー財団でお金を出してくれて、留学できるということになったんです。それで、そのチャールズ・ファーズっていう人はその時ヒューマニティー部門のディレクターだったんだけれど、その前は、もちろんアメリカの大学を出ているんだけれど、京都大学で法学部か何かやって、日本語ペラペラなんだけれど絶対日本語使ったことないの、最後まで英語なの。それから、お父様が、その昔の話だけれど、中国への宣教師だったの。その息子だったんです。それですごくいい人でね。その人がたまたまヒューマニティーのディレクターだったから、面接の試験があったわけよね、でいろいろ聞かれたり、何をしたいかとか。その時 Tsuda College を卒業したって言ったら、ああ、Tsuda College って言って知っていたの。というのは、戦争がすんだ時、全部終戦の仕事は津田の卒業生がやっている、そうなのよ。だから Tsuda College は有名だったの。

"Oh, Tsuda College!" とか言っちゃって。それで、なかなかうまくいっちゃってね。

N：その、面接の内容というのはやっぱり、どういうことを勉強したいかとかですか。

そうそう。そういう、いろいろな会話ですよね。

N：先生はやはり音楽学を、実際にむこうの大学で勉強したいとお話しになったんですね。

そうそう、私は音楽学を勉強したけれど、藝大では、西洋のことだから、できないと、だから留学したいということで、話をして、うまくいったわけですよ。それで、ロックフェラー財団の奨学金ていうのは、フルブライトも奨学金があったけれど、それで、フルブライトは船で行くんだけれどね、こちらは飛行機だったの。だから、お金の苦労って一回もしていないの。わりとたっぷりいただいているの。私も別にフルブライトの人と比べたわけでもないけれど、わりあい、お金についてあれしたことはなかった。というのは、一ドル三百六十円の時代だけれど、一回もかえられないわけ、全然。だから、飛行機の切符も送ってきたの。それで、その飛行機の切符をもって、乗って、それでニューヨークに行って、ニューヨークでロックフェラーのオフィスに行って、それで、手続きして。それからボストンには汽車で行ったんですね。ロックフェラー・センター、あそこの二十三階か何かにオフィスがあってね、そこで手続きして。だからまあ、ニューヨークに泊まって。まあ、プロペラ機だから、あっちこっち止まりながら行ったんだよね。燃料ね、だからすぐ降りるわけよね、ハワイに止まって、何に止まって。

N：ながーい旅ですね。飛行機でも大変ですね。

そうなのよ。大変なことよ。私が帰る時に、六〇年の一月に帰ってきたんだけれど、その時にプロペラ機で飛んでね、最後に、香港から日本までジェットが飛んだ。

N：ちょうどその時に運行が始まったんですね。

そうそう、一九六〇年ね。それで、ボストンからイギリスが通ったのよね、帰りの時にね。そうしたら、ボストンからイギリスの時は、ジェット・プロップっていって、まあ、プロペラ機とジェットの半分のような、ジェット・プロップっていってね、それでも途中で一回降りて、それからロンドンに着いたね。だからそういう時代なの。

いずれにしても、日本がひどく貧しくて、もう何にも、生活にも困っているという時代だったの。

N：ロックフェラー財団の奨学金とフルブライトとがあって、ロックフェラーの方で留学されるのにお決めになったというのは、何かおつながりがあったのですか。

ご紹介や何かはないんだけれど、ロックフェラー財団にアプライしたの。フルブライトには何にも。

N：公募のようなかたちになっているんですね。それで直接アプライを。

そうなの。それとね、実は、今、これは音楽学の歴史だから、それはプライベートなところに書こうかと思っているけれど、私の主人がロックフェラー財団のフェローシップをもらったわけ。フェローシップっていうのは、主人は専任で助教授か何かだったわけね、慶應でね。その時フェローシップっていうのがあったの。それで主人はフェローシップで行って、私はスカラーシップで行ったわけよ。それだから、主人も、ロックフェラーのチャールズ・ファーズさんなんかとお会いしたりなんかして、ね。そういう関係はあったのよ。そのチャールズ・ファーズさんは、本当にそういう意味で、私自身を気に入ってくださったのね。それでスカラーシップを出そうっていうこともやってくださってね。あとで、言いますけれど、帰りに、主人のほうがもっと期間が延びたのよね。それで、私は藝大で四月から教えなくてはならないから先に帰るということになったの。主人の方は期間が延期になったの。それで、その時私が、西洋音楽史を勉強したから、ヨーロッパをまわって帰りたいって言ったわけ。私が先に帰るでしょう、そうしたらね、六ヶ月通用する飛行機の券をくれちゃったわけ、ファーズさんがね。今から考えるとね、藝大の講師をしていたわけでしょう。それだもんで、すごくウェルカムされちゃったの、どこへ行ってもね。

N：ああ、それはやっぱり先生がいらしたという、そういうことですね。受け入れ側では。

そうそうそうなの。いわゆる普通の留学生じゃなくて、東京藝大の先生であるということで。結局ハーヴァード大学の音楽部でもウェルカムしてくれて、アメリカ音楽学会にももちろん入って。帰る時にはね、ヨーロッパまわりで。そのあと話そうと思っていたけれど、ファーズさんが、オープン・ティケットで六ヶ月いられるっていう。それで、私はイギリスとか寄りながら帰ったわけですよ。でも他の留学生は、みんなそんなことできないわけでしょう。みんなアメリカに行ったら、アメリカを見て帰りなさいってことでしょう。だから、誰にも言わないでたった一人でボストン空港から飛行機に乗ってイギリスに行ったのよ。だから本当にadventure みたいだったの。だって、一生涯に一回のことだと思ったの。一生涯に一回。だって、その時の日本の情勢はどう？　ものすごく貧しいわけでしょ。お金もチェンジできないわけ。一文もないわけ。だって切符送ってもらって行くわけだから。すごい貧乏じゃない。飛行機だって船だっていうけれど。一ドル三百六十円でもチェンジできない時代。闇ドルっていうのもあったけれどね、まあすごい貧乏。で一つ貧乏な証拠はね、今お話しするとね、津田の友だちがアメリカ人と結婚したのがいるわけ。それが、私がボストンに行ってから、その人がニューヘイヴンっていう、イェール大学があるところ。その町に住んでいて。しばらく落ち着いたらウィークエンドに、一ヶ月ぐらいしてから、その家に泊まりに行ったわけ。アメリカ人と結婚してるわけ、そのイェール大学医学部出たのと結婚しているわけだから、社会的な地位もあるわけよね。そこの家に行ったの。それで、その友だちが何て言ったかっていうと、「あなた、ブラウスもっていきなさい、あなたストッキングある？　これもっていきなさい」って、それだったの。というのは、ストッキングもブラウスも日本にないの。つくってないの。

N：新しいものがない、そもそもお店とかもないわけですよね。

そう、何にもないわけ。nothing。それほど貧乏だったの。だからその友だちは、アメリカ人と結婚して、アメリカへ行ったんだけれど、戦後行ったわけでしょう。だから知っているわけよね、戦争のどさくさを。津田の時に一緒で。そうしたらね、その人が心配して、まあ私もストッキングとブラウスぐらいもっていたけれど、でもね、ブラウスあげるとかストッキングあるの？　とか、そういう感じ、そういう会話。だから、結局、ストッキングもない、ブラウスもない、物もつくっていない、そういう時代だったのよ。

だから、今、あなたなんか想像できないでしょう。本当に貧乏な時代だったの、戦争で。すべてがなくなったわけでしょう、戦争で。それで疲弊しているわけでしょう、日本の国全体が。だから私も一生涯に一回のことだからって行ったわけよ。そういうことです。

それでね、今回はやはり音楽学のことをお話ししようと思っておりますけれど、そういうふうで、比較的恵まれて、飛行機で行ったわけですよ。だけど、当時の社会情勢を考えてみたら、本当に、敗戦国で貧しくて、アメリカというのがひどく遠い国よ。今はインターネットとかでいろいろわかるけれどね。別世界に行くような感じよ。だから、羽田にみんな送りに来てくれたりね。今は外国に行くのにね、私の孫娘なんか、荷物もってさっさと一人で自分の家から行っているけれどね。その時は一生涯に一回だからって、そういう感じで。

もう一つここで大切なことは、私が行こうと決心をした、その決心はやはり、音楽史を勉強したいっていうことが一つあった。まあ音楽学よね。それからもう一つは、敵の国を見てみたいと思ったわけ。戦争したわけでしょう、ずーっと。それで、私なんか小学校時代から満洲事変とかシナ事変とかあったわけだから、ずーっと戦争とともに生きているわけよ。それで、津田時代というのは、もう本当にね、英語は敵国語だったわけでしょう。それで敗戦したわけでしょう。だから、日本と戦争した敵の国を見たいと、それあったの。それからもう一つ。私広島でしょう。だから原爆を落とした国を見てみたいと。だから音楽学を勉強したいってこともあったけれど、やはり、敵国を見たいということなの。今みたいに様子も何も全然わからないわけ。飛行機でいよいよ、まず、ロサンゼルスの空港に止まって、ホテルもとても立派なホテルをとってくれて。とにかく恵まれた環境で行ったんだけれど。その時に、行けども行けども同じ景色で、飛行機が行くんでね。もう、アメリカってこんな大きな国かしらって思って。感覚が全然違うわけよ、何にも知らないんだから。そうでしょう、だって戦争だっておこしたっていうのも、何も知らないんだからおこしているんだから。知っていたらおこせないと思うわよ、アメリカを知っていたらね。

そういうわけで、全く別世界なのよ。やっぱり敵国を見たいと、原爆を落とした国を見たいと。まあその広さにはびっくりしちゃったけれどね。まあね、接した人たちがね、ハーヴァードの音楽部の教授とか、そういう人たちだったから、いやな思いは一度もしないでね。それから、みんな歓迎してくれて、非常に、very comfortable だったの、アメリカの留学生活は。それから、言葉が自由だったでしょう。留学して授業を受けてもその授業が全部、ほとんどわかる。まあ一時間の授業受けたらガクッとくたびれるけれど。音楽のことでしょう、具体的だからね。そういう意味で、いやな思いは全然しないし、接した人たちはみんないい人たちで。

それからもう一つ申し上げると、私がハーヴァード大学の音楽学部の助手の人に、ご夫妻だったんだけれど、私は広島で生まれたと言ったら、とたんに顔色真っ青に変えちゃってね、あなた家族どうしたって言ってね。それから、私は一年半近くアメリカにいたけれど、私が広島の出身とか、広島で生まれ育ったというのは一回も言わない。というのは、びっくりしちゃうから。インテリはね。

N：みなさん、知っているわけですね。

まあ、どういうふうに知っていたかは知らないけれどね。そうなの。中には、言った人もいるけれどね。私はそれ以来あんまりびっくりしたから言わなかった。だから広島っていうことに関しては、やっぱりインテリ層はとても悪いことをしたと思っているんじゃないの。だけれど、一般的には、広島落とせっていうような感じだったわけでしょう、結局あの時落としたのはね。だから、原爆の問題も、まあ、いろいろ興味深いことがあるのね。

私自身が今申し上げたように、学ぶということが留学で一つあるわけよね、外国で学ぶという。同じ音楽史をね。ことに西洋のものだから。もう一つは、西洋の土地の事情を知るとか。だから、結局、留学するってことは、その、何ていうのかしら、地形も違うし民族も違うし宗教も違うし、言語だとか文化だとか、そういう中で musicology を勉強するということね。それから、その当時はまだethnomusicologyっていうのはあんまり言っていないけれど、やはりethnomusicologyだよね。だから両方を勉強できるわけよね。そういう一つのバックグラウンドをむこうで学ぶことができたということ。音楽史という、授業を受けたりして、それを学校で勉強できたということ、それともう一つは、その土地で、知らない土地で勉強できたということ。そこに留学という意味があるわね。

◆学習環境、授業のこと

それから、ハーヴァード大学のmusic departmentで大学院の授業をきかせてもらったわけね。私は別にマスターとるとかドクターとるとかということではなくて、自由にいくらでも授業を聞くという立場。日本で修士とって、専攻科でね。結局一応、私は藝大の講師として行ったから、わりあい自由にいろんな授業を何でもとらせてもらえたの。だから、そういう意味でいろいろとよかったんですよ。二年も三年もいるわけじゃなかったから。

まず音楽史の講義。私、名前だけ書いているけれど、ジョン・ウォードっていうのが音楽学部の主任教授で、その先生の音楽史とかね、それから、メリットという、有名な本を出していらっしゃるけれど、十二、三世紀のリズムに関する本を出しているメリットという教授がいて、それも立派な教授なの。それと、イタリア人だけれど、ニーノ・ピロッタという教授。その三人の方々の音楽学の授業を受けて、その他にハーヴァード大学には、ハーヴァード大学の音楽学部というのは、その時、私自身も何も知らないけれど、ペーン・ホールという音楽学部のホールがあるわけ。そこに音楽学部があるわけね。そして、授業はmusicologyなんだよね。だから結局、作曲理論と音楽学なのね、日本でいえば、その授業があるわけ。それで例えば、ピアノとか何かは地下に全部個室があるわけ。それとチェンバロも置いてあるわけ。それで、習いたかったら個人的に習えるわけ、ピアノやチェンバロを。私はチェンバロを、ダニエル・ピンカムという、ボストンでは有名な作曲家でありチェンバロ奏者なの。その人に習うことができたの。地下のチェンバロを借りてできるわけよ。

だから結局音楽学部というのは、作曲家とmusicologistを養成するところなんだよね。それだから、music departmentのundergraduateは四年もあるけれど、大学院がわりあい主なのよね。そして、大学院が修士をとるとかドクターとるとかでいろいろ人がいるんだけれど、人数は少ないのよね。十人とか十五人とか、少ないのよ。というのは、いつか、そのあと行った時も話したのだけれど、やっぱり就職ができないからね。例えば、二十人を十五人にしましたとか、十五人を十人にしましたとか、その年によって自由にやってるの。だからそういう点が、なかなかいいと思うのよ。楽理科だって、私たちの頃二十人だけれど、今二十五人になっているでしょ。私がびっくりしたのはね、アメリカ行くたびにウォードさんに会うわけね、プロフェッサー・ウォード。そうしたらね、今年は五人減らしました、就職が悪いからと。大学に赴任するわけでしょう、マスターなんかとって、専門領域があるから、出版社とか。そうしたらね、日本に帰ったら二十人が二十五人になったっていうから、えーって言っていたの。そこのところがね、むこうのほうが。まあ、むこうは私立の学校なのよね、日本は国立でしょう。そういう点もあるけれど、プロフェッサーが、順応しているわけよ。卒業生のはけで、五人減らしましたってね。日本に帰ってきたら五人増えているって。そういうところがね、所帯が大きいけれど、立派なところでね、人数が少ないわけよ。音楽を専攻するっていう人がね。

それで、ニューイングランド・コンサーヴァトリイっていうのがあるの、ニューイングランドの音楽院ね。それはアメリカでは一番古い音楽学校なの。そこでは、技術をやると。ピアノ科とか声楽科とかヴァイオリン科とかね。結局アメリカもヨーロッパもそうだけれど、大学の音楽学部というのはmusicologyなのよ。だから音楽の学問なのよ。それから作曲家もいるよ。作曲する人もね。でも作曲家っていうのは、どこかで勉強したらそれでやるわけでしょう。

ニューイングランド・コンサーヴァトリイっていうのは、ニューイングランドがその地域よね、アメリカの、ボストンやなんかの、ニューイングランドっていうのがその地域ですけれどね、その地域の音楽院ですけれど、コンサーヴァトリイで一番古いの。コンサーヴァトリイでは音楽の技術を全部やって、プロフェッサーもいるし、ホールもあるし。それがボストンにあるわけ、ニューイングランド・コンサーヴァトリイ。それで、ケンブリッジっていうのは、イギリスの名前とっているけれど、アメリカのね。ケンブリッジ、マサチューセッツ州っていうのがそこにハーヴァード大学があるわけ。それから有名なMITとかね。それがケンブリッジにあるわけ。ケンブリッジの町があって、ボストンがあるわけ。それで全部でグレーター・ボストンとか言っているわけ。広いわけ。グレーター・ボストンね。ボストンが有名だけれど、ケンブリッジっていうのは、イギリスと同じ名前を付けてるわけでしょ。だって、ニューイングランドでしょう、イングランドが付いているわけでしょう。テムズ川でもあるしね、ニューロンドンっていう町もあるしね。もう、ニューイングランドに行ったらそういう、イギリスからの移民がね、移民というか、信仰の自由を求めたのがみんなアメリカにたどり着いたわけでしょう。ですからね、結局イギリスのあれなの。

ちょっと余談ですけれどね、宗教も、アングリカン・チャーチっていうのがあるわけ。イギリスの聖公会。それが、やはり信仰の自由を求めたわけでしょう、アメリカに行った人は。やはり、信仰の自由を求めてアメリカに行ったっていうのが、アメリカでは、威張っているわけ。というのは、食い詰めたのが行っているわけでしょう、イタリア人とか。でね、食い詰めたのが出稼ぎで行っているわけでね、日本でも「出稼ぎ」と言っているけれどね、移民をね。それで、移民で行ったのと、アングリカン・チャーチでボストンに行ったのはね、エピスコパルって言っているのよね。それでエピスコパルの人たちは一番上層階級で威張っているわけ。ボストンで。だからその地域もあるしね。ですから、ある意味で非常に保守的というかトラディショナルなのよ。エピスコパルが。そういうのもむこうに行ったらわかるでしょう。だんだん住んでいるうちにね。さっきも言ったように、留学したらその土地のことがだんだんわかっていくわけよね。

私自身は、そういう、いい先生に就いて、そういうクラスに出ていろいろ講義を聴いたわけですね。その講義のやりかたですけれどね。音楽史は、例えば音楽史の概説みたいなのがあるわけね。毎年あるんだけれど、一年間を通じて音楽史が講じられるわけ。一週間に一時間、一時間と、二回あるわけ。だから月曜日と水曜日とか、月曜日と木曜日に一時間ずつ音楽史があるわけ。それで、そのあと土曜日に実際の演奏があるわけ、一時間。だから、ものすごく、とる科目がね、日本では大学に入ったら十いくつとったりするでしょう。それがみんな三つか四つ。だって一週間のうちに三回もあるんだから。それで、例えば、月曜日に音楽史の講義があるでしょう。そうするとすごい宿題が出るわけ。だから Liber Usualis とかみんな自分でもっていて。それからまたブースみたいな個室みたいなところに、あの当時だから、レコード聴いたりなんかするのがね。例えば、Liber Usualis っていうキリスト教の音楽の、聖歌のがあるでしょう。それをみんな自分でもっているわけ。それで、例えばミサやなんかの順序でしょう。それをもっていてね、一時間の授業を聴いたら、そのあと宿題が多いの。それで、そこに入って、みんな楽譜と一緒に、いろいろなものを聴くわけ。それから本もたくさん読んでいかないといけない。だからすごい忙しいわけよ。科目は少ないけれど。だからアメリカの大学って遊んでいられないのよ。アルバイトもできないの。それで、週三回あるわけ、音楽史が。それで最後の土曜日は午後いろいろ演奏をやったりなんかするわけよ。一時間で講義聴いただけだってぐたっと疲れていたけれどね、私なんかね。でもまあ、音楽史だから、だいたい、とても面白かったけれどね。密度の高い授業を受けるわけよね。

それで、一九五九年かな、たしかボストンで、ケンブリッジとボストンで、アメリカ音楽学会、それから American Ethnomusicological Society だから、アメリカ民族音楽学会、それが一週間ぐらいずーっといろんなところで開かれて、それがとってもよかったの。その時私もアメリカ音楽学会のメンバーになったんだけれど。ethnomusicology というのが日本ではまだ全然という時に、マントル・フッドっていう人がいるんだよね。カリフォルニア大学だったかな。その人が Ethnomusicological Society の会長か何かだったと思うのよ。それで、集まりに出てみたら、ギリシア音楽についてとか、そんなのをやっていたの。だから、そういうのを私自身も経験することができたの。

N：ということは、アメリカの大学で教えてらっしゃる先生方も自分の専門とする音楽、例えばギリシアならギリシアへ、海外へ留学して、それをすでにアメリカの大学で教えていたということですね。

そうそう。その当時ね一九五〇年ね。Ethnomusicological Society で。日本ではまだその頃 ethnomusicology っていうのはまだそんなに知られていない時代だけれど、会長さんのマントル・フッドだったと思うんだけれど、フッドっていうのはエイチ・オー・オー・ディー（Hood）だと思う。その方もいらして、講演とかなさったりしてね。私もまだ ethnomusicology なんて知らないけれど。日本にはまだ、藝大にもまだ全然。藝大はね、だって、何やってたかっていう。寄せ集めでいらしたわけでしょう。例えば、辻荘一先生がバッハの話するっていったって、自分が好きでやっているっていう、あの当時のことでしょう。

それで、遠山一行先生は日本で初めて音楽史をお教えになったと思うけれど。それからフランスに留学なさったんだから。それから服部幸三先生はね、私が藝大の楽理科を卒業して、専攻科に行った時にいらしてもね、何にも知らないのよ、まだ、服部先生も。それから留学なさったんだから。だからみんな服部先生、素人だって言っていたの。だって東大の法学部出てきたんだから。ねえ、で、藝大来て勉強なさってたんだから。

まあそういう時代だから、何にも習っていなかったようなものよね。それで、ピアノの先生とか声楽の先生が、そういうのは習えたからね。私はピアノは伊達純っていう先生で、声楽は磯谷威先生。とてもいい先生でね。あの頃そういう方もいたのね。演奏のね。いろいろまだ、混沌とした時代よね、その頃は。

それから、一年すんで、夏にサマースクールっていうのがあるの。むこうでは、夏の学期にね。それで、グスタフ・リースっていう中世の専門の方が、その方は New York City University なの。そのプロフェッサーで大変有名な人。その方がハーヴァードでサマースクールで講義なさるというので、それに出たわけ。そうしたらね、本当に、中世の音楽のことをずっとやって、授業もみんな懐中電灯をもってきていてね、楽譜を懐中電灯で見ながら勉強しちゃって、なんか、本当にすごい、みんな楽譜見ながらいろいろ勉強して。それで、中世のいろいろなことを先生が発表なさって、私のこの授業がすんだら、私の中世音楽史は書きかえなければいけないって。いろいろ新しい作曲家や作品が出てきたからって。

その時、夏学期でしょう。だからハーヴァードの教授じゃないわけ。すごく私の耳に残っているのは、マスター・キャンディデイトとドクター・キャディデイト、だから、マスターをとろうっていう人とドクターとろうという人がいるわけじゃない、大学院だから。そうしたらね、ドクター・キャンディデイトはここのところをよく調べておきなさいとか、そういう注意が入っちゃってね。結局みんなそこで単位をとって、マスターとろうとかね。それも単位に認められるわけよ。リースの授業がね。そういうサマースクールがあるわねえ。だからそういう制度もあるということはいいことよね。アメリカ広いからね。いろいろ面白い経験をしました。

先ほどお話ししたように授業がすごい充実しているわけよ。それで、必ず理論的にもいろいろやるんだけれど、楽譜やなんかもあれするし、それからライブラリにしょっちゅう連れてくわけ、先生方が。それでそこでいろんな資料を見せるわけ。マニュスクリプトがいっぱいあるわけ。その点がアメリカお金持ちだから。マニュスクリプトをね。だから図書館との、例えばセミナーなんかだったら十人ぐらいしかいないでしょう。今日はライブラリでやりますっていう感じで、いろいろなものを見るわけ。そういうわけで、実際の楽譜を見て、図書館っていうのが本当に大事な機能を果たしているわけね。

それから、資料がとにかく豊富なのよね。手書きの楽譜でも、マニュスクリプトをプリントしたものがたくさんあるわけよ。だからものすごく資料が多いわけ。音楽史の。

N：日本には全然ないものがそこにあるのですね。

そうなの。あのあと私、主人が行っていてね、ドイツに行ったことがあるのね。ボンの大学の音楽学部ね。そこにしばらく行っていて。そうしたら、その時、ドイツっていうのもあんまりないなって思った。というのは、アメリカがものすごいのよ。だから今みんなアメリカに留学するっていうのは、弦もそうだけれどね、よくわかる。ドイツよりもね。

私たちの頃はドイツに行ったらいいって言っていたけれど、実はユダヤ人、それが全部アメリカに行っちゃったからね。弦もみんなそうでしょう。例えば、サントリーの堤さんだってインディアナ大学でしょう。結局、弦ていうのは、ほとんどユダヤ人でしょう。それから musicology ね。学者というのはみんなユダヤ系よ。

N：資料ごとアメリカに行ってしまったという感じですね。

そう。アメリカはものすごい資料が豊富。私は大分あと、一九八三年だったかなあ。プリンストン高等研究所っていうところに私の主人が招かれて、半年ほどいたんです。それで、私も教えながら、二、三ヶ月休みを入れてちょっと通ったの。プリンストン大学では音楽の講義とかあるのね。それで、私もプリンストン大学の音楽部のほうに行って、お願いしたのね、少しセミナーとか出さしてくれって。そうしたらね、大学院の人はみんな鍵みたいのをもっていて、カードだけれどね。マニュスクリプト・ルームっていうのがあるの。そこに全部、大学院の授業をとっている人はそこにみんな入れるの。そのカードで。それで、セミナー・ルームがあって続いているの。マニュスクリプト・ルームとね。だから私もカードもらっちゃってね、そこへ出入りしていたんだけれどね。

授業する時に、実際のルネッサンスの楽譜、手書きの楽譜とかを全部見るわけよ。すごいの。それで、セミナー・ルームなんかにも、扱う時代があるでしょう。ルネサンス。そういう資料が全部出ているけれどね。それがセミナー・ルームにあるけどね。でも、マニュスクリプトはマニュスクリプト・ルームで見るというふうになっているわけ。こういうふうに書いたものをいちいち見るわけ。

N：それはすごいことですね。それだけそろっていたら研究も進みますし、そこで学んだ人たちがさらに研究を発展させて新たな資料も？

そうなのよ。だからね、日本で何やってたかと思うくらいでね。それから、そういう音楽の研究者に対する配慮があるの。私は、まだあとになりますけれどね。帰りにイギリスに寄ったわけよね。そうしたら、イギリスに行った時に、ブリティッシュ・カウンセルっていうのがあるのね。そこに紹介してもらったわけ。そうしたら、ミラーさんていう人だけれどね、そのmusicのdirectorなの。女の人で。その人が私に会ったの。そうしたらね、ちょっと余談になりますけれどね、そのジョン・ウォードっていう教授がね、帰りに寄って帰れるようになったって言ったのね。そうしたらその教授がね、グローヴの音楽事典に、ロンドンとかケンブリッジとかそういうのが出てるっていうの。イングランドとか、地名が出てるっていうの。それで、地名で見ていきなさいって。それで、私それを一生懸命読んでロンドンにはどれだけオーケストラがあるとか、いろいろ見ていったから、そのブリティッシュ・カウンセルのmusicのdirectorに紹介されたら、あなたのようにイギリスのことをよく知っている人はいませんと。初めてとは思えません。四回目か五回目みたいって言われてね。というのは、フェントン　ハウスに行って楽器のコレクション見たいとか、コルベッツに行って、楽器つくっているでしょう、あの笛。こんなに知っている人はいませんて、すごい待遇を受けちゃったのよ。

それで、ロンドン中使える図書館のどこにでも行けるパスとかいただいちゃったりね。それから、ロンドンに図書館があるのね。そこの図書館の、マニュスクリプトを見る部屋にデスクっていうのがあるんだけれど、ちゃんとデスクの券もくれちゃって。ロンドンには二ヶ月いましたから、午前中はそこのマニュスクリプト・ルームとかいろいろ行ったけれどね。まあ、とにかくね、勉強する、学問の、研究するっていう環境が、本当によくできているね。そういう点の配慮があるよね。そういう意味で、留学して、新しい土地で、知らない土地で、音楽学をどういうふうに研究しているかっていうことに触れることを、私なりにできたわけですよ。

◆友人たち、その後の交友

ちょっと戻りますけれど、アメリカ音楽学会と民族音楽学会とがあるわけね。それで、私はアメリカ音楽学会に入会をしたんだけれど、そうやって民族音楽学会にも出席したの。そうしたらね、アメリカ音楽学会の活動もとてもさかんで人数もすごくいるわけね。アメリカ全土だから。それで、結局、国際音楽学会っていうのがあるの。それで、国際音楽学会の会長は、アメリカ音楽学会のプロフェッサー、イェールや何かの、それがみんな会長になっているわけ。そして、アメリカ音楽学会のニューイングランド・ブランチっていうのがあるの。マサチューセッツとかイェールのあるところ。それで、私がいた期間というのはそんなに長くないけれど、Brown University、あまり知られていないけれど伝統のあるところ。そこでアメリカ音楽学会が開かれる。発表や何かもあって。そういうこともあったし、それからイェール大学の音楽学部でも集まりがあって、そういう時は大学院で勉強している人がみんな車でボストンからイェールに行くのね。私も一緒に行って。

私は友だちがイェールに、さっきも言ったブラウスや何かの、ご主人がイェールの医学部出たっていう。その友だちの家にその晩泊まるって言ったらね。有名なプロフェッサー・ウェイトっていうのがいるの。「待つ」っていう意味のね。その方の有名な本がいくつかあるけれどね、音楽学者で有名なの。そうしたら、プロフェッサー・ウェイトがね、ああ、じゃあ、うちの隣だって言って、そのミドリさんの。だから、ご夫妻の間に私乗せてもらって、その友だちのところまでウェイト教授が連れていってくださったんだけれど。そういうふうに、ニューイングランド支部っていうのも結構密なのよね。イェールであったり、Brown University だったり。そうしたらある人が Brown University 留学したっていうから、あぁ知っているわって言ったら喜んじゃってね、日本で Brown University って言っても誰も知らないのよって。でも伝統のある大学でね。日野原重明先生がいつか何かで書いていたけれど、孫がね、アメリカの大学で医学部で勉強しているけれど、それが Brown University って書いていらしたの。だから、伝統のあるいい大学だけれど、日本じゃあんまりね。

だって、ハーヴァードとかイェールとか、その程度だからね。

先ほどの、私自身がわりと恵まれた留学生活を送れたということ。それともう一つは、英語ができたということ。困らなかったのよ。

N：英語で講義を聴いてすぐわかるという、まずはそこまでいくのが大変ですから。

そうなの。音楽史だからわりと具体的でしょう。そうすると、自分の知っている作曲家やなんかが出てくるわけだからね。そういう点で、私はわりあいいい経験ができたの。だって私、下總先生にね、成績表出してもらったでしょう。それで、下總先生なんてすごい偉い先生だと思っているでしょう。作曲家でね。そうしたら、下總先生がこうおっしゃったの。その言葉は、本当に、今それを聞いた人はいないけれどね、「私もドイツに二年留学したけれど、あなたはいいですよね、英語ができるって。」私はその時、藝大の学生時代に頼られてたわけでしょう、英語できるって。そうしたら、あなたは英語ができるからむこうに行っても困らないけれど、私は二年間行ったけれど、ドイツ語ができなくて本当に苦労しましたって。そうおっしゃったから。私ね、こんなに偉い先生が、と思って。二年間行ったけれど、本当に苦労しましたって。私はほぼ二年行っててね、その苦労がなかったね。だからどこへ行っても、イギリス行ってもよかったしね。そういう点は英語ができるってことはよかった。

N：それはすごいことですね。他の人とスタート地点から全く違っているという。

そう。だから私が町なんか歩いているとね、ハーヴァードの他の日本人は、あの人もう七、八年もアメリカにいるような感じだって。もう慣れているから初めからね。その点は幸運でしたよね。

それから、もう一つ、留学するってことは、やはり日本と違う国においての見聞ということになるでしょう。ニューイングランドっていうそういう地域のこととか。そういうふうなことをいろいろ経験するってことが非常に大きかったと思うんですよ。だって行ってみないとわからないでしょう。それと、その当時は、ものすごく離れていてね、私、今、私の意識はどこにあるんだろうって。太平洋の上に宙ぶらりんかなと思うほど。今はIAMLの会議やなんかで外国にしょっちゅう行っていたけれど、その時の感じと全然違うのよ。別世界という感じなのよ。

N：先生、それで、日本に帰りたいとかさびしいとかお思いにならなかったんですか。

まあ、そんなことはわりと思わなかったわね。やっぱり結構忙しかったから。忙しいってことがまずあったね。毎日することがあって。やっぱり、大学っていうのがすごい忙しいのよ。まあ、休みにいろいろ旅行しましたけれど。それで、実際に、ここにちょっとメモを書いているのは、ボストンにはニューイングランドのホールがあったわけね。それから、ケンブリッジにはサンダー・シアターっていうのがあって、劇場みたいだけれど。そこで音楽会があったの。古い建物ですけれど。それで、私が聴いたのは、リュートの演奏家で有名な人なんだけれど、ルネサンス時代の作品の演奏家。そのリュートの演奏家の名前をちょっと忘れたんだけれど。声楽家のマリア・カラスとかも聴いたんだよね、ボストンで。それからアシュケナージっているでしょう。あれがピアニストでデビューしたのよ。一九五九年の一月頃だったかな。そんなのも聴いたの。それから、バドゥラ・スコダっていう、あれが、今でもやっているけれどね、その時はね、ウェルズレイ・カレッジっていうところのホールで聴いたのよ。

N：世界中からすごい演奏家が来ていたんですね！

そうそう。だからね、その当時の日本だから、全然、ラザール・レヴィさんが初めて学生時代にピアニストで来たぐらいでね。その点はあれですよね。

N：音楽の環境が整っていたんですね。

やっぱりね、レベルの高いところよね。ケンブリッジとかね。ですからそういう意味で恵まれていたと思いますよ。

それから、アメリカのそういう風景っていうことから言うと、ニューイングランドというところが非常に素晴らしいところだったけれど、イースターのお休みの時に、二週間くらいあったんだね、復活祭のお休みが。それで、ハーヴァードの経済に来ていた中原信之さんていうのがいたの。若い人だったけれど。その人が、丸善、石油会社の社長の息子だったの。それで、自費で留学していたの、あの当時。それで、二人いたの。一人は、大同毛織の社長の息子がいたの。中原さんは経済。その人も経済だったかな。それで、何人かを連れて、自分の車でね、古いけれど中古品をもっていてね。それで、東海岸をずっとフロリダまで旅行に行くっていうの。急にある日そう言っちゃってね。それで、それに乗せていってもらって、ずーっと東海岸、ボストンは雪だったの、イースターの頃。でも東海岸のフロリダに行ったら夏でね。それで、音楽的に言うと、フロリダでディクシーランド・ジャズ、ディクシーを、本物を聴いたのよ。ですから、そういう、風物を見る。ドッグウッドの花が咲いていたりね。それから、アメリカ人のpoorなのもいるし、それから黒人地域とか通ってね、東海岸をね。

それからもう一回は、夏休みにカナダの方をずーっと行ったの。今度は北の方へずっと。だからボストンからずっと北に行って。そうしたらメイン州っていうのがあって。メインっていう州なんだけれど、私アメリカで一番好きなのよ。森が、ヨーロッパの森はつくられた森よ、きれいな、ね。それがワイルドなの。メイン州はワイルドなところなの。それから大きなエビがあるでしょう。

N：ロブスター！

そう、ロブスターがとれるとか。そういうところをずっと通ってね。

それからガスピ半島。そういうところを、田舎をずっと、そういう旅行をしたの。車でね。東海岸を見ることができたということよ。それはとてもいい、地域っていう、留学すると知らない地域に行くんだから。だからそういう意味で、とてもよかったと思うの。

それから、人間関係だけれど、もちろんプロフェッサーとかね。ウォード教授とかメリット教授とか、みんな自分の家へ、ディナーへよく呼んでくださってね。そういう点が、大切にしてくださったと思うのよ。そのあと何度もアメリカへ行っているわけよね。そのたびに、ウォード教授の家の近くにホテルがあって、そこへ泊まる。今度行きますって言うでしょう。そうすると、朝はんもいらっしゃい、夕食もいらっしゃいと、必ず呼んでくださるの。それで、夕食も、先生もうお歳だから二時間ぐらいで、と思うとね、十一時頃になっていたりね。

だからそういうところが、人間的ね。日本人のほうがそういうところはね。まあ、服部先生なんかもよく知っているけれど。まあ遠山先生はご自分の家で御馳走するのよ。でも服部先生はそういうコミュニケーションはあんまりなくて、先生お元気ですかっていう感じでしょう。だからね、そういう点が、フレンドリーっていうか、そういう感じはしますね。

N：先生の他にも、留学されていた方で呼ばれた方もいらっしゃるんですか。

そう。金澤正剛さんなんかは行ってた。金澤さんはわりと長いけれど、私なんかは恵まれてたのよ、経済的にね。彼は初め貧乏生活していたけれど。九年間ぐらいいたんじゃない。それでドクターとったから。ドクターもね、ハーヴァードとか、学校によって違うのね。それで、岸本宏子さんっていうのがいるでしょう。岸本さんは、ブリンマー・カレッジの音楽なの。それで三年でドクターとれてるの。でも金澤さんはハーヴァードで九年。だからね、結局ドクターが違うのよ。だから、金澤さんはずっと苦労して。それで、最初の年が一緒だったの。

あとは、ハーヴァードに来ていたのは、エンチン・インスティテュートっていうので来ていたのがいたの。それは中国との関係なの、エンチン・インスティテュート。それが、中国が赤になっちゃったから日本から人を呼んだりしていたけれど。それで、留学してきた人なんか、東大の教授とか慶應の教授とか結構いましたけれどね。それはプロフェッサーとして、visiting で来ているの。それでも、京都大学の教授で、ウエダさんっていう哲学の教授で来ていたけれど、英語もあんまりできなかったよ。だから、ああいう人は、もう社会的な地位が。私たちの時代ってそうでしょう。英語やってないからね。夏かなんかにニューヨーク行ってね、英語の講座なんか聴かされちゃってね。こういうこと勉強しましたって言うから、ああ、津田の予科で勉強したなって。

それで、私の時代は津田塾でも予科っていうのがあって、その時にすごく教え込むのよ。

N：ネイティヴな先生が教えてらしたんですね。

そう。それからもちろん、津田塾の学長の先生も星野あい先生も教えてたの。だから予科っていうのにね、すごい力を注いじゃってね。読んでいく本も、はじめのうちは、フェイブルス、子どもの本、ああいうのを一週間に一冊ずつくらい読んでいくの。ものすごいアサインメントがあるわ。あれが、本当に、よかったと思って。本科も、もちろん、五年制の女学校なら入れるんだけれど、私も、津田を出た先生に広島で習ってね、予科から必ず行きなさいってね。それで、行きましたけれどね。今は、ああいう津田の教育っていうのもやっていないんじゃないかと思うけれどね。とにかく一番からビリまで同じ実力をつけて卒業させるっていう。そういうんで、人数も少ないし、すごい詰め込みというか、やられてね。何しろしょっちゅうスペシャル・クラスっていうのがあるの。スペシャル・クラスっていのは、ヒアリングができない人とかリーディングの発音ができない人とかすぐにスペシャル・クラスに入れられるの。私はわりと広島で、英語の授業はなかったんだけれどね、イギリス人の宣教師に英会話を習ってね、発音はよくてヒアリングもできたから、わりあい私はそういう点で困らなかったの。スピーキングのほうも。まあ、耳もね。音楽やっていたからね。

N：本当に、村井先生ぐらいの年代の津田をお出になった方々、皆さん見事な英語をお話しになります。

そうそうそうそう。それと、書く方もね。しゃべるのも読むのも困らないのね。私、英語で読むほうが速いくらい。

N：私たちの世代では、そんなクラスはなかったです。ネイティヴな先生の英文学の講義とかゼミとかはありましたけれど。

だからね、一つのディヴィジョンを十五人か二十人にして、例えば、英語の購読Ⅰっていうのは英語しか使わない。だから読んでいって、それについて会話をするという。Ⅱっていうのは半分英語、半分日本語、リーディングⅢっていう購読は、それが日本語訳。そういうんでね、発音学もあるしね、発音学の教科書は英語だし、西洋史の教科書も英語。とにかく、戦争中だけれどね、英語ばっかり。そういうんだったの。だからパッションがあったのよね、学校側も人数が少なくてね。

N：これからの社会には英語ができる人を育てていかなくてはという、そういう教える側のパッションが。

そう、でも、その時代は英語廃止の時代なの。だけれど一生懸命だったの。だから卒業したとたんに引っ張りだこよ。戦争負けたでしょう。卒業してから、卒業っていうか、敗戦になったの。それで半年早く卒業したんだけれどね。でも津田っていうのはすごいわよ。戦争がすんで、それで、その次の年まで、敗戦でしょう。全部混乱時代だったの。でも二、三ヶ月ちゃんと寮も開いてまた勉強したの。だって、工場作業したでしょう、戦争中、それでも暇があったら託児所があって、そこでね、いろんな教授が来てね、中野好夫なんで有名な先生も来て授業があったのよ。だから津田っていう学校はね、その当時人数も少なくてパッションがあって。それがやはりだんだん大きくなったからね。だけれど、少人数ではやっていけないっていうことがあったでしょう。

N：そういえば、私の頃も、ゼこは、二十人ぐらいのクラスをさらにわって十人ずつで、ネイティヴな先生が教えてくださるっていうのがありました。それから、ライティングのクラスも。

そう、だからね、まだ津田はよかったのよね。あなたが津田に入学したのは何年？

N：一九八一年です。

あの頃になって、だんだん、むこうとの交流もよくなってきたからね。私が留学した頃というのは、まだまだ、ひどい時代だったからね。

その次の、アメリカの風景や風土に接したということと、それから人間関係では、プロフェッサーとの交流もあったけれど、私が藝大で最初のフルブライトの教授っていうのが、アーヴィング・シェイエットっていうのが来たのよ。それで、シラキュース大学から来て。そのあとアメリカにお帰りになってから、ニューヨーク大学の、滝があるのは、ええと。

N：ナイアガラ？

そう！　そこに、シティ・ユニヴァーシティ・ニューヨークっていうのがあるの。で、はじめはシラキュース大学からいらしててね。アメリカにお帰りになってからしばらく経ったらそこの大学でね、シティ・ユニヴァーシティ・ニューヨークってね、いっぱいあるわけよ、いろんな大学が。そこの滝のあるところの町なんだけれど、そこに移ってね。そこは現代音楽の一つのセンターだったの。それで、そこも私はお訪ねしてね、そのプロフェッサーの家にも泊まったけれどね。それで、今お話ししているのは、個人的な人間関係のことなんだけれど、そのプロフェッサーはね、私が通訳していたわけでしょう。だから、身の回りのことも全部相談にのってあげたりしていたわけでしょう。そうしたら、日本は冬が寒いから、あったかい下着を昨日買いましたなんてね。何言っているだろうと思ってね。それぐらいね。むこうは部屋の中があったかいから、コートだけあったかいのがあればいいわけでしょう。日本じゃ下着をあったかくしないとね。おまけにその頃だもの。戦後だもの。日本が貧乏な頃そんな話したりね。

それで、むこう行ってね。そうしたら、自分は今大学にいるからね、すぐに泊まりにいらっしゃいなんて言われてね、それで泊めていただいて。奥様も、私は一週間に三回くらい病院に行って、患者に読むボランティア活動をしているっていうの。そういうところがね、アメリカってなんか足が地に付いているわね。日本でそういうことってあんまり聞かないでしょう。私は一週間のうち二日か三日病院に行って、何時から何時まで本を読むボランティアをやってるって言ってね。それでそこへ泊まっていたんだけれど、奥様のほうは、朝、さっさと出て行っちゃって、先生があちこちと案内してくれてね。まあそういう経験をしたわね。

それで、その息子がフレデリック・シェイエットっていうんだけれど、ユダヤ系だったと思うのよね。それでそのフレデリック・シェイエットがハーヴァードのドクター・コースにいたの。西洋史の。それが結構アメリカで案内してくれたりしてね、親しくして。いまだに付き合いがあるの、そのフレデリックが。アマーストっていう大学の教授になったのね。ドクターもとってね。それが、ドクターとるために今フランスに留学しているとかって、しょっちゅう手紙がきてね。なんか、家族が人懐こいのね。

私がアメリカに行くたびに、フレデリックがすぐに私の泊まったホテルの近くに来て泊まってね。アマーストってボストンから奥に入るのよね。有名な大学なの、アマーストって。その大学の教授だったの。そうすると、訪ねてきて、朝食一緒に食べようとかそういう感じで。それから、そのアマーストまで、ちょっと遠いけれど来てくれって、それで行ったりして。家族的な付き合いなの。いまだに。

N：先生が、その方のお父様のために日本でずいぶんいろいろとなさったからですね。

そうね。結局、藝大の先生は全然言葉ができないでしょう。だから、その人が講演に行く時も、あちこちで講演頼まれるんだけれど、私が一緒に付いていったのよ。だからね、そのシェイエットさんというのがお父さんでね、フレデリックはその息子だけれど。もうそのお父さんは亡くなってね。いつだったか、アマーストに一番最近行ったのは十年ぐらい前かな、でもアマーストまで付ったら、子どもや孫と一緒に出てきたりしてね。そういうお付き合いがあるわけよ。面白いでしょう。

N：代々お付き合いがあるっていうのは、なかなかないことですね。

そうなの、そうなのよ。それから、津田の時の友だちがね、私今度東京津田会の時に話そうかと思っているんだけれど、四十四回っていうのが、私の津田の四十四回だけれど、戦後、みんな留学したわけでしょう。音楽関係もだけれど津田も、みんなフルブライトや何かで。そうしたら留学してみんなむこうの人と結婚しているの。だからアメリカにいるのが今、佐藤さんというのがキングっていう名前になっちゃって、自分の娘が子どもを十人ほど産んだとかね。それから、カリフォルニアにもう一人いて、オレゴン州にもいて。夏目漱石の孫の陽子マクレインさんね。それから、チャイニーズ・アメリカンと結婚したのがオーストラリアにいるの。それがね、その弟さんはハーヴァードを出て外務省に入って、最後はドイツ大使だったの。

N：それは大変な方ですね。

そうなの。それから、インドネシア人と結婚したのもいるし、グリーク・アメリカンと結婚したのもいる。アメリカ人でもいろいろあるでしょう、何系、何系って。で、それは今フランスにいるの。だから、ちょっとかわっているでしょう、津田の卒業生、あの当時の。だからね、一度東京津田会で話したらどうかしらって、言っているところなの。

N：国際化、日本の女性が国際的に活躍する、世界をつなぐ先駆けですね。

そうなのよ。そのフランスにいる人とも親しいの。テイコ（ピッツァス貞子）さんていう。その人と、ミドリ・リドマイヤーさんていう人と。留学している時ね、行ってよく泊まっていたの。そのミドリ・リドマイヤーっていうのは、フレズノのぶどう園をお父さんがしていたの。だからいわゆる出稼ぎですよね、島根県からの。あの頃土地がもらえないから、次男さんとかみんな行ったんだよね。そういう歴史があるのよね、移民の。

その人が日本に来て、日本語を勉強したの。私よりちょっと上だと思うけれど。そうしたら戦争がおこったわけ。戦争がおこってから私なんかは津田に入ったわけ。そうしたらその人も戦争がおこったから帰れなくなっちゃったわけ。日本語を勉強したんだけれど、女学校で。それで、おじさんていう人が、お父さんの弟かなんかがね、困っちゃって、島根県でね。それで、寮のある学校っていうと津田があるわけ。それでそこへ入れたわけよ。それで入ってきたわけ。だけれど、英語はいくらでもできるし。それで特別に日本語の授業を受けていたのよ。特別にやってもらって。

その人も親しい人間だったの。そうしたら、私、アメリカにいたらこういうことはおこらなかったんだけれど、アメリカではね、移民というのを下に見ているわけ。だから日系の移民も食い詰めてアメリカに来たと。例えば、私がボストンにいる時に、“He is an Italian.”って言ったら軽蔑の言葉なの。ボストンに、イタリア人で、食い詰めて来たという。出稼ぎに来たという。

それからもちろん、ケネディ、あれもアイリッシュって。アイリッシュもジャガイモの危機の時に来たっていうことになっているわけ。だから“He is Irish.”って言ったら、それも食い詰めたのが来たっていうことなの。それでアングロサクソンが威張っているわけでしょう。だからそのミドリさんのところも、ぶどう園をやっていたというところの。彼女は、ミドリ・リドマイヤーっていうんだけれど、それが幸運にも、アメリカ国籍だから戦勝国民になっちゃったわけ。それでとたんにアメリカと日本のいろいろなことができるわけでしょう。そのオフィスに勤めたら、アメリカの夫人将校と同じかまぼこ小屋って言っていた将校の宿舎に入れちゃったの。それで友だちが時々訪ねていって、あなたいいねって。その頃日本は全部焼け野原でしょう。それから彼女は、私の仲のいい友だちだったんだけれど、広島のＡＢＣＣ(Atomic Bomb Casualty Commission)って原爆の研究所。広島に原爆落としたから、その広島の原爆研究所、そこのライブラリアンになったの。そのミドリっていう人ね。そこで、医者がいるわけでしょう。アメリカの医者が来ているわけでしょう。そのＡＢＣＣ、アトミック・ボム何とかっていう研究所に。それで、イェール大学の医学部出た人なの。ウィリアム・リドマイヤーっていう、そこで知り合って、東京で結婚式をあげて、聖路加のチャペルであげて。私も行ったけれど。アメリカではおこり得ない。移民だから。下の階級になっているから。だけれど、たまたま広島のＡＢＣＣで。

彼女はライブラリアンだし、彼は医者で。それで、結婚しちゃって。その時、私知っているんだけれど、アメリカのお母さんから息子にね、一人息子だったの。あなたは血液の純血を誇っていたんではないですかって。ドイツ系なんだよね。その手紙が来て。で、最後には、結婚式するってことになったら、この結婚式にはね、これは私がもっていたハンカチだから、これを花嫁に、結婚式の日にもたせてくださいって言ってきたんだって。認めたわけよ。でも、認めない結婚も結構あるのよ。

ギリシア系のアメリカ人だって、なかなか親が認めなかったって。その人はそうやって認めてね。それで、今大金持ち。すごい邸宅に住んでいるの。

N：今はアメリカにいらっしゃるんですか。

ええ、そこで結婚式をあげたけれどすぐにアメリカへ行って。二人ともね。それで、はじめイェール大学のそばにいたんだけれど、今はカリフォルニアへ。やっぱりカリフォルニアの方が住みいいんでしょうね。大変立派なお医者さんだしね。だってイェール大学の医学部出たんだから。だから最高の。それで、私がちょっと寄ると、今からパーティに行くんだから、何とかの市長が今度就任するんで、そのパーティだからあなた一緒に行こうなんて言っちゃって。ハイソサイエティのね、そういう生活になっちゃって。すごい立派な家に住んで、子どもも四人産んで、それでうまくいってね。一人の女の子はイェール大学へ行って、コロンビア大学の子もいるけれど、すごいあれになっているわけよ。

N：津田の先輩方、すごいですね。それはぜひそういうお話を、東京津田会で。

そう。だから四十四回のね、東京津田会で話してあげようと思って。二、三十人の集まりだけれど、面白いでしょう。

私たちのクラスはね。

N：世界でご活躍ですね。しかもそういう大事なお仕事を、役をなさって。

そうそうそう。それで一人はお嬢さんがヴァイオリニストになっちゃってオランダにいるの。オランダの絵描きと結婚しちゃって。その娘が十六歳ですごいコンクールに受かっちゃったとか、やっぱりヴァイオリニストでね。なんかそういう、やっぱり、あの当時戦争でしょう。それで、英語が全然いけない時に四十四回の人は、戦争がおこってから入ったからわりあい面白いの。

N：そうですね、きっとそういう方のご家庭っていうのは、当時の日本の一般のご家庭とはちょっと違っていたんでしょうね。

ある意味でね。やっぱり知識的にもね、あれだったと思うの。だからあのサントリーの佐治敬三さんの奥様っていうのも、私よりちょっと上だったけれど、一緒になったけれど、津田よ。佐治けい子さん。佐治敬三さんと一緒にずっと世界をまわって、フランスでぶしうの畑を買ったりね。そういうのを全部一緒にやっているからね。佐治さんのね、本をいつも送ってくれるけれど、こセス佐治としてすごい腕をふるっていると思うよ。彼女のおかげだと思う。佐治敬三さんがね。

それがやはり銀行の副頭取か何かのお嬢さんだったのよ。それだから、戦争中、女の子を教育するっていう、そういうあれがあったんだよね。それでみんなわりあい外に出ていっていろいろやったからね。それでみんなわりとそれが平気だから。今も私の親しい、テイコさんていう、ギリシア系アメリカ人と結婚したけれど、フランスからよく電話かけてくるわよ。日本人も少ないところに住んでいるの。南フランス。それで一人娘もフランス人と結婚しちゃったから。それで今、日本の風景のビデオでも送ってくれっていうんだけれど、ＤＶＤがフランスはダメなのよね。

Ｎ：ああ、方式が違うんですね。

そう、ダメなの。そうしたらね、電話かけてきちゃってね、純ちゃんにでも頼んでよって。それで、私が純のところに電話したら、純の娘がいるので。で、ヨウコにやらせるよって。今もっていっているけれど、フランスで使えるようにって。東山魁夷の絵と京都の風景と、そんなのがあるからね。だからそれを二本ほど今頼んでいるところなの。それがフランスから、南フランスにいるんだけれど、電話かけてくるわけよ。やっぱりずっと飛行機にはね。歳だから日本には帰れないって言って。電話しょっちゅうかけてくるけれど、一人娘だからきょうだいもいないわけ。いろんな友だちがいるのよ。面白いでしょう。

結局その人も、ニューイングランドの絵のデザインスクールっていうのがあって、アメリカで一番古い。やっぱりニューイングランドはいつも古いあれがあるわけ。伝統的な。そこに私のその友だちのテイコさんていうのは留学したのね。そこで絵をやったの。津田を卒業したけれど。それで油絵やなんかをやって、そこで知り合った男と結婚しちゃってね、ギリシア系の。そうしたらもう一人の友だちは、ギリシア系っていうと貧しいわけよ。それで、どうしてあの人お金持ちのお嬢さんなのにギリシア系の人と結婚したのって言っていたけれど、自分の家がお金持ちだから、コネティカットに立派な家をもっていて。それで、その娘がまたフランス人と結婚しちゃって。それでそのまた子どもがいて時々写真送ってくるのよ。面白いでしょう。だから津田の友だちっていうのは、私は彼女の家によく泊まりに行っていたんだけれどね。コネティカットにあってね。そういう面白いことがあるのね。

一人は、オランダに今住んでいるけれどね、一人娘がオランダ人と結婚しちゃったからって。まあ津田の人っていうのはわりあいそういう国際的な感覚があるわよね。

N：それで、英文科でもあんまり専門に、英語っていうことに縛られずに、いろんな分野を自分で切り拓いている方も多いですね。

そう。いろんな分野よね。今オーストラリアにいるのもね、有馬さんっていってドイツ大使になった人のお姉さんだけれどね、その人もライブラリの勉強をしてライブラリアンになって、それでライブラリアンと結婚して、それがチャイニーズ・アメリカンなのね。それと一緒にオーストラリアに行って、とてもいいところらしいの。そこに落ち着いちゃって、その娘が一人いたのが歯医者になったのかな。医者になって、それで、それがまたイギリス系のオーストラリア人と結婚して、孫はどうなっているのかしらなんて手紙が来るの。そういう点がわりとインターナショナルな感覚が、足が地に付いているっていうか。人間としてね。

N：なんかこう、「海外に出ていくー！」という感じではないんですね。

そうなの。それで結構、スコットランド系のアメリカ人と結婚した陽子マクレインさんなんかも、スコットランド系っていうのもあまり金持ちじゃなかったと思うんで、結構苦労したと思うんだけれど、オレゴン大学の名誉教授になって、日本文化のね。それで今アメリカに三つ家をもったとか、それで二つ貸しているとかって。そうしたら一人息子がいるの、医者になったのが。そうしたらその息子はそんな家はいらないっていうから、大学に寄付したんだって。そうしたらね。いや、だってむこうの家は値打ちからいうとたいしたことないでしょう。だけれど、大学のほうで少し年金式のものをくれるんだって言うのよ。

N：それは、大学にそういうことで貢献されたということで。

そう、大学の名誉教授なのね。日本文学のね。だからわりとみんな楽しくやっているのよ。それで、彼女のライフ・ヒストリーを今、英語で出してくれっていわれて、今英語で書いているって。だからいろいろ、結構みんなやっているわよ。結局はみんなちゃんと英語をやったっていう。それからやはり、そういう知的な世界ね。学問をやったり何かするっていうのが残るわけよね。

N：やっぱりあの頃の津田の先生方もとてもオープンなご指導のなさり方で、世界の見方というか、そういうものもきっと違ってきますよね。

そうね。だからそういう意味では、津田の教育はよかったということね。それで、これはね、ええ、International Association of Music Libraries、ああこれはＩＡＭＬのほうの関係だね。こういう図書館活動ね。それで、さっきピロッタさんって言ったけれどね、ここに、ピロッタっていうのが。ここにもニーノ・ピロッタ。そういうふうに。私がこの翻訳をしたというのは、最後に参考文献があるからね。それで、私は中世社会の音楽を一番勉強したの。ラテン語で。だって中世ルネサンス研究会でラテン語勉強してね、そこにもラテン語が大分出てくるからね。ＩＡＭＬのことはね、また別にね。

第七章　留学からの帰国の旅

◆一生涯で一度の旅——ロンドン、パリ、ミュンヘン、ローマ、ボローニャ、イスタンブール

この前もお話ししたように、一生涯の中で一回だと思っているから。それで、私自身はロックフェラー財団のヒューマニティー部門のディレクターのチャールズ・ファーズという人にお世話になって、留学したわけです。その方に、私は、帰る時に、手紙を出して、せっかく西洋音楽史を勉強したから、ヨーロッパまわりで帰りたいという希望を出したのね。そうしたら、そのチャールズ・ファーズさんが、六ヶ月通用する飛行機の切符を送ってきたわけ。アメリカに留学した人はみんなヨーロッパに行きたいわけ。ヨーロッパまわりで帰りたいわけ。だってボストンにいるから。一番ヨーロッパに近いから。でも留学生っていうのは、みんなアメリカを一ヶ月見て帰りなさいって。それでもいいわけよね。だから、そういうわけで、なかなかヨーロッパまわりで帰るっていうのを人にも言えないで、私は黙って、留学生の誰にも言わないで、ボストン空港を発ってね。その当時、ジェット・プロップっていうのがあって。ジェットの始まりだけれど、プロペラ機とジェットの。ジェット・プロップっていうの。その飛行機に乗ってね、イギリスへ行ったわけ。ロンドンへ。それで、グラスゴーに途中一回降りてロンドンに行ったんですね。

チャールズ・ファーズという人は、お父様が中国への宣教師だったの。その息子さんで、京都大学法学部で学んで、日本語がペラペラなのに、私は一回も日本語で話したことがないのよ。いつも英語なの。それで、大変親切にしてくださって。日本には、ライシャワーさんて人が大使でいらした時に、文化公使におなりになったの。だから、その前はロックフェラー財団にいらしてね。ロックフェラー財団は、日本人の留学の世話をいろいろしてくださったの。とてもいい方でね。

私は六ヶ月のオープンティケットをいただいて、経済的にも何も心配することなくイギリスに行ったわけです。その時に、ヨーロッパの都市を、行きたいところに寄りながら行って。まず、イギリスは、英語が通じるし、イギリスに二ヶ月ぐらいいたんです。その時に、一生涯に一回だと思っているから、頑張るわけね。ヨーロッパ旅行の、あちこち寄り

ながら、帰ったんです。その時に、私自身が関心をもったことは、第一に、西洋音楽史の背景をなす社会、そういう歴史的な建物にも入ることができるし、人々の生活にも触れることができる、そういうことが第一番。それから二番目には、やはり音楽活動に触れるっていうこと。それは、教会での、礼拝と一緒に音楽があるっていうことと、それからコンサートホール、大ホール・小ホール、そういうものに触れることと、それからオペラに触れること。ヨーロッパならではだから。それから、三番目に、ライブラリズね。それは、アメリカに留学した時も、楽譜とか資料というものが、マニュスクリプトとか、そういうものがいかに大切かということをたたきこまれたわけよ。日本ではそれほどそういうことを重要視しないけれど、ライブラリに、セミナーなんかでも、みんな訪問するのね。十人ぐらいのセミナーの人間が。そういうふうにして、とにかくライブラリというものがすごく重要なわけね。そういうことで、ヨーロッパ旅行でもライブラリズはあちこち行ったわけ。それから、四番目には、音楽史の中で、キリスト教の、いわゆる宗教音楽史がやはり音楽史の主流だということを刻みこまれたというか。ヨーロッパ旅行でね。

とにかく、一生涯に一回だと思うから、一生懸命見聞きしたわけです。帰国の旅は、一九五九年の秋から六〇年の春にかけて行いました。

さっき飛行機の話をちょっとしましたが、ジェット・プロップって。その頃が結局、ジェットが出てきた時で。私が乗ったのは、パンアメリカンていうの。パンナムって。今、あるどうか知らないけれど、その頃はパンナムっていったの。その飛行機に乗って、アメリカの飛行機に乗って行ったんだけれど、一番最後に降りたのが香港なの。香港に一晩泊まって、香港から東京まで初めてジェットが飛ぶっていう、それに乗ったわけ。

N：まあそれは大変ですね。記念すべきフライト！

そう、歴史的。一九六〇年のはじめ。香港から東京までの。だから、はじめはジェット・プロップでロンドンに行って、最後はジェットに乗ったわけ。

それから、今私が話しているのは、気楽にしゃべっていて申し訳ないけれど、ロンドンに二ヶ月ばかりいたんですけれど、ロンドンについたら、空港に、久保田眞苗さんが迎えに来てくれたの。私の津田塾の同級生で仲がいいの。彼女は、労働省の留学生として選ばれて、政治学、経済学を勉強しに来たわけね。その時に、労働省から選ばれたんだけれど、ブリティッシュ・カウンセルっていうのがありますね。英国文化振興会っていうのかな。そのブリティッシュ・カウンセルの経済的援助を受けているわけ。日本がもう貧しいわけだから、戦争で。労働省から行ったけれど、ブリティッシュ・カウンセルが全部お世話しているわけ。それで、久保田さんが紹介して、ブリティッシュ・カウンセルの music の部門のディレクター、ミラーさんという人を私に紹介してくれたわけ。私はその方に会って、いろいろ話をしたの。自分がイギリス滞在中にどういうことをしたいかということを。その前に、アメリカを発つ時に、お話ししたけれど、私がハーヴァード大学の音楽部でお世話になったプロフェッサー・ウォード、そのウォード教授が、ニューグローヴ音楽事典っていうのがあるでしょう。その中に地名が出ているって。イングランドとか、オクスフォードとか、いろいろ地名があるって。その地名を、イギリスに行くんだったら、よく見ていきなさいって言ったの。それを私が読むと、例えば、シンフォニック・オーケストラはいくつあるしか、いろいろ細かくイギリスの事情が書いてあるわけ。それで、私はその時に、たぶんイギリスにいる間、単なる訪問の研究生だと思うんだけれど、藝大の講師だったでしょう。それも、とてもいろいろと考慮してくださったんだと思うんです。すごい特別待遇を受けちゃったの。他の留学生も少しいるんだけれど、それとは違って、ミラーさんに会ったら、例のウォードさんから聞いた話、ニューグローヴ全部読んでいるでしょう。だから、私が、ドルメッチに行きたいと。それから、フェントンハウスに行きたいと言ったから、もうびっくりしちゃって、あなたが初めてイギリスに来た人とは思えない、数回来た人間みたいだって大変ほめられちゃって、全部手配をしましょうって。私がイギリスにいる間、カードをくれて、ロンドン中の全ての図書館に入れるとか、ブリティッシュ・ライブラリのキングさんというディレクターを紹介してくださって、キングさんは、ライブラリ・オヴ・ミュージックのディレクターだけれど、キングって有名な人なの。本も出していて。その本のこともあとでお話ししますけれど、音楽の大変なディレクターなの。

Ｎ：これからあとのお話の、ＩＡＭＬのところとも関係のある方ですね。

そうそう、もちろん。そのキングさんが、面白い名前だけれどね、有名な、ライブラリに関する立派な本を出していらっしゃるわけ。その本の名前もいずれ紹介しますけれどね。私はその時に、トーテナム・コートロードというところに、ＹＷＣＡのホテルがあったの。そこへ気楽に泊まっていたわけ。そうしたら、そのトーテナム・コートロードのすぐそばに、ブルティッシュ・ライブラリがあるわけ、大英図書館。そこにいろいろな資料のコレクションのルームがあるわけ。その大英図書館のディレクターが、音楽のほうの方がキングさん。そのキングさんが、いろいろお世話してくださって、三十分くらい説明しちゃって、コレクションについてね。それから、大英図書館には一つの部屋があって、マニュスクリプトを見られるところでね。そこで、私のデスクをくれたの。それで、私は、いるあいだ中、午前中はそこへ行ったのよ。図書館の中に専用の机と椅子。

Ｎ：ということは、それは、研究者の方がお使いになるデスクということですね。

そうね。私がいる間、そこを使っていいっていうことで、それをくれちゃって。とにかくとても大事にされたわけよ。いろいろ便宜を図ってくださって。あの頃留学生も少なくて、マニュスクリプトもマニュスクリプトルームから、いくらでも借りられて。自筆の楽譜が見られるわけ。

N：古い時代の貴重な楽譜ですね。ルネサンスの時代とか、手書きの楽譜ですね。

そうそう、手書きのね。そういうのを。この間もお話ししたと思うけれど、ルネサンス・ミュージックって言って。何しろ、ハーヴァードに行ったら、バッハ以前しかしないんですよね。

N：ああ、研究分野は、とにかくそこが一番集中的にやるべきところという考えですね。

そう、そうなの。ルネサンスのリュート・タブラチュアとかを解読する、五線譜にするという技術を学んだわけね。だから、その当時、バッハ以前しかしないのよね。もちろん、全体的なヒストリーの講義もありますけれどね。

N：そこで、先生が勉強されたことが、イギリスでまた役に立って。そうやってご覧になって、すぐにこれはと、おわかりになったわけですね。

そうなの。そういうマニュスクリプトを、いろいろ手書きの楽譜を見せていただいてね。

N：それは、なかなか解読できないですよね。見慣れてないと、何だかわからないですよね。

そうなのよ。それでデスクもくれちゃってるわけでしょう。だから毎日午前中は行っていたわけよね。本当に、その頃のことを考えると、よくやったと思うけれどね。午前中はそこへ行くでしょう。トーテナム・コートロードって近いから。そのそばにブリティッシュ・ライブラリがあって、だから歩いて行ってね。それから午後、見物するでしょう。

夜は音楽会でしょう。だから忙しいのよ。

N：先生！　それは大変な滞在ですね。

一生涯に一回のことだと思うとね。だから、一生懸命いろいろ見ましたよ。

とにかく、私自身は、ブリティッシュ・カウンセルのミラーさんに大変いい思いをさせてもらったわけ。アメリカで学んだことは、マニュスクリプトに、手書きの楽譜に親しむということですよね。だからイギリスでルネサンスなんかのいろいろ見たわけですよ。

午後はあちこち訪れて。それで、フェントンハウスっていうのは、有名なんですよ、楽器のコレクションで。貴族の館で。フェントンっていうのは貴族か何かの名前だろうと思うんだけれど、そこにいろいろな楽器のコレクションがあって、その古い時代に、日本ではそういうものが何もない頃よね。イギリスでは、フェントンハウスっていうのが有名なの。最近何かを見たら、やっぱりフェントンハウスのことが書いてあったから。

その知識は本から得たことだけれど、そういうところに行ったら全部手配してくださって。私が何時に行くって言ったら、ちゃんとガイドが付いて説明してくれたりして。ブリティッシュ・カウンセルのミラーさんがよくやってくださったわけよ。ドルメッチに行った時も。ドルメッチっていうのはリコーダーをつくっているところでね。ロンドンからは大分離れていて、列車とバスか何かで行ったと思うんだけれど、行ったらやはり向こうで案内してくださって。いろいろ見せていただいて。それで、私、リコーダーを買ってきたのがあるのよ。あとでお見せしますけれどね。

N：まあ、それは歴史のあるものですよね。しかも当時そこでつくっていたものですね！

そうそう。それを二本ほど買っちゃって。日本でもドルメッチのリコーダーって有名ですけれどね。こっちは初めて行くんだから。その後は誰でも、いくらでも行ったでしょうけれどね。まあ、そこで、楽器を二本ほど購入したんですよ。あとでお見せします。

午後は古い教会とかいろいろ見物して、夜はコンサートね。イギリスも、Elizabethan Singers とか、いろいろ古い時代の、ルネッサンスの歌を歌う singers がいて、そういうのを聴いたりね。

それからコンサートホールでね、ロンドンにある、何て言ったかしら、有名なコンサートホールなんだけれど、そこで、オルガンコンサート、有名な人の、名前が今出てこないけれど。

N：ウェストミンスター寺院とかではなくて、コンサートホールなんですね。

そう、コンサートホールでのオルガンコンサート。お昼あたり。一週間のうち、水曜日の午後はやりますとか。そういうコンサートでね。大変な名手がヨーロッパから来て、オルガンの演奏会をやるわけ。それが、ロンドンにあってね。そのコンサートホールの大ホールを、東京文化会館がモデルにしてつくったんじゃなかったかしら。記憶にないけれどね。

N：調べてみます。

つけ加えますと、東京文化会館の話を聞いて、あの辻さんっていうオルガンメイカー、オルガンをつくる人がいるでしょう（注1）。

N：はい、有名ですね。

その彼が言ったんだけれどね、ロンドンでは、ナントカホール、ちょっと今名前が出てこないんだけれど、東京文化会館のモデルみたいなものよ。そこでいつも音楽会があるわけよ。大小のね。大ホール、小ホール。そこにオルガンがちゃんとあるわけよ。

日本でもそれを出したわけよ。あれは東京都のものでしょう。で、都のお役人が一番先に削ったのがオルガン。だからあそこにはオルガンがないでしょう。だからオルガン・コンチェルトとか、オルガンがあるものができないのよ。サントリーホールで初めてオルガンがある大ホールができたわけ。オルガンは建物をつくる時に一緒にしなきゃいけないでしょう。

N：そんなことがあったんですか。そんな経緯が。

そう。そういうことを辻さんが私に言った。都のお役人が削ったって。それで、東京都のホールにはないって。それからNHKホールでは、オルガンがあるんだけれどね、手続きが遅れて、建物がほとんどできてからオルガンを入れたから、どこのオルガンのメイカーが引き受けるかしらって、辻さんは気にしていたのね。そうしたら、あるところが引き受けて、そのオルガンというのは、最初から音響と一緒に考えて入れないといけないのに、NHKのオルガンは途中で入れて。だから、よく引き受けるところがあったって。だって、建物の中に組み込むからね。サントリーホールの場合は一番最初からきちっとやって、あそこは成功したわけ。そういう、オルガンとホールについては、日本ではそういうことがあるんですよ。だからNHKホールではあまりオルガンのコンサートってないでしょう。

N：そうですね。あまり聞かないような気がします。

まあ、でも、よく引き受けるところがあったって。ヨーロッパのどこかが引き受けたんですよ。辻さんからのお話を伺ったのだけれど。

それから、オクスフォード大学の訪問ですね。音楽史の有名な、今のところ名前が出てこないんだけれど、やはり、音楽学部長をご紹介いただいて、オクスフォードへ列車で行ったんだけれど、降りたら、素敵な人が迎えに来て、車で連れて行ってくださってね。そのプロフェッサーにお会いしてね。そのプロフェッサーが親切で、いろいろ案内してくださって、オクスフォード大学の音楽学部をね。いろいろお話しして。それからそのあと、午後は、ブリティッシュ・カウンセルが全部世話しちゃってオクスフォードの町や何かを全部案内してくれて。私、本当に申し訳ないなあと思うぐらいお世話になっちゃったの。

N：それはやはり、日本から、藝大の先生が来たということですね。

そうなの、そうなのよ。たまたまね。まだたいしたことないのに随分大事にしてくれたなあって、どうしてかなあって思うくらい。久保田眞苗さんも、紹介しておいて、あなたどうしてそういう目にあうのって言っちゃってね。他の人には全然ね、イギリスに留学していた人も、ちょっと立ち寄った人も、そういう目にはあわないんだけれど、私もみんなには申し訳ないと思うんだけれど。全部そういうことで手配してくれたの。そのミラーさんっていう人が。

それから、ケンブリッジ大学の音楽部、music department に行ったんですよ。そうしたら、この時も、名前が出てこないんだけれど、むこうのプロフェッサーにお会いしてね、そのプロフェッサーのお部屋でいろいろお話しして、そのあといろいろ案内してくださって。そこのミュージック・ライブラリで、ヴラストさん、ヴィー、エル、エイ、エス、ティー、オー、Vlasto っていう人にお会いしまして。その時いろいろお話ししたのは、ハーヴァードでお世話になったメリット教授が、先週までここにいらしたんですよっていう話で、その人がそう言って、いろいろ話をして。そうしたら、私が far east の日本に帰って、それでもなおかつ西洋音楽の歴史を研究したいと思うんだったら、それこそ日本に帰ったら情報も何もなくて本当に困ったことだと、日本で勉強するのは大変難しいと話したら、それならこのＩＡＭＬ（注2）に入りなさいと、そのヴラストさんが。ヴラストさんは、イギリスの音楽雑誌に、musicology の雑誌にいろいろ書いている人なんですよね。それでその方が紹介してくださったの。申し込み用紙をもってきてくださったの。

Ｎ：では、その場で先生はお申込みをなさった？

いいえ、帰ってから。帰ってから入ったの。個人会員でね。これはね、毎年会議をすると。というのは情報だから。音楽研究の情報の会議だから、一年に一回、annual meeting じゃないとね、間に合わないから。だから国際音楽学会っていうのはあるけれど、それは五年に一回なの。でも私たちのＩＡＭＬは一年に一回、毎年やらないと情報がどんどんあるからっていうんで。そのヴラストさんが教えてくださったの。

Ｎ：先生は、日本人で初めてＩＡＭＬにお入りになった方ですか？

そうじゃなくてね。ほらあの上法茂（じょうほう）さんているでしょう。あの人がＮＨＫにいて、彼も知っていたんですよ。だから私と上法さんが一番最初の頃なんですよね。それで、私は日本に帰って、遠山一行先生が図書館活動をしていらっしゃって、遠山音楽財団附属図書館っていう。それで、遠山先生は私たちが藝大にいた時の先生だから、遠山先生にご相談して、遠山先生と私が個人会員になって、だって一九六〇年だからね。遠山音楽財団附属図書館が団体会員になったの。団体会員っていうのは、今でも一万円で、個人会員は六千円っていう会費ですよね。そういうことで始まったんです。一つ付け加えますと、一九七二年に、これは六〇年でしょう、一九七二年にイタリアのボローニャで、私は初めてＩＡＭＬに会議に出たんです。初めてだったと思いますけれどね。それまで一体何年経っていると思う？　十二年も経っているんだよね。というのは外国に行かれないものね。日本は貧しくてね。だから、六〇年頃に会員にはなっているんだけれど、初めて会議に出たのは七二年、イタリアのボローニャなの。その時私一人が出たのよ。それで、その時岸本宏子さんがボローニャに留学していて、彼女もちょっと出たけれど、レジスターはしていないのね。私は初めて行ったわけですよ。ＩＡＭＬのもとをただすとヴラストさんのおかげなの。

それから、付け加えますと、久保田眞苗さんがいたから、留学していたから、ウィークエンドは一緒にウィンザー城に行ったり、いろいろあちこち、カンタベリーとかね、土日は泊まりがけであちこち旅行することができたのね。その時に、イギリスに行っていたのが、津田の、私より一級下の人と、星野美賀子(みかこ)さん（注３）、星野美賀子さんもアメリカに一年間留学していて、その時にちょうどイギリスに来ていたのね。星野美賀子さんは音楽とは違うから、彼女は自由にやっていてね。フランスのパリに一週間ぐらい行ったんですよ。そのあとに。その時に私は星野美賀子さんと同じホテルに泊まっていたと思うんだけれど、一週間ぐらい一緒に出かけたの。その次に私はドイツに行ったんだけれど、そのあとに、ローマでまた一緒になって、ローマで一週間ぐらい一緒に過ごして、それで帰ってきたんだけれど、彼女は、星野さんはしばらくヨーロッパにいた。津田塾で教授もしていたでしょう。教えていたでしょう。あなたよりずっと上でしょう。

Ｎ：どこかでお名前を聞いたことがあります。直接習った記憶はないですが、お名前はどこかで？　やはり奨学金か何かおとりになって留学されていたんですね。

彼女もアメリカに行っていて、帰りはそうやってヨーロッパをまわって。私なんて時代が違うから彼女のことを知っているわけではないけれど。やっぱりハーヴァードのラドクリフっていったけれど、女子のね。あそこの英文学を一年間ぐらい勉強したんじゃないの。あの人は大学婦人協会だったか、Japan Society か何かの奨学金で行ったんですよ。だからフランスとイタリアに一緒に行ったの。イギリスにいた時は、ウィークデイは自分で行動して、ウィークエンドは久保田眞苗さんと一緒に行ったたと。昔の友だちと一緒にね。

N：それは思い出深い旅ですね。

そうそう。だから、四人いたんだよね。YWCAのトーテナム・コートロードっていうのはちょうど十字路で便利のいいところで、そこで四人で食事したことあるのよ。もう一人が名前が出てこないけれど、有名な方よ。津田のね。

N：その方も英文学で留学されていたんですね。それはいいですね。そうやって海外で同窓の方にお会いになれるなんて。

そうよね。気楽なのね、やっぱり一緒でしょう。フランス行っても、そんなにフランス語ができるわけではないけれど、一緒にどこかに行くことができたからよかったわよ。

星野美賀子さんていうのは、結婚したんでね、私、結婚式も呼ばれていったんだけれど、あの人広島で、私の女学校の後輩なの。

N：まあ、そうですか！

そうなの。それで、私自身彼女のことよく知っているわけではないけれど、とにかく後輩で、東大の法学部の教授と結婚したのよ。それをお世話したのが近藤いね子先生。

N：ああ！　近藤いね子先生！

そう。近藤いね子先生。私思うにね、大東百合子先生は、いろいろいきさつはあるんだけれど。津田ホール建築のことととかね。

広島で、星野美賀子さんのお父様っていうのは、二中って昔の中学校で英語の先生をしていたの。それで、彼女は、普通の人だったけれど、今や東大教授夫人になって。もう退官しているけれど。ここでは、一緒で。アメリカでね。

イギリス滞在のことで一つ付け加えるとすると、フィッツウィリアム・ミュージアムっていうのがケンブリッジにあるんですね。そのフィッツウィリアム・ミュージアムのカタログが、私の父が行った時のカタログの古いのがずっとあったのね。小さい時から見ていたの。そこに実は、ヘンデルのメサイアの原譜があってね。そこを見せてもらったの。それで、フィッツウィリアム・ミュージアムへ行くってなったら、またちゃんと人が付いて、ブリティッシュ・カウンセルの連絡で。ケンブリッジだけれど、一晩泊まって。そこのライブラリで、music の department があって、そこで、ヘンデルのメサイアのオリジナルを見せていただいて。そういうふうにすごい親切にしていただいちゃって。

そこで、ターナーっていう絵描きがいて、

N：はい。イギリスの有名な画家ですね。

それで、私の父がターナーの絵が好きだったの。それで、ここにはターナーの絵がありますねって言ったのね。そのミュージアムのカタログを見ていたから。そうしたら、ターナーの絵を見せてあげましょうって言われて、特別な部屋に連れていってもらって、二時間ぐらいターナーの絵をずっと見せてもらっちゃってね、ターナーがね、その最後の作品まで見せてもらっちゃってね。最後に気違いになっちゃってね。

N：そのコレクションをもっているんですね、全部。ターナーの。

そうなの。フィッツウィリアム・ミュージアムではね。だからいっぱいこういうのを出してきちゃって、そのコレクションを見せてもらったの。それは印象深いことですね。

それともう一つは、シェイクスピアの劇を観たわけね。シェイクスピアのところも訪ねたけれどね。それで、リチャード・ザ・セカンドっていう、「リチャード二世」っていうシェイクスピアの劇を観ました。その時に、そんな広い劇場ではないけれど、なかなか素晴らしくて感動しましたよ。それぞれのところでオペラを観るなんていうことをしたわけよ。

N：やっぱり、イギリスは、お芝居やコンサートっていうのは非常に盛んなんですね。

盛ん、盛ん、大変なものよ。これは余談ですけれど、洗面所に行くと必ずチップがいるのよね。洗面所に行って、タオルをくれることもあるし、とにかくチップを出すわけね。女の人がいて、その人にチップを渡すと、その女の人がにっこり笑って"Thank you!"とか言っちゃってね。日本ではそういう習慣がないでしょう。アメリカもないんですよ。だから、私としてはイギリスに行ってそれが珍しい経験。洗面所に行くたびに、チップ出すわけ。それがなんとも明るいんだよね。Thank you って。普通なら、なんというかいやな感じがするでしょう。それが、明るいの。だからそういうチップの制度。

その次にパリに行って、オペラに行ったら、いい席しかなくてね。その廊下のところからちょっと入れる、四人ぐらいの桟敷席。そこの券しか手に入らなくて、ちょっとだけ案内するんだけれど、もうチップ。だからチップっていうのも、それで、むこうの人は生きているわけだからね。チップっていうのは私にとって珍しい経験だったわね。すべて最初だったから。

N：アメリカではないんですね。チップっていうのは。

ほとんどないわね。アメリカではね。日本と同じだわね。タクシーみたいなのはあったけれどね。でもヨーロッパでは、ちょっと廊下を案内してくれてもね。

イギリスはあちこち名所旧跡のABCを経験しましたけれど、それで、音楽会もいろいろ行って。その次にパリへ行きました。パリもやはりライブラリに出かけることとか、教会を見ることとか、言ってみれば見物よね。その時はたしか、慶應のね、私の主人が慶應でしょう。慶應の教授がね、エイトさん（注4）ていう人がね。

N：エイトさん？　どういう字ですか？

永久のエイにとびらの戸。フランス文学者だけれどね。その人がとってくださってね。あまり高くないけれど、慶應の先生方が泊まるようなホテルをとっておいてくださってね。そこへ泊まったの。一週間ほどね。やっぱりあそこもライブラリがいろいろあるから、そういうところへ行ってね。こちらも習慣が付いているから。それから、オペラ、《カルメン》に行ったの。ほらあのオペラ座。

N：オペラ・ガルニエですよね。新しくできたほうではなくて。

そう。そのオペラ座でカルメンを観たんですね。そうしたら、オペラ座というのは、そのあと私はローマでもオペラ座に行ったんだけれど、パリのオペラ座はものすごく大きいの。桟敷がずっとあって、とにかくたくさんの人が入るわけ。《カルメン》ていうのはいろいろな場面があるけれど、そういうところをこうやって（上から身を乗り出すようにして）観なくてはいけないようで。というのは、桟敷がね、今日誰が来ているかってこうやって見るような、桟敷がいっぱいあって、大きいのね。私も初めてだったから、その時はそれほど思わなかったけれど、ローマに行ったら、小づくりで、すごくオペラを楽しめるわけ。ローマのオペラ座ね。

N：それはやはり、会場の雰囲気も違うわけですね。

違うのよね。パリでは、誰が来ているか、桟敷にね。そういう社交生活もあるなあっていう気がしたの。それでローマのオペラ座のほうがこじんまりしていて、ローマの時は券の都合で、わりと天井桟敷に近い方の三階ぐらいに行ったんだけれど劇場がわりと小さくってよく見えるのね。お芝居を、オペラを楽しめるわけ。パリのほうが社交生活っていうか、グランド・オペラっていう感じで。印象に残ったね。それは、パリに行ってからローマに行ったから。

一つのあれとしては、オペラというものは、十月から四月までがシーズンなの。それで、一週間に二回もしくは三回同じ出し物なの。だから《カルメン》が今年はこういう演出でやるっていうのを出すわけね。そうするとそれを十月から四月までやっているから、みんなが観るわけね。それで、そんなに高くもないわけね。だから、その後も、私はドイツのケルンなんかでもそうでしたけれどね、オペラは誰でも行けるのね。

N：日本でオペラというとものすごく高くて。

上流階級の人が行くっていう、お金持ちがね。それが全然そうじゃないの。すべての人が行くと。オペラには。一週に二、三回やって値段も安いし。それで、十月から四月までやるんだから。だから町の人は全員観るわけ。今年の演出はこうだなあって。

N：それが議論できるわけですね。この人はこうだとか、あの人の時はどうだったとか。

そうなの。それがオペラなの。だからオペラが本当にみんなのものなの。私はたまたまパリで行った時は桟敷にいたんだけれど、なるほど、桟敷の人が目立つようなね、誰が来ているとか、四人ぐらいずつ部屋に入るような、それしかあいてなくてね。まあ、そういう経験をしました。

あとは、いわゆる名所旧跡に行って。それから、ドイツに行ったわけだわね。ドイツは三日間でミュンヘンに行ったんです。パリは一週間ぐらい。オペラも行ったんですよ。その時、フンパーディンクの《ヘンゼルとグレーテル》に行ったのね。教会やなんかに行ってね。それで、すべて一生涯に一回だって思っているでしょう。ミュンヘンではもちろん、そうしたら、子どもと親が来ているの。そうしたら、子どもがすごく喜んで。魔女がやられるとか、そういうのをみんな大喜びで観て。だからオペラというものがみんなのものなのよ。《ヘンゼルとグレーテル》のようなものはみんな子どもを連れていくわけよね。小さい時からオペラに連れていくっていう。

N：いいですね。ご家族で一緒に。

そうそう。日本だったら一人で行くのがやっとじゃない。経済的に。家族で行くってことがないでしょう。コンサートも一緒にってないでしょう。男の人は、会社勤めだったら十時とか十一時に帰ってくるとかね。それで、私はそれからだいぶ経ってから、チェコとか、いってみればそういう貧しいところね、そこに行った時も、やはり、子どもを連れていくというね。だから、貧しい国でも、オペラに子どもを連れていくという習慣があるのね。やはり、オペラが、自分たちにとって非常に身近なものですよね。

それから、ミュンヘンの教会とか、なかなか立派なところだからそういうところへ行って。やはりヨーロッパで見るとしたら教会とか。ミュンヘンではライブラリとかは行かなかったけれど。それから、ローマ。

N：大変な忙しい旅ですね。

そうなのよ。私、帰ってきてから声が出なくなった。疲れちゃって。だって、午前、午後、夜でしょう。頑張るでしょう。それだから。

ローマへ行ったでしょう。ちょうどローマでは、星野美賀子さんも来るっていうんで、ＹＷＣＡに泊まったんだけれどね。ミュンヘンでは駅前の大きなホテルに泊まったんだけれどね。そのミュンヘンでも、まあ、友だちというのはひどいことを言うのよ。久保田さんがね、私、ミュンヘンでは一人、三日間、二晩泊まって。そうしたら久保田さんが、あなた、一回ぐらいホテルを予約しないで行きなさいよって言うのよ。それで、予約しないで行っちゃって。それで、空港から駅の、メインステーションに行って。変な人に聞いたらいけないと思って、駅で、若い男と女と、学生っぽいのがいたから、私今着いたんだけれど、ホテルがどこかにあるかしらって聞いたら、あそこの駅の前の大きなホテルに行ったらいいって言ってくれて、荷物も何もかももってくれちゃって、ホテルに入ったら、今日私がここにいるってことを世界中の誰も知らないなあって、そういう気持ちがしたの。久保田眞苗がね、ドイツは大丈夫よ、あなた一回やってみなさいよって、予約しないで。友だちって勝手なことを言うのよね。とにかくその時に、私がここにいることは世界中の誰も知らないって思って。だから紙に書いてね。毎日出かける時に、どこへ行くって紙に書いて出かけたの。

N：日本からこんなに離れたところで、しかもまわりに誰も知り合いがいないなんて！

そうなのよ。それを、久保田眞苗なんて、友だちでしょう。それを、一回やってみなさいよなんて。今から考えるとね。

N：女性の一人旅で、それは、あまりにも心細いですよね。

そうなのよ。空港からバスで行くでしょう。それで、あなたどこで降りるんですかなんて聞かれても、しょうがないから、メインステーションで降りて、大丈夫そうな人間にきいて。今から考えるとadventureよね。

N：変な人にきいてしまったら、どこに連れていかれるか。

そうなのよね。どんなところに、いい加減なところに連れていかれたらね。だから私も、男の人と女の人にきいたら、とてもいいホテルを教えてくれて、第一級のね。よかったけれど、だけれどね、友だちってそんなものよ（笑）わかるでしょう。あなたそうしなさいよって。

それから最後にイスタンブールに行くんだけれど、ボストンにいる時に知り合った、女の人がなかなかいい出で、トルコ人で。それで、自分のおじさんが日本で大使をしていたって。その息子がヴァイオリニストで、なかなかの名門なの。その息子のヴァイオリニストが日本で御前演奏をしたって、天皇陛下の前で。その人がそう言って、近くに住んでいて、知り合ったわけね。大学のすぐそばだけれど。その人がイスタンブールに寄りなさいって言うわけよ。手紙が来てね。それでまた久保田さんに相談したら、イスタンブールなんか行っちゃってトルコなんかに行っちゃってねって、どう？　って聞いたら、あなた行きなさいよって。ボストンで知り合ったトルコ人の彼女がまた、もろ手をあげて私たちは待っている、なんて手紙に書いてあるわけ。その人のご主人がハーヴァードのビジネススクールに留学していて、家族で来ていたわけ。それで、日本にそういうふうにつながっているから。私のところに訪ねてきたり、私も会ったりして、ある程度親しかったわね。そうしたらその人が、とにかく手紙をくれるわけよ、ロンドンにいる時に。そうしたら、久保田眞苗が、あなた行きなさいよって言うわけ。それでローマから、イスタンブールに行くっていう時に、空港で、あなた何のために行くんですかって。ほら、しょっちゅう政変がおこったりいろいろする国でしょう。だから、何で行くのかって空港で言われたぐらいでね。だけれど行ったんですよ。

その前にローマに行って、その時はYWCAに泊まって。星野美賀子さんと一緒だったの。教会では、何と言ったって、サン・ピエトロ寺院よね。それのミサにも出たりして。いろんな教会があるわけよ。そういうの礼拝にも出たわけよ。私は、一般的に、あなたにもこれから参考になるから申し上げますけれどね、日曜日の礼拝時、それは、パリでもノートルダム寺院とか、一番いいのを、何時からとか、ホテルで聞くとわかるわけよ。一番大きなミサが。そういうのに行っていたわけよ。それから、夕方の礼拝っていうのもよくやるの。だから夕方ちょっと教会に入ってみるといろいろやっているのよ。だから、ヨーロッパに行ったらそれを利用したら、教会にただ行くよりも。もっとあとですけれど、ドイツとの境目のシュトラスブールなんかで、夕方に行くと、すごくいい夕方の礼拝、夕拝っていうのがあるでしょう。それが、歌で、音楽でやることが多いのよ。それを聴くことができるわけよ。

N：それは一般公開されているのですね。観光客でも？

そう。教会は誰でも入っていいの。

N：では、全く、私のようにキリスト教徒でなくても入ってよろしいのですね。

いくらでも行けるの。だから日曜日は、私、教会に、はしごしているの。それで、ロンドンのところで言いそびれたけれど、キングズ・カレッジの夕方の礼拝。ヴェスペルズって言うんだけれど、夕方の礼拝が全部musicなの。それで、キングズ・カレッジのクワイヤーって有名なの。

N：はい、世界的に有名ですね。

それに、私は、イギリスにいる時に行ったの。だからそういう夕方の礼拝は、musicがきれいっていうのがあるわけね。イギリスは、そのケンブリッジのキングズ・カレッジのクワイヤーの夕方の礼拝が有名だから、それも私はケンブリッジに行った時に初めて聴いたんですよ。あの時は一人でずっと行って、一晩泊まって。レストランも、まあ大学の町だからあんまりないんだけれど、何だか洒落たレストランでね。プロフェッサーなんかも食事していてね。その時は一人で行っていたから一人で食べてね。それで、ケンブリッジは泊まるところも少ないから、ホテルも予約しておいて行ったんですよ。

それから、面白い経験は、夜ノックするのね。それで、何だろうと思ったら、湯たんぽをもってきてくれたの。冬だったから。これをあげますって言って、メイドがもってくるの。昔だからね、long long agoだからね。

N：暖房が、セントラルヒーティングのようなものではなくて？

そうね。どうだったか。まだセントラルヒーティングなんて発達してなかったかどうか。寒いとはそんなに思わなかったけれどね。そういうような湯たんぽを出されて、びっくりしましたけれど。
サン・ピエトロ大聖堂のミサに出たんですね。ローマ法王っていうのね、ローマ教皇。私びっくりしたんだけれど、移動する時に、礼拝堂に入ってくるでしょう。何か、人間が担いでいくような、そういうので、往復していたね。

N：輿（こし）っていうんですか。人が担ぐような。そういうのに乗ってですか。

そう。担いでね。それで、祭壇に行って。それは、ナントカ二十何世とかの時代だったと思うのよ。今のではなくて。とにかく、ローマだから、一週間なんて全然足りないくらいで。毎日見物ですよね。教会だけでもたくさんあるしね。オペラも、ローマのオペラ座で観たんですよ。イタリアでオペラが生まれたでしょう。本当に、ローマの歴史的なオペラ座だけれど、それがいかにもオペラを楽しめるところで。さっきお話ししたけれど、パリのほうが豪華ですけれど、本当にオペラに入り込めるように、建物が違うので。大きさはあまり大きくないけれど。その時に、天井桟敷に行っちゃったのね。それしかなくて。そうしたら、すごいのよ。素晴らしいって言ったら、みんな立ち上がって、足を踏み鳴らして。それこそスタンディング・オベイションって言葉があるでしょう。それを三回ぐらいやるのよ。それが、悲しみの場でしょう。アリアを歌うでしょう。それで私びっくりしたの。《仮面舞踏会》だったかな。悲しみの場に沈みこんじゃって。そうしたら、みんながすごい拍手するのよね。アリアがよかったから。そうしたら、途端に、歌手が立ち上がってにっこり笑って挨拶するのね。それからまた悲しみの姿になるわけね。そうするとまたすごい拍手が、みんな立ち上がってね。そうしたら、また歌手が立ち上がって、三回ぐらいそれをやるわけよ。立ち上がって、にっこり笑って、また悲しみになって。三回ぐらいやるのよ。これがオペラかなあって思って。結局オペラは、イタリアオペラが、ドイツオペラと、ワーグナーなんかと違うのは、オペラのアリアとかレチタティーヴォとか、一つ一つになっているでしょう。ナンバーオペラとか言ってね。だから一つが終わると大騒ぎになるわけよ。だからそういうオペラの、本当のオペラの観客なんだね。

N：そこに、観客が参加するわけですね。拍手喝采。

そうそうそう。三回ぐらいやっちゃって。そのたびににっこり笑って立ち上がってお辞儀するわけでしょう。それが、歌手のほうは嬉しいわけね、今歌った歌手はね。一番最初にイタリアオペラが日本に来た時は、どこだったか、日生劇場か何かでやったので。そうしたら、どういう注意を観客にするかっていうと、拍手をたくさんしてくださいって。そういうことを言わないと、日本人は拍手をあんまりすると品が悪いとか言ってやらないでしょ。それが、イタリアではみんな、悲しみの場面でも大騒ぎで立ち上がって、ワアワアやるんだよね。それが私はびっくりしたの。

N：そういう文化が日本にはないですね。

ないのよね。それから、ワーグナーだったらずっと続くわけだからね。それが、イタリアオペラというのは、一つ一つ、レチタティーヴォとアリアってなっているわけでしょう。オペラっていうものが全然違うわけよね。

N：観客と演じている人との暗黙のやりとりがあるわけですね。

コミュニケーションね。だから、アリアを上手に歌ったと。悲しみのアリアを。そうするとみんな立ち上がってワアワアワアワア騒ぐわけでしょう。まあ、筋書はめちゃくちゃになっちゃうと思うけれど、そういうところが面白かった。やっぱり。初めての本場のイタリアオペラだったから。それから、イタリアでは、すべての人がそのシーズンにオペラに接するわけでしょう。まあヨーロッパはみんなそうよね。だから、オペラというのが民衆のものなのね。そういう意味でも、そういう場面に接することができてよかったと思います。日本では、高級品みたいな感じだけれど。むこうでは、普通の人が、それこそ丁稚小僧でも何でも、行って、オペラを観るわけでしょう。市民全体が、シーズンに、ずっと観るわけ、オペラ座で。いくつもやるのよ。必ずこのシーズンの出し物はこれだっていうのがあるわけよね。そうすると、それを毎週二回か三回はずっと組み込んで十月から四月までやったら、みんな行くわよね。それに安いから。

N：あらすじも全部頭に入っちゃいますし、アリアも覚えちゃいますね。

そうそう。みんなそうなのね。だから私思ったの。例えばモーツァルトの《フィガロの結婚》なんて、あれは、出てくるのが召使いの結婚でしょう。召使いが主人公なんだよね。それで、伯爵と伯爵夫人が出てきて笑い物になっているわけでしょう。あれは、ボーマルシェっていう、日本じゃあまりそういうことを言わないけれど、もともとがフランス人の原作なのね。それを、オペラに直したわけ、イタリアオペラに。だから、もともとがフランス語で。そのボーマルシェっていうのは、三回も四回も牢屋に入っているの。フランス革命の前の運動をやったということで。それをモーツァルトがやっているわけでしょう。

N：それはすごく大きな意味がありますね。モーツァルトはお父さんへの手紙に書いていますけれど、自分がどんなに不当な扱いを受けたかっていうことを、憤慨して語っていますよね。下男と同じような部屋に泊められたとか。王侯貴族と同じ場にいるのにすごい差別されたとか。

そうそうそう。だからモーツァルトっていう人は、フランス革命をおこすようなボーマルシェのものをやったっていうね、意味があるね。それからほら、ナントカっていうのに入っているでしょう。

N：フリーメイソンですね。

そうそう。だから、モーツァルトって初めて、一人の芸術家として食べていたのね。あの人が食べていけたのは、教会のミサとか教会の音楽をつくって。でもね、教会で雇われたことがないのね。いつも自分一人で生きていたから、モーツァルトが亡くなった時には、本当にみじめな亡くなりかたでね。弔う人も少なかったっていうぐらいでしょう。

N：はい。それに、いまだにどこにお骨があるのかもわからない……。

そうよね。あれだけのすごい人が。日本ではモーツァルト、モーツァルトって今、言うけれどね。《フィガロの結婚》はそういうものでね。私はやはり、ヨーロッパには、あなたはあまりキリスト教と縁がないって言うけれどね、やはり、私が感じたことは、宗教音楽が主流であると。西洋音楽の。例えば劉薇（りゅううぇい）（注5）さんなんかは、ヴァイオリンでやっているけれど、器楽というのは、ハイガンって言って、やはり下に見られていたの。やっぱり人間の声で歌うっていう、キリスト教の音楽が主流なんだよね。だからある意味で、私は初めてサン・ピエトロとかいろいろな教会に行って、キリスト教もいろいろ弾圧を受けたわけよね。ローマに行った時に印象に残っているのは、地下の墓場。そこも見せてくれたの。あるツアーに加わったら。そこが結構広いのね。それで、そこがいろいろな集会に使われていたんですって。そういう歴史があるの。だからキリスト教が弾圧されてもその墓場にみんな入って集まったとか。そういう墓場も見せてもらったの。

そういう意味で、生臭いっていえば生臭いけれども、ヨーロッパの歴史っていうのは。私もヨーロッパに何回かそのあとずっと行くんだけれど、ヨーロッパっていうのは地続きでしょう。だから地続きで、言葉も違う、民族も違うっていうのが住んでいるのは大変なことだと思って。だから、私は、やっぱりキリスト教っていうものがあれして、まず、人を殺しちゃいけない、泥棒しちゃいけないとか。最低限の道徳的なものが、やっぱりそうでなかったらやっていけなかったと思うよ。言葉の違うのが、民族の違うのが、地続きでいるわけでしょう。日本にいるのと違うからね。日本はやっぱり島で、海がまわりにあるわけでしょう。ヨーロッパって違うんだなあって思った。ドイツでも、南ドイツと北ドイツとでも全然違うでしょう。だから、地続きの国っていうのは違うなあと本当に思いました。

私たちは音楽を通して、オペラというもので、そういう社会的な運動もね、関係あるわけね。だから、今お話ししているのは、私は見てきて、あとで感じたことよ。ローマのオペラ座とパリのオペラ座の違いとか、一番最初の私の経験です。

N：それは、強烈な印象ですね。実際にご覧になって、こんなに違うという。

そうそうそうそう。今の日本は、全然、オペラっていうものが、やっぱりみんなのものではないから。すべての人がオペラを観ているわけではないし。モーツァルトの《フィガロの結婚》だって、みんな、宮廷生活がきれいねって言うけれど、主人公が召使いじゃない。そういうことを考えたらね。それからボーマルシェっていう原作者は牢屋に何回も入っているわけですよ。フランス革命の思想的なリーダーっていうことでね。戯曲をいっぱい書いているのよね。だから、《フィガロの結婚》っていうと、きれいな、宮廷の、貴族のお話って言って行くけれど、やっぱりモーツァルトがそれをオペラにしたっていうことはすごいことなのよ。

N：いかにオペラというものが思想的にそういうことに結び付いているかという。以前先生が、オペラは市民運動だとおっしゃって。そういうことは、日本ではあまり語られないですね。

そうなの。というのは、日本の場合はやっぱりサムライ文化っていうのがあるでしょう。お能やなんかの。それと一般の人とのは違うからね。歌舞伎は庶民的なものだけれど、そうかといって、歌舞伎がどこでもあるわけではないしね。俳優がいるわけじゃなしね。

N：それが何か、「市民運動」のように、戦って運動して、権利を得たというような歴史が、日本の国内ではあまりないような。

そうね。それと、日本人は、やっぱり四季が温暖でしょう。海に行ったらお魚がとれるでしょう。それから冬でも木が、緑があるでしょう。だから、やっぱり日本は、ある意味で、生活については恵まれているのよ。だから乞食があまりいないでしょう。なんとかみんな生きているわけよ。だから、なんとかみんな衣食住ができているわけよ。やっぱりそういう意味で、革命もおこらないし、生活もなんとかなってみんな生きているわけよね。まあ、ホームレスが多少いてもね。

N：戦争とかで、相手のものを分捕ってこないと生きられないという状況はないですね。

そうなのよね。私も、ドイツで、そのあと住んだことがあるけれど、やっぱり地続きっていうのは、全然違うよね。

N：ヨーロッパにいらっしゃると、そういうことを肌で感じられますよね。

そうね。生きていくっていうのがね。この旅行もね、やっぱりそういうことを肌で感じられるからね。

それから、最後がイスタンブール。

N：その頃はまだ、イスタンブールなんて、日本人があまり行っていないところですね。

そうそう。イスタンブールのゲンチャさんていう。その人が知り合いだからね。ボストンで出会ったね。そのご主人がハーヴァードのビジネススクールに留学していてね。あるパーティで知り合ったの。そうしたら途端に親しみを感じたというのが、ミセスのほうが、おじさんが日本に大使か公使で来ていて、その息子が御前演奏をしたとかっ言っちゃってね。その人が親しくなったのね。そうしたらそのゲンチャさんがもろ手をあげていらっしゃいって。私は行こうと思わなかったけれど、久保田眞苗が行ってらっしゃいって。友だちってそんなものよ。こんな機会はないからイスタンブールに行きなさいって言うでしょう。だから私は、帰りにローマからイスタンブールに行って、それから日本へ行って。その時はずっとぐるぐるまわる旅だからね。北周りじゃないからね。それで、イスタンブールへ行ったわけですよ。ゲンチャさんの家に泊まってね。そうしたら、空港についたら迎えに来てくれていて。文化は随分違うよね。でもそのイスタンブールっていうところは大変なところではあるけれどね。

その、ゲンチャさんのファミリーというのが、言ってみればハイクラスなのよね。毎日呼ばれるのが、トルコでね、おじさんの家とか、銀行もっているとか、その息子はイギリスに留学しているとか、そういうファミリーなのよ。だから行くと、召使いも何人もいるとかね、立派な生活なのよ。そのおじさんの家とかに毎日呼ばれちゃって。非常に印象に残っているのは、その時のボスポラス海峡は、今は、橋ができたけれど、その海峡は船で行ったり来たりするようなところだったの。それから名所旧跡がいろいろあって、そこへ案内してくれたのね。

とにかくそこの家に泊まったわけだから。ボストンにも留学しているわけだからね。小さい子どもが二人いて。そのミセスのほうがそういう家でしょう。それで、ピアニストの、有名なピアニストがいて。日本にもいらして、時々電話でも話したけれど、その人は安川加寿子さんと親しいっていう。それも親戚なの。だからファミリーがすごいのよ。それで、時々自分のいとことかいうのが訪ねてきて、イェール大学に留学して、今は航空会社に勤めているとかいうのが訪ねてきたりして。ハイソサイエティのファミリーだったのね。ミスター・ゲンチャも一回訪ねてきたことがあるしね。日本にね。

そんなことで、上流階級のゲンチャさんのところに行ってね。それで、私が思ったのは、イスラム圏内では、女の人を教育してないでしょう。学校へ行かないじゃない。でもそのミセス・ゲンチャは、フランス語の小説読んでいて、英語は片言でしゃべれるけれどね、フランス人のガヴァネスが彼女の家にいたって。ガヴァネスっていう言葉をあなた知っているかどうかわからないけれど。

N：はい。家庭教師ですね。

そう。何かの小説に出てきたけれど、住みこみ家庭教師。女の人をガヴァネスってね。それで、フランス人が私の家に住みこんでいて、ガヴァネスがいたって言うわけ。やっぱりハイソサイエティなのよ。

N：そうすると、個人的に、女の子にそうやって教育を受けさせるようなご家庭ですね。

そうよ。ガヴァネス。それで彼女はフランス語で小説を読んでいるわけ。トルコ人だけれどフランス語は得意なの。そのご主人のほうのゲンチャさんは、ハーヴァードのビジネススクールに来たんだけれど、留学って言っても、ちゃんとした、イスタンブールの大学で教えていてたまたまボストンに来ていたんだけれど、やっぱりイギリスで、その人は教育を受けたって言っていたね。大学教育はね。みんなイギリスかフランスで教育を受けるわけ。だからトルコで教育をするっていうのはないわけよね。大学はみんなフランスかイギリス。フランスが中心だって言っていたけれど。ゲンチャさんていうのはイギリスだけれどね。

そういう家で歓迎されて、毎日親戚の家に行っちゃってね。面白い経験をして帰ってきたのよ。

N：やっぱりすごく立派なお屋敷なんですか。

その人はわりと普通のところ。今で言うならマンションみたいなの。そういうところにいましたけれどね。帰ってきたばっかりだったからね、アメリカからね。おじさんの家とかね、そういうところに毎日呼ばれちゃってね。そこで、Turkish coffee っていうのかな。黒っぽい。そういうのをいただいて。面白い経験だったわよ。それからマーケットのようなところも見物に行ったりいろいろして。イスラム教のいろいろなところとか寺院とかも行ったりね。毎日そういうところへ行って面白かったけれど。

N：当時、日本人でなかなかトルコに行く人はいなかったでしょうから。それに、日本にご縁のあるご家族で。

そうね。大歓迎でね。それから猫を大事にしていて。ヒルトンホテルとかいろんなところに猫が歩いているのよ。

N：ああ、聞いたことがあります。今でもそうだそうですね。トルコでは猫がよくいて。

そう、猫を大事にしているのよ。そういうトルコ文化っていうのがあるけれど、面白いね。女の人は、お金持ちの人はそういうふうに教育されているんでしょうけれどね。

それで、ミスター・ゲンチャがハーヴァードのビジネススクールに行っていて、家族で来ていたのよ。

N：ミスター・ゲンチャが留学されていて、ご家族が揃って一緒にボストンにということですね。

そうよ。でも子ども連れで来ているんだから、今から考えると恵まれていますよね。それが、パーティで会ったら、やっぱり日本に縁があるから、　生懸命私に話してくれて、自分の家に来てくれとか言っちゃって、ボストンのアパートでも食事に呼ばれたりして、親しくなったの。だから、トルコに行くのはやめようと思っていたけれど、久保田眞苗が、あなた行きなさいって言うからね。勝手なことを言うよね。

N：政情不安で明日何がおこるかわからないですし、イスタンブールっていうとちょっと。

そうよ。政情不安よ。私の主人も半年ぐらい遅れて日本に帰国したんですけれど、同じ時期に行っていたから。その時やっぱり、イスタンブールでゲンチャさんの家に寄ったんですよ。そうしたら、その一週間後ぐらいに政変がおこっちゃって。主人がイスタンブールを出てからですけれどね。なかなか大変な時期ですね。それで、私はイスタンブールを出て、カラチっていうところに、途中で飛行機が降りて、それは、空港だけだけれど、燃料のために砂漠に降りて。それから香港に行ったら、一晩泊まれとか言っちゃって。本当いうとすぐ日本に帰る予定が、明日ジェットが初めて日本に飛ぶっていうから。

N：やっぱり乗り心地はよかったですか。ジェットとジェット・プロップと比べると？

ジェットは、それは、全然違うわよ。その次から外国に行く時は、全部ジェットになっていたわよ。最初私がアメリカに行く時は、プロペラ機だったからね。ハワイに寄ってね。あの時は、飛行機は全部ロックフェラー財団が飛行機を使わせてくれたの。あの当時は船で行くことが多かったんだけれど。ロックフェラーはわりあい経済的にも、いろいろちゃんと、多少高額でも。お金がないっていうことが、そういうことが全然なかったね。

N：先生は、そうすると、ロックフェラー財団から、月々学費というかたちでも支給されるわけですね。

そう、毎月毎月お金が来て。だからわりと自由に勉強もできたしね。だから例えば、サマースクールなんか特別に行く場合は、また別に費用を払って、私は中世音楽史の授業を受けたの。だから、お金に困ったということが全然なかったの。旅行をあちこちしても。やっぱりロックフェラー財団はね、その時いくらだったか私もつけていないけれど、フルブライトなんかに比べると、ロックフェラー財団は額が上だったかもね。だから、旅行も、経済的に困ったということはなかったの。

N：宿舎の費用もロックフェラー財団から出るんですか？

全部、全額出るの。だからその点はラッキーだったの。というのは、金澤正剛さんも私と同じ時期に行っていたの。ハーヴァードに。あの人は九年ぐらいいたけれど。あの人のは、フルブライトか何かで、わずかしか出ないのだったの。フルブライトもいろいろあるのね。それで、結構倹約して大変だって言っていたけれど。チェンジできないのよね。闇ドルか何かをポケットに入れて行ったとかいう話は、他の留学生もね。それで、小谷瑞穂子さんているでしょう。あの人は、早く行っているんだよね。フルブライトでね。それでやっぱり船で行って、コーネルの大学院に行ったりとかいろいろやっているけれど、彼女自身が、日本に帰ってきてからちょっと病気をして、それから結婚もしたわけね。それで、結婚した相手が浅沼組っていって、日本のすごい財閥らしいの。それだもので、外の仕事ができなかったのね。だから本を書いたりいろいろやったけれど、アメリカでも勉強して。その辺がちょっと気の毒だったと思うね。だから、あなたも仕事しているように、私の一つの考えは、やっぱり女の人も外の仕事をして、評価される、そういうことが大切だと思っているの。そうでしょう。

荒川恒子さんていう人がいるんだけれど、楽理科を出て山梨大学にずっと勤めていた。そうしたら、彼女「あなたなんか何もしなくてよかったじゃないの、家にいて」って言うから、私が家にいたら、寝そべって本読んで何もしないから、やっぱり外へ出るのはいいのよって言ったんだけれど。私の考えでは、外の空気を吸うことと、自分が仕事をして評価される。それはやっぱり大切なことじゃないの。一人の人間として。だから、私はそれをわりと早くから思っていたから、それこそあなたも非常勤講師とかしていたでしょう。

N：はい、ずっと、随分長くしていました。

非常勤講師を、私もそれこそあちこちと頼まれたのよ。埼玉大学とかお茶の水女子大とか。その時にいつも、はい、私でよろしかったらどうぞよろしくって言って、必ず受けるということにしていたの。というのは、やっぱり女の人と男の人では、男の人をとるからね。ましてや家庭をもっていたりしたら。だから私は原則として一回も断ったことがないけれど、一つを除いて。千葉県の学校だけ。遠いと思って。あとは全部行ったわ。だって、埼玉大学まで行くのだって大変だったわよ。あの当時はね。

N：今みたいに交通の便がよくないですからね。

そうなのよ。池袋で乗り換えて、大宮で乗り換えて。それでもやはりやってよかったなあって思って。子どもは見捨てられていたけれど。

N：いえいえ先生！　素晴らしいお子様方がご活躍で。

いいえ。まあね。

今日はこれくらいでね。

N：ありがとうございました。

〈注　釈〉

（注1）辻宏（一九三三～二〇〇五）パイプオルガン建造家。オルガン奏者。

（注2）**IAML　International Association of Music Libraries, Archives and Documentation Centres 国際音楽資料情報協会。**
IAML日本支部　http://www.iaml.jp/

（注3）星野美賀子　一九三一年広島生まれ。元津田塾大学教授。

（注4）永戸多喜雄（一九二一～二〇一〇）フランス文学者。慶應義塾大学名誉教授。

（注5）劉薇（一九六三年生まれ）ヴァイオリニスト。西安音楽学院卒。東京藝術大学大学院音楽研究科博士課程修了。博士（音楽）。

第八章　帰国後、IAML（国際音楽資料情報協会）日本支部設立へ

◆ヨーロッパのライブラリとライブラリアン

この間のと重複するかもしれないですけれど、いいですか。一九五八年から六〇年にかけての、留学だったわけね。その時日本がひどく貧乏で、もう、一生涯に一回だと思って、私は行ったわけね。それでね、留学した訳ですよ。
今日はIAMLのことをやるんでね。それでね、実はね、アメリカのケンブリッジでジョン・ウォードなんかの講義だとかプロフェッサー・メリットだとかの講義を聴いていたら、ある時はね、ライブラリに行って授業するわけ。ライブラリというのはね、音楽の資料が残っているわけでしょ。だからね、一番大切なところなのよ。日本じゃライブラリっていうのはね、なんかあんまり関心がないでしょ。実際にはね。日本は考えてみたら、そう資料もないわけでね。

N：そうですね。行っても、ないわけですから。そういう授業が成立しないという。

そうそう。例えば市の、ケンブリッジの町の図書館でも音楽部というのがあっていろんな資料をもっていたり。いろんなところのライブラリが、なかなか、いろいろあってね。そういうところでセミナーやったりするわけ。大学の授業なんかも。だから私はその時に、やっぱり、ライブラリというものにね、そういう資料があって、そういうライブラリがすごく大切だということがわかったのね。藝大だってそういうことないでしょ。ライブラリで授業したりね、そういう。ただ学生が行ったりなんかするだけで、つながってないでしょ。それがね、ものすごいのよ。だから市の図書館だとか、そういう公のところなんかにもmusicのいろんなものがあってね、そういうのもっているところへみんな行くわけよ。だからその辺が、私もまあ、びっくりしたのね。
それで、まあ、実は。IAMLのことにあれしますけれど。まあ、帰国の途中に、ヨーロッパ周りで帰ってきて、イギリスに二ヶ月滞在中に、オクスフォード大学やケンブリッジ大学なんかに行った時に、ケンブリッジ大学の図書館のヴラストさんにね、ＩＡＭＬの話を聞いて。というのは、その時私が質問したのね。このニュースレターにも書いてあるけれどね。これはあなたに、お渡しした？

Ｎ：いいえ。先生、そのコピーを、いただければ嬉しいです。

じゃあ今度お渡しするわ。これね、ここにね、私書いているけれどね、ヴラストさんの、日本支部設立の歩みっていうのをね。考えてみたら、私も、まあたまたま日本に帰国したらね、もうなんにも情報が入らなくてね、だからどうしたらいいかしらって、ケンブリッジ大学の音楽部のヴラストさんに話したら、ヴラストさんがね。これね、ブリタニカに出てるよ。ヴラストって名前が。

Ｎ：どこかで見たなあって思ったんです。ああ、そうですか。

うん。それでね、ケンブリッジ大学にいたのがミセスの方なのね。それでミスターの方がね、ヴラストさんも、二人音楽学者で。Elizabethan music とか、いろいろ本なんか出しているみたいね。それでその、ケンブリッジ、音楽部で、私がたまたま行ってたら、まあその頃一生懸命行ったわけでしょ（笑）。午前、午後、夜とね、一生懸命頑張って、夜は音楽会行って。まあ忙しかったけれど、イギリスでね。それで、そのヴラストさんがＩＡＭＬのことを教えてくださって。日本に帰って、それで私も個人会員になって、遠山先生も個人会員になって。遠山ミュージック・ライブラリも団体会員になったわけですよ。ＩＡＭＬのメンバーになったわけね。それから、私どこにやったかな。ええと、会議のメモがあなたにあげたのはこれよね。

ここに書いているけれどね、ブリティッシュ・ライブラリっていうの、ちょっと話戻りますけれど。ブリティッシュ・ライブラリっていうのが、トーテナム・コードロードっていう地域にあるんだけれど、すごいライブラリでね。musicの部門に紹介されたんだけれど。その前に、「ブリッティッシュ・カウンセル」って書いてるでしょ。そこにね、「二ヶ月滞在」のそばにね。ミラーさんって書いてあるでしょ、そこに。ミラーさんっていうのがね、ブリティッシュ・カウンセルっていう、英国文化財団なんとかって、お金を出すわけ、ブリティッシュ・カウンセル。そこへ紹介されたのね。それでその、musicの、ミラーさんていうのに会ったんだよ。そしたらね、まあいろいろ私が、アメリカでね、ウォード先生のところで調べてたの。それで、フェントン・ハウスに行きたいですとか、ドルメッチに行きたいですとかね言っちゃったわけよ。それからまあ、オーケストラ、こういうのいろいろ聴きたいですとか言って。そしたらね、あなたは初めてイギリスに来たとは思えないって。

このミラーさんというのがお世話してくださってね。この人のお父さんが外交官でね、日本にも外交官で来たことがあるんだって。大使じゃないけれど外交官として日本にも来たことがある。音楽の部門だけれどね。それで、その人がね、私がイギリスに滞在中、全部アレンジしてくれたの。行きたいところ全部。それだもんでね、オクスフォード大学に行ってもケンブリッジ大学行っても、すごいプロフェッサーに私全部会っちゃって。ケンブリッジとかオクスフォードとかね、私列車で行くわけね。そしたら降りたところでね、すごい毛皮のストールをした女の人が来て、車でダーッと運転して、私を連れてってね。それで私は単なる留学生って感じじゃなくてね、なんかね、ゲストみたいに、朝から晩まで、ちゃんとお付きがついちゃってね。それでね、私がなんかいろいろ、フィッツウィリアム・ミュージアム行きたいって言ったら、じゃあ、って行っちゃってね。私の父が、ターナーの絵、いろいろ、このミュージアムの、あれしましたって言ったらね、ターナーの絵を二時間かかって全部見せるっていうんでまいっちゃったけれどね。だけれど、私はね、普通の留学生じゃなくて、本当に大事にされちゃってね。フェントン・ハウスっていう有名な楽器のコレクションがあるの。それが、コレクションのミュージアムになってるの。そこへ行っても、なにしろ全部説明しながらね。それでフィッツウィリアム・ミュージアムでもちゃんと一人が付いていて、ヘンデルのメサイアなんかあるんだよね、あそこにはね。ケンブリッジのちょっと郊外ですけれどね。だから、イギリスにいる間中は本当にね、あれだったんですよ。

N：先生、プロフェッサーとして扱われたわけですね。

まあ、随分とね、大事に扱われて。それと、やっぱりね、英語なの。やっぱり困らなかったのね。向こうでね、私、ハーヴァード行って講義受けても、わりとね、一時間講義聴いてぐったりなるけれどね、日常生活もわかんないことがないでしょ。ある人にはね、もうあなた、七、八年アメリカにいるようなもんね、とか言われたりね。やっぱりね、それは、津田を出た時、ええと、藝大の学生時代、通訳をやっていたのね、日本に来る宣教師のね。だからわりあい、英語がね、慣れていたのね。

N：それは大きな違いですね。

うん。だからね、全然困らなかったわけですよ。だからああやって、一人であちこち旅行しながら帰ってきたわけでしょ。ミュンヘンに行ってもね、ホテル予約したりね。それからローマもそうでしょ。だから空港なんかでもいろんなこと言われてもね、「なんとかー」って言って、こちらが言い返すことができるくらい、やっぱりしゃべれたからね。だからその点がね、今の津田の卒業生がそうなっているかわかんないけれどね。あの頃はね、人数が少ないしね。それからまた、卒業してからそれやったから、アルバイトでね。

N：英語に触れていらっしゃる生活をずっと続けていらしたのですね。

そうそうそう。わりあいまあ、留学してもね、そして帰りも、一人でとぼとぼ帰って来てもね、困らなかった、全然。

N：当時日本人でそれだけ英語ができる方も、そんなには、いなかったですよね、きっと。

そうだと思う。それでね、それだからね、いろんなところにとぼとぼいろんなところへ寄ってもね。それでまたね、友だちがひどいこと言うのよ。あなたね、一回ホテル予約しないで行きなさいってね。

N：それは、怖いことです。たった一人で。

そうなの。だからさ、それこそさ、若気の至りで友だちにそう言われたら、一回ぐらい予約しないで行ってみようなんて思っちゃってね。

N：まあ、随分なことを。女性の一人旅で、初めていらっしゃるところで、予約しないなんて。

もう、全然、だって情報がないから、日本にね。

N：そんな。心細いことです。

ねえ。だからIAMLの会議なんかもね、ずっと一人で行ってたからね。だからまあ、ほんとにずっとadventureだったのよ。今から考えるとね、危険をいっぱいはらんでいるよね。

N：それは怖い。危険です、先生。

だから、あんまり人にも言えないけれど（笑）。

それからね、まあ、ライブラリのことではね、大学の訪問なんかを全部そのミラーさんのご紹介でいろいろやってくださったしね。ドルメッチもそうなの。私がドルメッチ行きたいって言ったら、えー、ドルメッチって言っちゃって。それでドルメッチに行ったら係の人が出てきて、説明してくれてね。それでこれを買ってきてね。でも、私よく列車とか、そういうの調べてね、よく行ったと思うよね、今から考えると。

N：今ではそれこそ、インターネットがありますから、いくらでも、何時にどこへ乗るっていうのが調べられますけれど。当時はじゃあ、時刻表とかをご覧になって。

そうね。のんきな時代だったしね。それからイギリス滞在中はね、ブリティッシュ・ライブラリに一つデスクをくれたの。それでその時、ミラーさんのおかげだと思うんだけれどね、ブリティッシュ・ライブラリに行ったらね、musicの部門のディレクターが、ブリティッシュ・ライブラリについて説明しますとか言ってね。それでディレクターが三十分くらい説明するんだよね。それでね、地下にデスクがあるの。それでそれを一つくれちゃってね。マニュスクリプト・ルームで、マニュスクリプトを借りてきたらそこで見られるの。

N：先生、そこには、その時、他にも研究者の方はいらっしゃったんですか？　みんな、研究調査のために。

そうそう。

N：そういう、お部屋があるっていうのがすごいですねえ。日本の図書館では、そういう専用デスクがあって、研究者がそこで研究をするっていうの、あんまり聞かないですけれど。

そうね。私ね。これはまあ、一九五九年から六〇年にかけてのことでしょ。でね、一九八三年かな。プリンストンに、私の主人がね、プリンストンの高等研究所に招かれて行った時に、たまたま私も、二ヶ月くらい行ったのね。そうしたら、プリンストン大学のライブラリがまたすごいんですよ。上は三階建かな。下がね、三階か四階があってね。それで地下にそういう音楽部のね、ライブラリがあるの、音楽部の。そうしたらね、セミナー・ルームがそばに付いてるの。それでセミナー・ルームから自由にライブラリの資料が全部見られるの。だからセミナー・ルームに入る時の鍵をくれるわけ。それで私もプリンストン大学に二、三週間講義を聴きに行ったんだけれどね。ひと月、ふた月くらいいたかな。プリンストン大学のレヴィさんていう人なんだけれど、音楽史の本も出している人なんだけれど。その人が鍵をくれちゃってね。それでセミナーに私出ていいってことになって。それが一九八三年のことよ。ずっとあとだけれど。それで、ライブラリがずーっと地下なの。上はちょっとしかないの。三階。プリンストンの町はね、全部三階建なの。まあ日本より高いんだけれどね。町が全部そうなってるの、プリンストンは。それでその地下にね、また五階くらいあってね。それでセミナー・ルームと、音楽のほうよ。そのセミナー・ルームとライブラリ、そこにコレクションがあって、自由に行けるわけ、その鍵で。それを大学院の人なんかにみんなくれるの。私ももらったんだけれど。それで自由に資料を見られるっていう。だからね、ライブラリと、そういう研究の部屋っていうのがつながっているんだよね。

N：それはちょっと、日本にはない環境ですね。

そう、日本は、ほら、資料がないからね。ライブラリってことあんまりあれしないでしょ。それから図書館って名称もあんまりよくないのよね。ほんとは蔵書でしょ。

N：そうですね、図書館っていうとあんまり。

コレクションなんだよね。そのものなのよ、楽譜とかね。なんか建物になっちゃうよね、図書館て言うと。だから、ライブラリっていう感じがね、ちょっと違うんだよね。今ライブラリアンっていうのが日本でも段々変ってきたけれど。

N：そうですね、少し変わってきてはいますが。

私はね、今ちょっと別の話題になりますけれど、ＩＡＭＬの会議に行っててね。一回、ドイツの、ちょっと名前が今出てこないけれど、ある都市に、ドイツのライブラリの、ＩＡＭＬの会長さんみたいな人が来ててね。帰りに寄りなさいって言われて行ったんだけれど。やはり本当に、ライブラリアンがね、musicology でね、music のライブラリアンが musicology でドクターを取って、それからライブラリアンの資格をもって。ライブラリアン・スクールっていうのがまた三年ぐらいあって。それでそれを卒業するとプロフェッサーと同じ地位になるの。

N：そうなんですね！　ドクター論文書いて、さらに専門分野を極めて。

そういう専門家がいるの。だからライブラリアンにもいろいろいるんだとは思うんだけれど、ＩＡＭＬに来てるのはね、皆ドクターもって、みんなドクターよ。あなたなんか行っていいよ。ドクターなんとかって。名簿に名前書くわけよ。そうするとドクターがみんな付いてるわけ。というのはね、musicologyでドクター取って、それでライブラリ・サイエンス、それでまた資格をとって。なんていう町だったかな、ドイツのね。とにかくそこのライブラリ・スクール。その部門、法学部とか経済とか、musicologyとか。それでドクター取った人が、またそこで勉強するわけ。それがライブラリアンになるからね、ライブラリアンになった時にプロフェッサーとイコール。給料もそうだって言ってたよ。日本だったらさ、ライブラリアンって、本出してもらう人みたいでしょ。

N：そうですね。なんだか違う立場っていうか。

そうね。それからライブラリアンっていうのはね、日本ではライブラリアンって言わないけれど。図書館の司書っていうでしょ。図書館の司書は簡単になれるでしょ。だけれどね、そのライブラリ・スクールがすごいのよ。びっくりした。それでケルンにもそのライブラリアンの資格をとれる部門があるんだけれどね、そこもね、それぞれの部門でね、ドクターをもっている者がまたそこで勉強するの。

N：ああ、だからですね。先生がライブラリを訪問なさると、ライブラリアンが三十分間講義、まずはライブラリアンの方がここにはこういう資料があってというお話を。

そうそうそう。

N：その専門分野の説明があるわけですね。

そう、だからね、すごい専門家なのよ。例えばブリティッシュ・ライブラリに行ったらね、三十分も説明が、ね。

N：まずはレクチャーですね。だから、専門をもった方が、ライブラリに勤めていらっしゃるという。

そう、だからプロフェッサーとイコールよ。ライブラリアンは。

N：そうですね。それがきっとお仕事なんですね。例えば外部からそうやって訪問者が来ると、こういう説明をするということもお仕事の中にきっと入っている。

そうそうそう。だからどこの、ハーヴァードだとかオックスフォードだとか、ライブラリアンがね、イコールプロフェッサーなの。

N：それはすごいですね。

そう、ライブラリアンとプロフェッサーが同じなの。だから私もびっくりしちゃったの。ドイツへ行って、たまたま私のところにいらっしゃいっていうから、ライブラリ・スクールに訪ねて行ったの。そうしたらこういう人間でね。日本からも、ドイツ以外のところから十人募集するんだけれどね。平尾さんていう、遠山図書館にいた平尾行蔵さんっていう人は、ドイツで一年間位勉強したんだよね。ライブラリ・スクールでね。だけれどね、平尾さんだって、神戸大学と東北大学を出て遠山図書館に勤めてたよ。今慶應に行ってるけれどね。慶應のライブラリアンになってるけれど。そういうふうにライブラリアンのそういうね。ＩＡＭＬはもともとライブラリアンのミーティングでしょ。だから今、金澤さんと荒川さんとかが行ってるのは、おかしいわけなんだけれど、日本ではmusicologistじゃないとmusicのライブラリにはね。

Ｎ：そうですね、資料から、というアプローチですね。

そうなのそうなの。むこうはすごいのよ。もう、みんなドクター取っていてね。それから、昔藝大なんかドクターがなかったでしょ。あなたが取って、今は、それこそ、劉薇さんももらえたけれど。だけれどさ、その前はなかったでしょ。日本ではね、レベルが全然違うんですよ。だからそういう点がね、まだこれからっていうことでしょ。

Ｎ：そうですね、これからですね。それこそ先生、音楽学の拡がりというか。

そう、外へ出てみることは、そういうこともわかるわけでしょ。だから私もびっくりしちゃって。

Ｎ：じゃあ、今年行かなくてはですね！　七月の、カナダへ。

私も、行ってみたらやめられなくなった。それでね、まあ、ブリティッシュ・ライブラリの、ミュージック・ディレクターね。それも大変な人がね。デスクも提供されちゃって。それでＩＡＭＬの紹介もヴラストさんにしていただいて。それで日本に帰ってきて、遠山先生が遠山ライブラリでいろいろコレクションしていらして。あれは国家がやるようなことをしてるのよ。

N：そうですよね。あれは私的な？

あれは、遠山音楽財団ていう図書館だったの。それが日本近代音楽館になったけれど。遠山先生のところの、結局日興証券のあれなのよ。遠山一行先生のお父さまが日興証券。そのファウンダーよ。だから大金持ちなわけ。

N：それで、集められたコレクションをそうやって。

それでその時に、遠山先生のところで集めた時に、平島さんっていうひとがいたの。平島さんと、皆川達夫。

N：平島さんって、フランスの音楽をご研究の平島正郎（ひらしままさお）（注1）先生？

そうそうそう。平島さんと、皆川達夫と遠山一行と。三人がいろいろやって、遠山コレクションをつくったわけよ。それでそれをずっと近代音楽館でやってて、この間、明治学院にね、全部行ったわけよ。それで去年ね、遠山一行先生にね、名誉博士を明治学院大学で出したの。それでね、私そのお弟子でしょ。私と松前さんと、まあ他にもいたでしょうけれど。私と松前さんは招かれたわけ。名誉博士をおもらいになって。そのセレモニーがあったわけ、明治学院で。それで日本近代音楽館のコレクションが、山田耕筰なんかの自筆やなんかがみんな明治学院にいったわけ。それで遠山先生は整理をなさったわけ。それで、遠山先生はね、具合がわるくて、今ちょっと入院してるの。

N：あらあら、そうですか。

うん、非常にちょっと難しいと思うんだけれど。近頃ね、だからね、私もね。奥様の遠山慶子さんていうのがピアニスト、私もよく知っているけれど。まあどうしたもんかと思ってね。だってそんな、なんとも言えないでしょ。

N：私が楽理科の頃、遠山一行先生、本当にお元気で。楽理科の研究発表会の時ですとか、おいでになっていました。

ああ、いらしてた？

N：ええ、いらっしゃってました。素敵な、ほんとに素敵な方で。

とってもね、人間的にね。立派なひとでね。私たち、よかったねって言って。一年と二年の時に遠山先生に習ったの。藝大の楽理科で。東大の卒業したての頃でね。で、遠山先生はフランスに留学なさって。それでそのあとは、桐朋学園に主としていらしたわけね。

ＩＡＭＬは、私がそんな具合に聞いて、一九六〇年に遠山図書館も入ってくださって、団体会員でね。それで遠山先生と私も個人会員になったりしてね。まあ、そういうところから始まったんだけれど。まあ、私は、それから行くようになったんだけれどね。はじめは、帰りに、その、ね。そのあと考えてみたら一九七二年に行ったんだよね。だから十二年経っているんだよね。考えてみたらね。結局音楽というものは、一瞬一瞬消えていくものでしょ。だから、それを記録した楽譜、そういうものが大切だから、ライブラリが成り立ったわけよね。だってそれしかないわけ。楽譜しかね。だからね、私今度の、あなたも入っている研究会があるでしょ。今度、みんながしゃべるっていうんで、「音楽と私」っていう副題にして、印象に残った作品っていう。印象に残った作品ていうのは、結局自分が演奏した時はパフォーマーでしょ、具体的に示すわけだからパフォーマー。演奏家のことはパフォーマーっていうのね。だから楽譜を具体的に音にするって言うのがパフォーマー。パフォーマンスっていうのは、だいたいが実現するってことよね。実際にやるっていうことよね。だからよく、パフォーマンスなんて使われるじゃない。

N：ええ、今の言葉では、はい。

政治家なんかもね、パフォーマンス。でも音楽のほうで言うのは、やはり楽譜を実際の音、音楽にするっていうのがパフォーマーなのね。だから私も思うんだけれど、実際に、もう音が消えてるわけだからね。だから、そういう文献とか楽譜とかね、それしかないわけよね、音楽の場合は。だからライブラリが大切なわけよ。それが、日本の場合は、伝統的にそういう習慣がないわけよね。実際には、ライブラリのね、ライブラリ活動が。だから、楽譜をひょいと出すとか、本をちょいと出すとか、臨時雇いみたいに簡単に図書館司書の資格がとれてね。だからそういう図書館の司書っていうのが頼りないわけよね。だけれどヨーロッパなんかではプロフェッサーと同じだから、すごい説明とかしてくれるわけね。

N：そうですね。やっぱりもっている資料が、ものすごい価値のあるマニュスクリプトだったりしますから。ある程度それを知っている人じゃないと扱えないですよね。

そう、これは十四世紀だとか、楽譜を見ただけでわかるとか。これは十一世紀だとか。

N：専門家でないとわからないですから。

それが残っているということがね。それが違うわけよ。

N：そうなってくると、図書館の位置づけっていうのも、全然変わってきちゃいますね。

そうそうそう。だからね、同じライブラリと言ってるけれど、全然違うわけよね。だから、ライブラリアンっていうのがすごい高い地位なのよ。

N：楽理科に入って、一年生の時に民族音楽学っていう授業で柘植元一先生が、やっぱりそのことをおっしゃいました。日本の図書館の司書っていう人と、海外のライブラリアンとかアーキヴィストっていう人たちはちょっと違うんですっていう話を。向こうの、海外の、ヨーロッパの図書館や資料、博物館とかのアーキヴィストはものすごい専門的な研究分野をもっている人たちなんだっていうのを、柘植先生が話してくださいました。

柘植さんもね、ヨーロッパだったりアメリカだったり行ってらっしゃるからね。

N：その当時ピンとこなかったんですけれど、まだ、学部一年生で。へーっみたいにしか、思わなかったんですが。

あなたが今度、ＩＡＭＬにいらっしゃるっていってたけれど、ほんとにね、そういう点がね、実際に接してみてね。日本じゃ図書館っていうと、なんか知らないけれど古いものが置いてあるみたいなね。だけれどそこがね、非常に活動的なんだよね。センターなんだよね、一つの、そういう、研究のね。

N：そういう場がちゃんと生きて、研究者がそういう場で、デスクをもってそこで研究することができるっていうことがすごいですね。

だからね、ブリティッシュ・ライブラリではデスクっていうのもらうわけでしょ。研究者はそこでね。それからそういう、プリンストンなんかでもね、音楽部のセミナーがあるんだけれど、その隣の部屋が、そういうマニュスクリプトの部屋でね。みんな鍵を持てるわけよ。大学院の人が。

N：いつでもそうやって研究のために行き来ができるっていうのがすごいですね。

そうそう、そうなのよ。そういうコレクションも、アメリカも結構あった。でも一番最初にＩＡＭＬ行った時はね。アメリカが後進国って言うのよ、昔々よ。ヨーロッパの人がね、威張ってるのよ。

N：ヨーロッパの歴史から比べると、アメリカ合衆国の歴史は短いっていうふうに、そういう意識がありますよね。

そうそうそう。だから一番最初にね、私が帰りにイギリス行った時にね、いろいろちょっと、偉い人なんかにもお会いしたけれどね、アメリカっていうものに対して、ちょっと、雰囲気、ちょっと下に見てるっていうかね。それからＩＡＭＬもそうだった。

N：ああ、そうですか。ノルウェーでも。ノルウェー人がそういう感じでした。アメリカ人って言うと。私が津田塾大学に在学していた時にノルウェー大使館のパーティでノルウェー人の外交官の方と話す機会があって。津田塾で何を勉強してるんですかって聞かれて、当時アメリカ文学のセミナーに出てたんですね。"I'm majoring in American literature."って答えたら、"Do they have literature ?"って言いました。アメリカ人に文学なんてあるのかって。えーっ！　て思っちゃいました。

まあ。私もね、帰りにね、オペラ協会の会長だったかな。いろんな人に会ったわけでしょう、ロンドンで。その時に、「アメリカ後進国」っていう感じでね。IAMLでも、最初にIAMLに行った時なんかはね、やっぱりヨーロッパの人が全部威張っちゃってね。アメリカ!?　なんてね。もう、カナダなんていったら田舎でね。もうそういう感じだったよね。

N：今は、もう、アメリカといえば、あらゆる世界の……。

今アメリカがセンターでしょ。だけれどあの当時、昔はさ、藝大出た人たちもフランスかドイツに行ってたよね。

N：そうですね。ヨーロッパにまず留学をされて。

そうでしょ。私たちよりも、もっと前の世代がいるでしょう。古い、歴史的な。それこそ黒沢愛子先生だとかね。あの世代はみんなやっぱりヨーロッパに行ったんだよね。アメリカなんかに留学しますという人はいなかったわけよね。それがやっぱり、変わったのね。アメリカでもね、アメリカで音楽学なんか勉強してもね、やっぱりちょっとヨーロッパに行って帰ってきたりしていたよね。楽器やなんかでもね。だけれど、すっかり今は、ジュリアードとかね。

N：そうですよね。面白かったのが、私の友人でロシアの音楽を楽理科で研究していた子がいたんですが、やっぱりアメリカへ行かなくちゃって言いました。ロシアじゃなくて、アメリカへ行かなくちゃって言いましたので。

やっぱりアメリカが一つのセンターになってね。だからアメリカも、私がハーヴァードに行った時も、イェールとか頑張ってるって感じがして。初めはアメリカに留学するの？　っていう感じだったけれどね。やっぱり大変なものだったわ。びっくりした。

N：先生がいらした頃から、ぐぐぐっと、こう、いろんな研究が進んで。

そう、アメリカ音楽学会なんかもね。ほんとに大変なあれだったし。立派な学者がいっぱいいるし。大変なもんだったわよね。

N：それはもう、すごいことですよね。日本は、なかなか、もうだいぶ年月が経っていますのに、音楽学に関しては、まだ追いつかないんですね、世界に。

本当にね。だから、このお話が『音楽学研究物語』っていうことになるかなと思って、ね。

◆音楽学研究への意識、IAML入会後の活動と日本支部設立

それでね、考えてみたらね、藝人の楽理科に入った時に、第二回生でしょ。最初の回は六、七人しかいないわけよ。だって音楽学の楽理なんて、私たちは二十人だったの。だけれどみんな入ってからね、何やるとこー？　なんて言っちゃったりね。それで音楽学っていう、定義もまだできないわけよね。わかんないからね。音楽の学問でしょ。で、音楽に学問があるなんて。今でもそうでしょ。

N：はい。今でも、通じないです。音楽学って言うと、なんですかそれって言われてしまうんです。

川村優子さん、いるでしょ。彼女は修士をとって、今、地域で大人のための講座をやって。そしたらね、もう、全然音楽用語は通じませんて。そうでしょ。音楽用語なんてみんな知らない。音楽っていったらやっぱり日本のポピュラーな、ね。

N：責任を感じます。はい、すごい責任を。音楽を教える人間を教えていますけれど、確かに、限られた時間では、なかなか。

それ大切だと思うの。私は小学校の時にね、音楽学校を出た先生が音楽を教えたの。それでピアノも習ったけれどね。山本壽っていう。いつか、遠山図書館で見てたらね。それこそ有名な。

N：ええ、山田耕筰と並んで。

並んで二人でね。山田耕筰のお弟子でね。アプリシエーション（鑑賞）のほうも、いい音楽を聴かせちゃったりね。ほんとにそういう、音楽が、別の先生なの。それだからね、国立でしょ。だからね。高等師範学校附属小学校だったからね。今の、広島大学附属小学校だけれど。それから絵もそうなの。だから絵描きがね、小学校の時にね、四年とか五年とか、個展開いちゃってね、子どもが。それが今ね、日展の理事かなんかになっちゃったりね。それは小学校の先生の影響なの。N響のコントラバス奏者にもなっているし。そういうあれなんですよ。だから小学校教育は、ほんとに大切ね。だからあなた、重要なことよ。

N：本当にそう思います。すごく責任重いですね。

私自身が、そういう意味で、ライブラリとかアーカイヴとかドキュメンテーション・センターがいかに大切かっていうことを、アメリカでも、ハーヴァードでも教えられたけれど、やっぱりイギリスでも、いろいろあれして。それで帰国後ＩＡＭＬに入会して、それで一九七二年に初めてボローニャに行ったのね。それで、毎日が大変なものでね。いろんな部門がある他に、とにかくフレンドリーであるということとか、それから、自分のところで、ボローニャにあるコレクションをそういう会議の時には全部展示して特別展をやるわけよ。だから一週間がすごい短いくらいでね。午前、午後、夜とあるわけ。夜は音楽会するしね。だからＩＡＭＬの会議、ほんとに感動的だったのね。

ボローニャでいろんな人に会ったけれど、バリー・ブルックさんも一番最初に会ったしね。それからハラルド・ヘックマンっていう、フランクフルトのアルヒーフの所長さんだったの。ヘックマンさんがいろいろお世話してくださったの。私初めて行ったからね。それでいろいろ親切にしてくださったのね。私が一番最初に関わろうと思ったのは、ミュージック・ティーチング・インスティテューションだから音楽教育機関のライブラリね。というのは、私はライブラリアンじゃないからね。音楽学部で教えている人間だから。ミュージック・ティーチング・インスティテューションの、ライブラリの活動。そういう一つの部門があるわけ。そこへ出席したの。今思い出すんだけれどね、一人、日系の女の人がいたの。ルースなんとかっていうんだけれど。今、思いだしたら書いとくけれど。それがね、ボローニャで会ったのね。それからフェデロフさん、その時のディレクターがね。その人ロシア系かな。その人にもお会いして。だからその時行って本当によかったと思うわけよね。今、何年にどこっていうのをもってたかな。これもあなたにコピーしようか。

N：はい、お願いします、先生。

それでね、IAMLのプレジデント、それがね、この人がね、フェデロフ。ロシア系だと思うんだけれど。この人に私はお会いしたの。それで、私が行ったのが一九七二年。だからフェデロフさんの、あら、もしかしたら息子さんかもしれない。私がお会いしたのはね。これ、だって古いじゃない。

N：そうですね。一九四九年。先生が一九七二年に出席されて。

私が初めていったのが七二年だからね。ここ丸つけてるでしょ。ボローニャに行ったんですよ。それで、村井と岸本って書いているの。岸本宏子さん留学してたからね。それから七三年のね。これもまたあなたにお知らせしますね。

N：はい、コピーをそのうちいただければ。

それで、この時はロンドン大学だったの。

N：先生、その時もお一人だったんですね。

一人で行ってることが多いの。だってこの時も、岸本さんは留学してたから。だから私ほとんど一人で。ボローニャも一人だったわよ。その時に先ほどのブルックさんとかヘックマンさんとかが親切にしてくださってね。それで、会長がヘックマンになったわけね。ヘックマンさんは、私が最初行った時は、general secretary っていう、なんていうのかしら、事務局長。それからね、ハラルド・ヘックマンになったわけ、会長ね。それで七五年のモントリオールに行ったのよ。それでその時に、岸本さんが、やっぱりアメリカに留学していてね。あの人ドクター取ったりしてちょっと長くいたのね、アメリカにね。それで七六年がベルゲン。

N：あー、ベルゲン。七六年ですね！

ベルゲンがよかったわよ。感動的。夏の大学の寮みたいなところが宿舎でね。海のそばですごくよかった。

N：先生、私、オスロにいたのは、一九七四年から七六年の八月まででした。

あそう、じゃあなた。その時、一緒だよ。

N：ちょうど、行き違いくらいでしょうか。

いや、だって七六年の七月頃ですもの。

N：じゃあ先生、その時一緒に、ノルウェーにいたんですね！　あらあら、そうですか。

あらそう、いたんだ。その時上法さんと、私と、それから、FKって誰なんだろうね？　ベルゲンに行った時にね、藤江さんが行ったんだね。一緒に来たいって言って。それでね、あの人はライブラリにそんな関心がないからね。私にaccompanyするって言ってね。それで、行ってね。それからあんまり行かなかったけれど。それで藤江さんね。その次マインツだよね。マインツに行ったのが、MTって誰なんだろうね。MNが村井範子でしょう。Tは誰だろうね。これは上法さんだと思うんだけれどね。それから、バリー・ブルックさんね。七八年にリスボンで会ったんでね。七八年のリスボンの時に、私忘れもしない、カウンセル・ミーティングっていって、世界の代表の行く集まりがあるわけよ。役員会ね。それでそこで日本支部ができる予定ですって発表しちゃったら、みんなが発表してくれって言うのね。パチパチパチってね。

N：先生がそれを宣言なさったんですね。

それで七九年に日本支部ができたのよ。

N：そうすると何年か前から、日本で準備されていたのですね。

日本でね、言われてて、そういうふうに。でね、何年か、かかるんだよね、日本て言うところは。そう思ってね。

遠山先生と私と、それから渡部恵一郎？　一生懸命やるんだけれどね。なかなか成り立たないんだよね。それでね一九七八年に、リスボンで発表したの。日本でね、支部をつくりますってね。アナウンスしてくれって言われたの。それからね、バリー・ブルックさんだね、会長が。その次のザルツブルグに行った時に、その年に日本にできたんだよね。ＩＡＭＬが、七九年にね。その時には、上法さんと福島さん。福島先生が行ったの。

Ｎ：上野学園の福島和夫先生。

そうそう。福島先生がね、とても親切にしてくださってね。それから一九八〇年に、ここにもいろいろ書いているけれど、ケンブリッジに行って、遠山先生だとかね、上法さんだとかね。上法茂っていうのがね、ＮＨＫの。

Ｎ：はい、有名な方です。上法さんていったら。

有名？

Ｎ：はい。私がＮＨＫで仕事をしていた時の、ディレクターの方々が、時々お名前を出していらっしゃいました。上法さんてすごい方なんだよって。

わりとおとなしい人間よね。ミセスがね、わりとやり手でね。ピアノの先生で。

Ｎ：はい、やはり有名な。

弟さんがね、アメリカで活躍してらして。

N：はい、大変な方々で。お会いしたことは、たぶんないんですけれど、よく話題に。

上法さんのほうがおとなしい人だけれどね。上法さん、今どうなっているんだろう。それから、これをあなたにお渡ししますけれどね。私が発表したのがマインツだったんだね。まだIAML日本支部ができていない時、そうだ一九七七年か。それでね、マインツで日本の図書館の事情とかをミュージック・ティーチング・インスティテューションで発表してくれって言われて、それで私が発表したわけね。そうしたら。武蔵野とか国立（くにたち）の話をしたら、音楽学部の人数が多いってびっくりしちゃってね。音楽勉強するのに、そんなにたくさん人いるのって。大量生産してるでしょ。花嫁学校が、はじめ音楽学校になったからね。

N：それこそピアノが弾けたりだとか、大事なこと。

そうそう、それで、そういう質問とか出たりしてね。報告したのね、いろいろ、日本の音楽学校のことを。それが一九七七年のマインツ。それで私は、カウンセル・ミーティングっていうのがあるでしょ、その、役員会、各国の代表。それと、そういう部門ね。音楽図書館の、それから音楽学校の学校図書館の関係と、それからリディム（RIdIM Repertoire International d'Iconographie Musicale）っていう音楽図像学の関係ね。それに出たりしてね。それから、リルムとかリスムとか、いろいろあるわけよ。でも、クローズドのところもあるのよ、十人だけの会員でやるとかね。会員だけが仕事するわけだから。そういうのがいろいろあったわね。それで、リディムの音楽図像学のほうはバリー・

ブルックさんなの。バリー・ブルックさんはニューヨークシティ・ユニヴァーシティ・オブ・ニューヨーク、そこのプロフェッサーなんだけれどね。ブルックさんが、いろいろやって。

N：それでですね。柘植先生ももしかして、そこによくご出席でしたか？

というのはね。民族音楽学と関係があるのよ、リディムは。そうなのよ。シティ・ユニヴァーシティ・オブ・ニューヨークっていうのはね、ethnomusicology の接点。

N：柘植先生からよく、バリー・ブルックさんの名前を聞きました。

あら、そう。ブルックさんを。ブルックさんはわりと民族音楽学的なあれがあってね。日本にもいらしたこともあるの。

N：そうですか。そうでしたか。

ヘックマンとブルックさんとが私にひどく親切でね。私がぽとっと行ったわけでしょ。ボローニャにね。ただ一回のあれとして。そうしたらもう親切にしてくれちゃってね。なんてフレンドリーな会なんだろうと思ってね。国際音楽学会とかアメリカ音楽学会があるでしょ。私もアメリカ音楽学会に出ていたけれど、その雰囲気とね、日本の音楽学会の雰囲気とも全然違うの。ほんとにみんな仲がよくて。帰りにいらっしゃいとかね、そんな感じで私も行ったわけでしょ。パリにも行った。

N：ちょっと、寄っていってと言われると、本当にいらっしゃるわけですね。

そうそうそう。皆そう言うんでね。親切に言うんだよね。フレンドリーなのね。そうでないと仕事ができないでしょ、やっぱり。

N：それだけ情報をするような、情報で成り立っている国際学会ですから。

そういう意味でね。ええと、あれは、カルパッチィさん、ハンガリー。あの人なんかもね。music のドクターもっていて、musicology でね。それで、日本にもいらしたけれど。それでカルパッチイさんもすごい親しいわけ、私。だからハンガリー行った時はリスト、えーっと？

N：フランツ・リスト・アカデミー？

そうそう、そこが会場だったの。だからいろいろ、ハンガリーの、ここに出てると思うね。アムステルダム。そう、一九九一年がフランクフルトだね。それで、あなたにこれお知らせしますけれどね。一九九三年がヘルシンキだったのね。私多分、これが最後だったと思うんだよね。ヘルシンキの時は、井上公子さんはね、ワシントンで会った時に来たんだからね、結局彼女は一九八三年に、井上公子さんが現れたね。それで関根さんっていう人がいるの。知ってる？

N：はい。知ってます。楽理科の、はい。

フランスに留学した人でね。関根さんもよく一緒に行った。関根なんて言った？

N：えーっと、二人いらっしゃいまして、音研センターにいらしたのが、関根和江先生。

桐朋学園のほうの方？

N：関根、敏子先生ですね。

フランスのバロックとかね、そういうのをやってるんだよね。

N：この間のＩＡＭＬの、去年の日本支部の時に、いらっしゃいました。敏子先生。

そう？ それで、ベルリンていうのある？ 一九八五年のベルリンではね、それこそ柘植さん。柘植さんも行ったんだよ。

N：発表とかも、なさったんですか？

発表なさったかなあ。とにかく出てらしてたね。あの人も、民族音楽学だからね。柘植さん、ベルリンにいらして。帰りに一緒にライプツィヒにも行ったから、先ほどの写真、撮ってくださったりしてね。あの時何人も行ったんだよね。それから、ダニエル・ピンカムっていう人。いや、ダニエル・ピンカムじゃなくて、ベニテスさんか。そう、ベニテスって、広島のエリザベトのね、ベニテスっていう、スペイン系の人でね、神父様だと思うのよね。学校が。彼も何回かいらしたよ。

ベニテスさん、どこかに書いてあると思うの。これ全部略語だからね、わかんないね、出席者がね。それで一九八八年には東京でやったっていう、東京の藝大やなんかでいろいろやったんですよね。IAMLの東京大会をやったんですよ。図書館の、日本のライブラリアンのミーティングだと、国立音楽大学がね、いい図書館をやっててね。

N：はい、あそこは有名です。

それで国立の誰だったっけ、有名な人、いるんだよね。それでその人なんかが、図書館のことをやってて。あれ、何て名前だったっけな。今すぐに出てこないけれど。ベニテスさんていうのがね、さっきの写真にあるよ。エリザベト音楽大学でね。スペイン人でね、よくIAMLに出てきてたんだよね。スペイン人だけれど、日本で、神父様なんだけれど、なんだか普通の生活してたよ。嬉しいじゃない。

N：お住まいは日本だったんですね。

そう、当時ね。広島のエリザベトなの。いやこの間から出てきた写真でね、少しずつあれしてね。なかなか素敵な人で日本語も上手で。IAMLに何回か出てきたね。

N：そうですか、まあ！

なかったかな？　これ、この人がベニテス。これがエリザベト音楽大学。広島の。

N：あらあ、まあ、素敵な方！　いかにも学者さんのような雰囲気の。神父様なんですね。

これがね、エリザベト音楽大学って。

N：きれいなキャンパスですねえ。

そうそうそう。広島に行った時に訪ねてみて。

N：行ったことないですね、まだ。

行ったことないの？

N：あ、はい。エリザベト音楽大学はまだ。

ああ、エリザベトはね。

N：はい、広島大学は、日本音楽教育学会が広島大学でありまして、その時初めて行きました。

まあねえ、広島全部焼けたから、今は綺麗になっているんだよね。だって道なんかも広くなっちゃってね。それでそのベニテスさんがね、何回も出てきたわよ。エリザベト音楽大学がＩＡＭＬに入っているの。

N：ああ、そういう関係もあって。

そう、それでね、その代表として。だからよく一緒に行ってね。ええ、これ神父様なのかしらとか思うぐらい、何でもぱくぱく食べたり。神父様という感じは全然しない。普通のね。

N：でも音楽のこともいろいろご研究なさっているわけですね。

そう、エリザベト音楽大学でね。で結局IAMLの会議でね。ベニテスさんが何回か出ていてそれで知り合いになっちゃって。だからまあ、いろいろありますよ。

まずはIAMLの会議に出てみていいことは、非常にコミュニケーションを大切にするわけでしょ。実際に音楽の資料を大切に保存するとか、それからいろいろそれの、お互いにどういう資料があるかとか、コミュニケーションとか、そういうものを非常にあれするからね。いろんな部会があるの、いっぱい。それで、オープンのところもあるし、そうやって会員だけでね、リスムなんかみんなそれでやってるわけよ。リディムなんかは、ブルックさんがやってるのは、音楽図像学の発表するとかね、そういうふうなことでね。それでIAMLの会議の時は、カウンセル・ミーティングって、各国の役員があれするのが、最初の日、午前と午後とあってね。それからもう一回、午後ぐらいにあって、それで、ああ見物ができないなと思いながら、私も、それにずっと出てたのよ。

N：先生、代表者ですから、日本の。

それこそ、遠山先生はあんまりいらっしゃらなくって。渡部恵一郎さんも会計だったから。それで上法さんがね、わりとよく出ていて。上法さんはね、IAMLのほかに、音響のなんか、あれもあったんだよね。レコードや、いろいろなものの。IAMLっていわないで、なんとかっていう学会とわりあい呼応してあるのよ、一緒に。上法さんは、レコードか、NHKの、なにかそういう部門の？

N：たぶん何か、資料部じゃないですけれど、そういうこともなさっていたんでしょうか？

そう、あったんだろうね。それでね、あの人は私がボローニャ行くよりも、ちょっと早く行ってるよね。わりあい早くね。だけど、正直言ってあんまり英語しゃべれないんだよね。それだけれど会議には出てるわけ。だからね、その点はやっぱり、津田出ていて有難いことよね。言葉が困らないしね。今は、最近のニュースレターが来たでしょ。今、金澤正剛さんがね、なかなかいい発表をして。私もね、日本支部がやっと一人前になったなあと思って。金澤さんなんか、あの人ハーヴァードでドクターとった人だしね。あの人九年いたよ。

N：ああ、そうしたら、日本語と英語とがほとんど変わりなくおできになる。

そうそうそう。だから金澤さんのように、音楽学で勉強して、IAMLに、支部長で行ってくださって、本当によかったなって。それで一九八〇年に初めて、日本支部が登場したわけでしょ。遠山先生とか。あの時荒川さんも来てるんだよ。荒川さん、あまり関心がなくてね。その当時は。あの人結婚してるんだよね、ドイツかなんかの人とね。一緒にはいないの。だからバラバラだけれどね。彼に会いに行くんだからね、土日の遊びの時にね、二人が出てきちゃって。ドイツ人かなあって思うんだけれどね。荒川さんてそういう面白い人間なの。その時も出てるんだよ、荒川さん。だけれど土日しか出てこないの。私、エクスカーションの時、いろいろな見物ね。その時だけ出てくるわって言ってね。だから荒川さん、名前出てるかなあ。一九八〇年の時に……。荒川恒子、あるじゃない！　ATなんて書いてある（笑）。荒川恒子、上法、ね。それで今、副支部長かなんかでしょ。

N：はい。お名前が、ニューズレターとかにちゃんと。

そうそうそう。荒川さんもね、なかなか面白いじゃない。それから井上公子さんもわりとね、旅行として、出席するよね。

N：今も毎年のようにいらっしゃっているんですよね。

そうね、でも今年行かなかったのかな。今年、去年とね。それでね、今、技術的になったでしょ。コンピュータなんか使って。だからね、付いていけないわ、なんて言ってた。それだけれど、そういう差別はないからね、会議は。フレンドリーだから。

わたくしが最後に行ったのがヘルシンキですけれどね。

N：ヘルシンキ、九三年、はい。

私がなぜ、IAMLの会議にわりあいよく出たかっていうと、クラシック音楽っていうのは西洋音楽でしょ。なんかね、私、教えていてね、トゥルバドゥールとかトゥルヴェールっていうのもよくわかんないし、っていう。わかんないことを教えているような気がしちゃってね。IAMLに行くと、いろんな部門があって、それからその土地その土地の、非常にいい音楽を夜は聴かせるのね。毎晩。

N：コンサートが、たくさんですね。

　そうするとね、音楽に関する文化が全部わかるわけよ、その土地の。だからそれがね、私自身にエネルギーを与えたね。教えるってこと。だって西洋の音楽を教えるわけだから。だからその時にＩＡＭＬに行くと、ほんとに勉強になるわけよね。だからそういう意味で、はるか彼方のね、far east の日本でね、日本語でしゃべっている文化の中で、クラシック、西洋音楽の歴史を教えたり、音楽学を勉強したりってことだったらね、もうほんとにね、演奏家の人でも誰でも行っても、ほんとにいい体験になると、ね。

　日本からはるばる行って、いいことは、研究発表もいろいろあるよ。それと思いがけないような、公立の図書館。そういうところにね、music librarian がいてね、すごい専門的な話をするの。だから、盲目の人の点字の楽譜の話とかね。まあとにかくね、幅が広いんですよ。主題が。だからどれを聞いても面白いわけ。それでパブリック・ライブラリなんて、日本なんて music のコレクションないでしょ。そこにね、ライブラリアンがいるのよ。パブリック・ライブラリなんてすごいよ。音楽のオランダなんかはね。パブリック・ライブラリにね、すごい music のライブラリアンがいてね。music のコレクションがあるわけ。だから music っていうのが、みんなの生活の中に、みんなの文化の中にあるわけ。日本だったら、西洋の音楽というのは、ほんとの片隅だよね、考えてみると。それから音楽というものがね、日本ではね、人間にとって一番大事なものっていう、そういう感じがないでしょ。

　音楽っていうとちょっとさ、変な話なんだけれど、結構声楽の人なんかね、宮原卓也さんなんかね、「歌舞音曲」っていってね。何しろね、下に見られてるっていう。それがヨーロッパの場合は、音楽はキリスト教と一緒に、言葉と、キリスト教、ラテン語と一緒に、ずっと音楽が発展していったでしょ。だからそういうことがあるからね。だから music っていうものがほんとに大事にされてるし、みんなのものなのよね。その伝統というものがＩＡＭＬの会議にもあるからね。だから、レベルも高いし、内容も濃いしね。どの部門に行ってもね、えー、こんなところに、さっきの話じゃないけれど、パブリック・ライブラリがさ、盲目の人のための music のあり方とか。もう、いろんな、範囲が広いわけよ。それでコレクションもすごいしね。だからね、そういう意味で、音楽っていうものがほんとに広い世界の中でね、生きているっていうかね。

そういうんでね、いろんな部門があるんですよ、分科会が。どれに出てみてもね、大変興味があって。それで夜は音楽会があるし、その土地の特色のある音楽会があるわけよね。それから、exhibition があるわけよ。楽譜やなんかのね。それから新しい音楽の出版物が出るわけ。楽譜集とかね、本とかね、その展示がすごいの。だからそれこそ、さっきのあれじゃないけれど、ロアゾー・リールの社長とかね、そういうのみんな来るのは、例えば十四世紀のポリフォニーの音楽の楽譜集出すわけでしょ。そうするとそれを、今年出ましたよってもってくるわけでしょ。だからね、いろんな部屋に展示があるわけ。

N：そうしたら、世界中の情報が一目でわかるわけですね。最新の情報が。

そう、情報の交換だけれどね。

N：そうですよねえ。最新出版の楽譜とかも並ぶわけですね。

うん、そうなの。だから出版社の社長かなんかが、みんな来てるわけ。ね、だからね、交流が広いわけ。幅が広いわけ、音楽に関する。殊に音楽に関する資料っていうものがね。かつては楽譜だけれど、今はビデオだとかいろいろ、そういうね。

N：それがそこに集結するっていうのが、すごいことですね。全部集まって、それをお互いに確認しあって。

それでね、国際音楽学会っていうのがあるので、それとの呼応も、つながりもあるんですよ。ＩＡＭＬっていうのは、もともとライブラリアンとか、そういうドキュメンテーション・センターですけれど、そういう人たちが、musicologistとして、レベルが高いからね。だってmusicologyでドクターとってるんだからね。だからある意味でね、あなたなんかもいいじゃない。

N：ああ、はい、一応、なんとか学位は取りました。

行ってみたら、ほんとにね、来年またねって感じだったからね。それとね、私はね、教えてるでしょ。だからその時行くとね、やっぱり西洋の音楽教えてるからね、ほんとに学ぶことが多くて。そしたら井上公子さんもね、ほんとそうよねって。あの人も教えてたでしょ。教える仕事してたら、やっぱりそういうものが、毎年新しいものを入れなくちゃね。

N：そうですね、学び続けて、次々新しいものを。

だからそういう意味でＩＡＭＬは大変役に立つと思うし。それでethnomusicologyに関しても、いろんな土地の特色があるでしょ。その地域のね。ベルゲンも面白かった。

N：ベルゲンは、グリーグの故郷なので、余計に。

そう、グリーグなんかのところに、グリーグハウスに行ったのね。それでそういうのもあるわけよね、プログラムの中に。そこでね、グリーグの使ったピアノ、それを演奏してくれるの。だからね、そういうスペシャル・プログラムがあるわけですよ。

N：それはたぶん、普段は公開されてないですよね。

そうそうそう。だからね、たとえばね。グリーグもそうだしね。イギリスならイギリス行ってもね、イギリスの作曲家の家を訪問するとかね。それから、ヘルシンキもあれでしょ。

N：シベリウスが、はい。

そうそうシベリウスのそういう家なんかを、全部細かく見せるわけ。だからシベリウスの家も行った。ＩＡＭＬはそういうあれがあって。ヘルシンキの場合はね、ロシア製の船だけれどね、ヘルシンキの船でね、プレ・カンフェレンス、カンフェレンスの前に tour とかいうのがあってね、それで行ったらね、あそこまで行ったんですよ。ロシアまで。

N：えーと、サンクトペテルブルクの方ですか？

そうそうそう、行ったんですよ。それでそこに行って、船の中で一泊したかな。食べ物は船の中で食べてね。ロシアではね、そこではあんまり食べないんだよね。だから向こうでレストラン入ったわけじゃないのよ。ソビエト。船で全部あれしてね。アフター・カンファレンスでまた、それでずーっと北まで行っちゃったの。だからラップランドまで行っていたの。

N：ラップランドまで！　そうですか。

夜十一時半っていうのにまだ日が出てて。

N：夏ですからね、はい、ミッド・ナイト・サンがこう高々と。

そう。だからそういうことができるのよ、一回行くと。一週間、まあ五日間くらいあるわよね、月火水木金と。土日とtourがあったりね。大体まあ、アフター・カンファレンスのtourがあるわけね、二、三日ね。それに行くわけよ。それがやっぱり大切よ。

N：そこでいろいろお話をしたり、またいろんな交流が深まりますね。

そうなの。それから大概、エクスカーションっていうのがあって、一日ぐらい。作曲家の家に行くとか。水曜日の午後あるとか。そういうのがあるわけよね。だから、ほんとにいいプログラムを。その国のお宝を見せるわけよね。

N：そうですね、音楽に関する一番いいところの、はい。

イギリスでも、ロンドンでも、行った時にね、ロンドン大学だけれど、やはり、バロックのヴィオラ・ダ・ガンバとかのいろんなアンサンブルを教会でやったりね。いろいろね、その国の特色を出すわけよね。

N：それはすごくいいですね。触れられる機会があるっていうのが。

そうそう。それでね、北欧に行った時も、やっぱりカンタータなんかの中に現代曲を入れてるとかのね、教会でね、やってみたりね。

だから、そういう点がね、時代もいろいろ、幅広いその国の音楽文化に接することができるからね。だからそういう意味でね、IAMLというのはね、ライブラリアンの交流。まあ、実際には今、コンピュータなんかの技術的な、難しいことの交流もあるけれどね、だけれど、そうでない、やっぱり一般的にね、musicologyだとか、musicのその土地の人たちの生活とか社会とかと結びついたものが、それに触れることができるわけね。だからね、ある意味で、すべての音楽をやってる人にはね、おすすめの会だと思うんだよね。誰でも会員になってて、それにaccompanyして、行けるのよ。

N：それはいいですね。そうしたら、興味のある方々と何人かで行くという。

だからあなたなんか行く時も、誰かaccompanyして一緒に行ったっていいんですよ。例えばハズバンドを連れていくとか、奥さんを連れてくとかね。そういうことをして、二人で行ってもいいし、友だち同士で行ってもいいしね。だから関根さんなんかも、あの桐朋のね、はじめ私にaccompanyで、彼女行ったの。

N：そうだったんですね。

それで連れてってね。それで彼女もなかなかいいからって、行きだしてね。だからそういうふうにね、accompanyもできるのよ。ホテルやなんかも全部予約してくれるしね。だから、簡単でいいじゃない。

N：そうすると、じゃあ今回の、五日間はここに、参加しますって言うと、ホテルは向こうで？

ホテルも全部言ってくるわけ。いろんな段階があるわけ。

N：ああ、じゃあこの辺ので、っていえば、あとはもう予約はしてくれるんですね。

うん、そうなの。だからね、ベルゲン行った時なんかはね。全員ね、大学のサマーハウス。

N：ああ、サマーハウス。学生寮になっているところですね。夏は開け放して。

そうそう。それでね、藤江さんが一緒に行きたいっていうからね。accompanyにして、藤江さんと私で行ったんですよ。ベルゲンはね。上法さんも行ってたかな。それでとにかく海のそばでね。一回海行ったの。そういうtourもあってね。船でね、ズーっと海をね。ベルゲンはよかった。国際会議場があってね。そこが一番の、メインのミーティングがあるところは。だからバスに乗っちゃってね。わかるでしょあなた。その、大学の寮からね。よかったわよ大学の寮も。眺めがいいしね。

N：ノルウェーはかなりその、大学寮が充実していて。学生たちは夏の間は出ないといけなくて、その間、ゲストを招くのに。とてもメンテナンスがいいという話は前から聞いていました。

とってもいい。部屋もよかったし食事もよかったしね。海が見えてるしね。それから海を船で行く、その tour もあったからそれもやって。なかなかよかったわ。それで景色がいいしね。それでベルゲンに行くまで雪でしょ、ずーっと。だからあそこは列車で行かなきゃダメよ、とかいってね。

N：氷河があるところがありますね。有名な鉄道が。

そうそう、列車でね。ベルゲンまで行っちゃってね。

N：そうでしたか。それはいいですね。

途中がね、いい景色で。

N：いい景色のところがいっぱいあります。

そうなの、だからベルゲンすごい印象に残ってるの。これ、あなたにお渡ししますね。

N：お願いします。

うん。だからＩＡＭＬの会議に行くことによってね。教える力ももらってね。やっぱり西洋音楽を勉強しながら教えるわけだからね。ほんとにね、いい勉強にもなるしね、ＩＡＭＬはほんとにいいと思う。だからみんなにすすめたいと思いますよ。

N：ちょうど私が楽理科で同級生だった、星野宏美さんって、メンデルスゾーンの研究家なんですけれど、今立教大学で、教授になったかしら。星野宏美さんは、ＩＡＭＬの日本支部に入っています。

ああそう、星野、宏美さん。

N：はい。星に野原の野に、ウ冠に片仮名でナ、ム、コウって字ありますよね。それに美しいで、はい。

ああそう。あなたと一緒？

N：はい、同級生で、楽理科です。彼女は早々と、ドイツのキール大学に留学して、そこにメンデルスゾーンの研究で有名な教授がいらして。

あ、この人メンデルスゾーン？

N：そうなんです。日本におけるメンデルスゾーンの研究者の第一人者になっちゃいました。彼女は。この間ふっと見たら、ＩＡＭＬの名簿に、日本支部の名簿に載っていましたので。

ああ、そうですか。今日本支部、何人くらいだった？

N：えっと、そんなに多くないですね。百人いなかったと思うんですが。

百人はね、いないわよ。

N：ああ、同級生がいたんだ！　と思って。

あら、一緒、楽理科。

N：ええ、一緒でした、楽理科で。

あそう。今どこで教えてるって？

N：今、立教大学で。やっぱり日本に帰って来てから論文を書いて、ドクターをとっています。向こうの大学に随分長くいましたね。その後も時々、向こうで勉強していると思います。

今ね、楽理科出た人でもね、いっぱいいろいろ活躍してるんだよね。

N：同年代が活躍していて嬉しいです。私の方が年上ですけれど、津田に行ってから、楽理科入りましたので。彼女は現役で、卒業していますので。ああ、ちゃんと国際会議などにも行っているのかなあと思いまして。

ああ、そう。ＩＡＭＬっていうのはね、まあ、あなたもお入りになってるから、いずれね。やっぱり見聞が広まって、やっぱり音楽っていうのは広い世界の中から見ないとね。いろんな角度からね。だから音楽学っていうのは、本当に誰も知らないけれどね。えー？　音楽に学問があるのっていうね。それで私いつも考えることがあるの。一つ。音楽学なんてあるの？　って、そういう感じでしょう。だけれどね、動物学っていうのがあるでしょ。私は動物学を勉強したわけじゃないけれど。動物学の研究のおかげで、哺乳類は、クジラと人間が同じであると。これはね、私、小さい時からショックなんだよね（笑）。クジラと人間が同じなの！？　っていうね。だからそれもね、動物学のおかげで、私たちはクジラと人間と一緒なんだなって思う。哺乳類で。それはね、私にとってひどく驚くことであったわけでしょ。

N：そうですね。お魚だと思いますからね（笑）クジラは。

人間と一緒だなんて思わないでしょ、やっぱりね。動物学というのがあるおかげで。だから音楽学っていうものがあるおかげで、音楽にもやっぱり理論があってね。音階だってあってね。そういうものの基礎に立って、一つの考え方の連なりでしょ。ソナタ形式とか、そんなんだって。それが、小さい時からピアノ習った時も、この次は二楽章やってきなさいとかって、一楽章の説明もしないし、ソナタっていうものの説明もしない、ピアノの先生は教えていたわけでしょ。だけれどほんというと、ソナチネとソナタ、こういうふうに違うとかね。主題とか、そういうのも言ってもらってもよかったけれど、何にも習わないで、今度二楽章ゆったりしたものだから、これは今度やってらっしゃいとか言われてね、ただやってたわけでしょ。あれも結局、音楽学っていうものが、何も抜きにされてね。だから原まち子さんているでしょ。

彼女もね、授業っていう、講義なんかはなかったわって言うの。レッスンだけで。ピアノ科でね、当時。今はいろいろあるでしょうけれど。

N：まあ、はい、今は音楽史とか音楽理論とか、そうですね。

だからやはり、音楽学っていうものを知ることによってね、さっきの動物学じゃないけれどね、いろいろなことがわかってね、それが普通の人、全然わからないでしょ。だからね、川村優子さんが、キリスト教の礼拝のことも言えないしね、音楽史を教えるのに。ほんとはキリスト教の礼拝と、ラテン語と、そこからずっと生まれてくるわけでしょ、音楽が。だからそれをね、教えたいわけだけれど。なかなかみんなピンとこないわけだから。

N：そうですね。クラシック音楽というものが、宙に浮いたようなものとして、日本では。

そう、日本では、この間も、切り抜いておきたかったんだけれど。有名な物書き、新聞なんかに書いてる人ね、その人がね、こう書いてたんだよ。西洋音楽はバッハから始まってくるけれどね、日本の音楽は、お能というものがあってね、お能の、謡曲、それから所作もあるでしょ。そういうふうなものがあってね、日本の方が伝統が長いって言うことを書いてるの。だから私、えー！？　これ切っとかなきゃって思ってね。

N：まあ、何ということでしょう！

だからね、その辺がね、もちろんお能なんかもいろいろ歴史はあるけれど、西洋だって古い時代から全部あるわけでしょ。だから日本の知識人って。みんな一般的にバッハからでしょ。

N：小学校で習うのが、例えば、音楽室にバッハの肖像画があったりしますから。バッハからって思っちゃうかもしれないですけれど。バッハの前がもう、ものすごく長い。

そう、それでね、一般の人にね、川村優子さんが言うにはね、なかなか、キリスト教とね、キリスト教の礼拝のラテン語の言葉とね、キリエ・エ・レイソンとかグローリアとか、そういうふうなことからだんだん音楽があれして、キリスト教の礼拝の世界で音楽がいろいろ、ポリフォニーになったりね、モノフォニーから。そういうことがあるでしょ。だけれどそういうことは一切、なかなかみんなにキリスト教の音楽との関連が言いにくいっていうのよね。日本でキリスト教のことなんて、あんまり聞きたくないっていう感じもあるしね。

N：先生それこそ、教育現場では「宗教」のことは取り上げちゃいけないっていうふうなことを言ったりするんです。ですから、キリスト教音楽っていう言い方では、例えば、小学校や中学校でそういう授業は避けるような傾向があるような。

ああそう。じゃあ音楽の教科書にも載ってない。

N：教科書でどうだったか。授業で取り上げる場合、それはただ、「祈りの音楽」とか、そういうふうに、言い方を変えていますね。

ああ、そう。だからキリスト教とかね、そんなのをやっちゃいけないのね。

N：はい。別の言い方で、言いかえないとダメっみたいなことが。なんだかとても変なことが。

ああそう。それもちょっとおかしいね。だって、禅宗のね、曹洞宗とかさ、あるじゃない、日蓮宗とか。そんなのもみんな教えればいいじゃない。あれもだって、一つの聖歌だもんね。あれはみんな。お経もね、イコール music だものね。

N：そういうところも学校の先生方はとても苦労なさって。最近はやっぱり「伝統的な歌唱」っていうことで、声明とかも取り上げるようにもなってきているんですよね。

私ね、お経も music として教えるべきよねって思う。だって世界中が今、Japanese Buddhist Music って言っているんだから。

N：ですから中学校の先生で、声明の実践を授業の中でなさろうとした時に、「仏教」という言葉を使わないようにして、これは日本における祈りの音楽ですと。

祈りの音楽だとかさ、儀式の音楽だとか。

N：それで「声明」という言葉は使っていらっしゃったんですが、できるだけ特定の宗教を連想させる言葉は使わずに。

でもね、日本の宗教を教えたっていいじゃないね。

N：はい、私もそう思います。

やっぱり宗教はいけないの？

N：やっぱり教育現場では、違う考え方があるようです。

そうなの。

N：はい。

いろんな宗教があるってことで、いいじゃない、ねえ。

N：はい。それを教えなくちゃいけないと思うんですけれど。そういうのは、できるだけ触らないようにっていう、そういう考え方というか、癖というか。

でも変だよね、ちょっとね。

N：はい、とても変なことです。それを知らなかったら、私たちやっぱり理解できないですから。キリスト教とかある程度知らないと、その音楽も。

でもねえ、あなた、教育について詳しくなってきたじゃない。

N：いえいえ。そういう変な、そういうことがあるということに、とても違和感を覚えるようになってしまって。

私も思うのよ。例えば「君が代」歌う時にね。立ってても、座ってても、歌わなくてもね、どうでもいいんじゃないかなあと思うんだけれど、あれでなんであんな気違いみたいになるの？　ねえ。立たなきゃいかんとかねえ。それからクビだとかねえ。あんなのどうでもいいじゃない。なんであんなことにこだわるの？　だってさ、軍国主義の時に「君が代」ばっかり一生懸命歌ってたんだもの。だからさ、その時歌わなかったからってどうってことない。立たなかったとか。

N：それをどうにかするっていうのが、変なことですよね。

まあそれは、立つのなんかは私は平気だけれどね。ただね、立たなかったってことを問題にすることはないよね。教育の場でおかしいよね。

N：あれもまた、はい。教育の場でそういうことがおこるもんですから、それをメディアが取り上げたりすると、そこが余計にこう……。

メディアがまた曲ったように知らせるからね。座っている人間が多かっただとかさ。

N：とても変ですねえ。

それから石原慎太郎みたいなのもいるからね。でもあれも随分、人気があるのかどうか知らないけれど。なんかあの人もちょっと変わってるよね。なにかに変に、こう傾く必要はないよね。ほんとにそう思うよ。ちょっと、今お茶入れますね。どうですか、今日はこのぐらいで。

まだその、翻約のことはやってなかったんだよね。だから翻約のことをこの次やって。そのくらいで終わってさ。あなたとの対話のかたちで。それでどう？

N：はい。少し原稿の形にしてみますので。どうもありがとうございます。

〈**注　釈**〉

（注1）平島正郎（一九二六～二〇〇九）音楽学者。桐朋学園大学、宮城学院女子大学教授、明治学院大学名誉教授。

第九章　教職と研究活動、翻訳のこと

◆東京藝術大学専攻科修了後、様々な教職へ

今日は、確か教職のことと、それからその次に研究活動。そういうことをやっていこうと思っているのね。それでね、研究活動で、翻訳が入りますからね。それじゃいいですか、始めていい？

N：はい。お願いします。

少しダブリますけどね、東京藝術大学音楽学部楽理科卒業、それから、専攻科修了ね。その当時は専攻科第一回生なの。だから文部省が一々許可しないとね。専攻科に、四人行ったんだよね。二十人が楽理科で。それも、あとでね、学部長の人に聞いたら、非常にそれは選ばれた者であったっていうの、二十人からの。でもまあ、やっぱりやりたい人が四人も。専攻科っていうのが大学院の始めですけれどね、修了して。それから研究室に一年間勤めたの。で、それも初めてで、私一人が「副手」っていうのになったの。あの頃助手とか副手だけれどね、まだ助手は、全然文部省から認められない。だって東京藝術大学に新しくできた科だったから、楽理科が。それで初めての副手で、一年勤めてね。それからあとの人は変な名前なの。おぎなう、しゅ、と書いてね、補手（ほしゅ）っていうのが、研究室に勤められるのがね、四、五人いたんだけれどその当時。なんか知らないけれど、文部省だからね。許可が出ないとね。だから専攻科でも初めてできて。確か柘植元一さんなんかも専攻科だったと思うよ。とにかく初めの頃は大学院がなくて専攻科なの。それで第一回生なの。それをやって、そして面白いことには、一九五六年の四月から、東京藝術大学講師になったの。というのは今から考えると、音楽学を教える人もあんまりいなかったんだと思うのよ。先生がいなかったから。

N：副手をなさって、すぐに講師を？

ええ、すぐに藝大の講師になったの。それは一つの試みみたいなものだけれどね。それで、音楽史をやはり教えたわけよ。それが、まあ、わたくし自身の教えるという仕事の最初のステップなのね。一生懸命勉強してね。私自身の一生から見るとね、二〇〇四年に、フェリス女学院のオープンカレッジを教えていたのをやめて、四十八年間教えるという仕事をしたことになるわけ。まあ、オープンカレッジだけれどね。

N：まあ、四十八年間！

その前には、もちろん、フェリスの教授をやめているけれどね。オープンカレッジも行っていて。だから長々と、そういうことよね。

専任の仕事とね、非常勤の講師の形で教える仕事をあちこちしたわけ。それが一つと、それからもう一つは、研究活動ね。研究活動はずっとしたわけですよね。もちろん研究活動は今日に至るまでやっているわけですよね。

N：そうですね。この、音楽史研究会（注1）も。

そう、退官後もね、研究会という形でやっているということですね。それから、学会、音楽に関する学会にもね、ずっと入っていて、機関誌を通してね、いろいろな音楽学の研究活動を続けているということね。

N：先生、たくさん論文なども、いろいろお書きになって。

いろいろね。それから、音楽学に関する本、音楽に関する本はずっと引き続き読んでいますからね。殊に今回は、教える仕事と研究生活、研究活動ね。それをお話しようと思っているんですね。

ここはまだイントロダクションですけれどね。まあ、音楽書というものが、音楽について、西洋音楽については全然なかったわけです。日本人が書いたものも、全然、本当に限界があったわけですよ。それでね、やはり、欧米人の音楽学者のものを読むというのになって、それで仕事上必要に応じて翻訳出版もしたわけ。必要に迫られて。何にもないから。というのは、日本人の書いたものは、非常に粗末だから、限界がある。そういうことで、わたくし自身は、研究をしていくということのために、様々な学会を通じて、研究に携わると。日本のみならず、欧米の学会にも関わったということですね。IAMLのことはまたあとで説明しますけれど。IAMLも非常に、私にとっては役に立ったんですね。学会のことを言う時に話します。ちょっといろいろ飛び飛びになって申し訳ないんですけれどね。

それから、音楽学というのは音楽の学問ですよね。それの領域で、教えるということ。それが一つの職業である訳ですよね。それでね、職業をもつということの重要な意味を、わたくし自身は非常に感じているわけです。職業というのはね、英語でいえばprofessionなの。professionというのは、仕事をして、ちゃんとお金をいただくという。ボランティアじゃないの。これが非常に大切なことなの。仕事を評価して、それに対してちゃんとお金があるというのがprofessionなの。わたくしは、それが非常に大切だと思うのはね、社会の中での人間としての評価を受ける、これは非常に重要なことなんですよね。そしてわたくし自身は、すべての人間は、男性も女性も、一個の人間として社会の中で責任をもって生きるということだと、やっぱりprofession、職業をちゃんともたないといけない。それが私の意見なんです。ですからね、そういう意味で、音楽の世界で仕事をもつということを、喜んで引き受けてやりました。わたくし自身の個人的な環境を考えると、わたくしが仕事をもった当時は、女性は結婚すれば、仕事はしないと（笑）。という一般的な意見なんだよね。一般的な考え。だけれど私は、女の人も一個の人格をもった人間として、社会で仕事をして、社会の中の一員として生きると。それから、仕事をしていいことは、その仕事に対して、評価されるということ。評価がなかったら、仕事はさせてもらえないでしょ。だからこれはとても大切なことなのよ、人間としてね。そうでしょ。ですから、そういうことでね。私自身は家庭をもっていたけれどね。まあ、とにかく、仕事はいつも「喜んでお引き受けします」と。全部受けたわけよね。

N：先生一つ質問してよろしいですか。当時は女性は結婚したら仕事をやめるという風潮の中で、先生ご自身が、女性もちゃんと社会の一員として、そういうふうに責任を果たして、仕事をして評価を受けるべきだと、そういうふうにお考えになるようになったのは？　やっぱり何か、先生ご自身の？

一つの理由はね、私自身から言うとね。実は私の生きた環境で、私の生涯においてものすごく大きな出来事はね、私が十七歳の時母が亡くなったの。それが私にとって大変大きなショックでね。もうこの世に生きていたくないって思うぐらいだったの。十七歳だから、すごい感受性が強いわけでしょ。それでその時、人間はあした死ぬという考えももったわけね。人間の命というのは。今は生きているけれど、お互いに、だけど、明日の命はどうなるかわからないという、一つのフィロソフィーじゃないけれど、考え方をもったわけね。だからそういう事を考えると、女の人が結婚して、ぬくぬくと安心して、男の人が働いてくれるからいいと思う考えは、絶対にすべきではないと思ったわけ。もちろん私が結婚して、この夫がすぐ死ぬとは思わないよ。もちろんね。だけれど、どういうふうなことがおこるかわからないと。そうするとね、私も二人子どもがいたけれど、子どもをちゃんと養って、生きていくってことだってありうるわけでしょ。

N：はい、一人でということも。

だから私は、人の命なんていうのは、明日のことはわかんないっていうのをね、十七歳からもったわけ。というのは、母が、元気だったのが、四週間ぐらいの病気で亡くなったのね。急性肺炎をおこしちゃって。だからその時に、頼りにしてたわけでしょ。それでね、もう呆気にとられたけれど。もう、私自身が生きているのもいやだと、この世の中にはね。早く死にたいと思ってたの、ずっと、それからね。だからそういう一つの経験でね、私自身は、人間はあした死ぬかもわからないと。自分自身もそうよね、含めてね。だからそれが一つの、私の、人生に対する一つの考え方ね。それは意外と、言われてみれば、当たり前のことなんだけれど、実際に経験してみないとね。

だからそういうことなのよ。私自身はわりあいみんなから、あなた恵まれてるねって言われるけれど、まあ、やはり人生に対するショックもあるしね。十七歳までは父と母がいて、それから三十六歳の時に父親が亡くなったの。だからそれからあとは、わりあい父が、ずっと私をね。普通は母が亡くなった時に、昔の旧制だから、女学校卒業するわけよ、十七歳で。そしたら、私の母の姉はね、私にこう言ったの。のりちゃんこれからはね、お父さんのお世話をするんだわって言ったわけよ。そしたら私の父がね、そんなとんでもない、自分の身の回りなんて、ちゃんとお手伝いさんがやるんだから、お前は津田で、ちょうど津田に入った年よね、十七歳。津田に行って勉強しなさいってね。それ以来、私、父の身の回りのこと、一回も面倒見たことがないの。全部お手伝いさんを頼んで、ハウスキーパーをそばにおいて、全部やって。だから私の父がそういう姿勢なの。それで勉強しなさいとかね、私が藝大受けるって言ったら受けなさいとかね。まあそう言うんでね、私の父が、すごくそういう意味で、私自身に精神的にヘルプしてくれて。

N：自立。とにかく勉教をしなさいというふうにおっしゃって。

というのはね、考えてみたら私の父も、世界を全部周って、一年間かかってね、いつか、あの澤柳さんの本の中にね。

N：はい、見せていただきました。

ライプツィヒ大学にも二年間留学しているのね。だからライプツィヒ大学に行った時に、ペスタロッチーにね。というのはスイスというのは山ばっかりで、何にも産物のないところだから、教育で国を立てるしかないっていうのが、ペスタロッチーの考え方だったの。父はそれに共鳴しちゃってね、ペスタロッチーの研究を一生涯しちゃったんだけれどね。だけれど日本も島でしょ。だから、教育で生きていくしかないという考えで、ペスタロッチーの考えを信奉してね。それでペスタロッチーの研究に一生涯捧げたの。

それは、私の父の考え方なの。だから教育とか研究とか、そういうこと、すごく私の父は大切だって言ってね。それで、私二人子どもいたけれど、研究者になりなさいって言って。それで二人とも研究者になっちゃったけれど。研究者という、ものを研究する人間が、一番社会に貢献もできるし、自分自身も精神的に豊かになるっていうのが、私の父の考え方。だから、できることなら研究者になりなさいっていうのがね。そうしたら、私の二人の子どもが、工学部行ったけれどね、上の方が、電気の超電導でしょ。研究者で、東芝だけれど、大学院に進んでから。それから二番目が純でしょ。二人ともほったらかしにしてたけれど（笑）。

N：先生そんな。子どもは親を見て育つって言いますけれど、どこかでそれは。代々の、おじいちゃんが研究して、お父さんもお母さんもって、見ているんですね。

そうね。研究する人間っていうのは、お金は全然入らないけれどね、お金はね。まあ何にしろ、なんとか生きていければいいんでね。まあ、ものを研究する。その人間が一番幸せだとか言って。

N：ああ。いいお言葉ですね。ものを研究する人が一番幸せで社会にも貢献するという。

お金の世界とは、あんまり関係がないけれど、だけれどそれを私の父は言ってたの。それで何となく私もそう思っていたし。そうすると子どもも、なんとなく研究のほうに行っちゃってね。

N：私は研究者の端くれですけれども、すごく励まされます、そういうふうに、研究者っていう仕事がとても大事だっていう、先生のお父さまの、そのお言葉に。

研究する人間はね、とてもね。だからそれが私の父の考えだったからね。私がね、結婚もして家庭ももってたら、そうしたら何を言ったかっていうと、友だちが笑っているの。あんまり家事は一生懸命しなさんなっていうのが私の父の言葉。友だちが、あなたのお父さま、とっても素晴らしいねってね。家事は最小限にして、自分のしたい研究とか、そんなことをしなさいってね。女の子にそんなこと言うなんてねえって、津田の時の友だちも言ってたけれど。

N：当時の時代の風潮からいったらもう、かけ離れているお考えですね。

そうそう。だって津田に行くのだってそうでしょ。その当時英語なんて役立たずだもんね。敵国語でね。だけれど、父も賛成して、私の母も賛成してね。それで行ったんだからね、広島からね。

N：いやー。でもそれは、国際的な視野という意味では、英語は絶対に必要ですから。

そうなの、英語は絶対必要なのよね。やっぱり、父も留学してるでしょ。だから、ライプツィヒなんかで生活してるからね。だから、そういう、理解がね。

N：そういう、先生ご自身の背景がおありで、やっぱりお仕事にも。

まあね、恵まれたって言えば恵まれているけれどね、当たり前っていえば当たり前。

N：ご自身の、大変な、本当に大変な、いろんなことがおありでいらっしゃいました。

でも私、いつも思ったのは、私の人生はいい加減人生だったたって、なるようになるわってね。私の孫娘がね、今コロンビア大学の大学院に行っているでしょ。私の誕生日におめでとうって言って。それで、「おばあちゃんの言う言葉、なるようになるわって、それによって励まされた」ってね。だから私、なるようになるわよ、そんな一々気にしなくていいよって言ってね。まあ、孫娘は留学したでしょ。そしたらね、追い出されたら帰ってきなさい、それもいい経験だから。長い人生にとってね。せっかく勉強しようと思って行ったけれど、うまく点数やなんか取れなくて、追い出されて帰ってくるってことになってもね、それはまた一つのいい経験だからね、帰ってきていいよって言ってあるの。だから私自身はね、わりあい、何ていうのかしら、本当に、なるようになるっていう。というのは、その結果がね、まあどこかの大学受けて落っこちたとかね、いろいろあるじゃない。だけれどその結果がプラスになることだってあるわけでしょ。

N：うまくいかないって思っても、それがプラスになるかも知れない。うわあ、そのお言葉！

ね、そうでしょ。だからそういうことが、意外と、人生の一つの経験になるのよね。いつもマイナスの方ばっかり見てたらね、気も落っこちるしね。だからそれがね、わりあい私の父も、そういうかたちでね。わりあいそれは受け継いでいるかと思うの。

N：それは凄くいいお話、なかなか人間前向きになれないこともありますけれど。

なれないこともあるけれどね。だけれどね、ある程度失敗するのもいい人生経験だと、ね。そういうこともね。

N：そうですね、それは大事ですね。

そういうのもあるわけ。それがまた、一つのあれになるって、うまくいくってこともあるし。だから、わりあいそういう見方を、私してるから、試験に落っこちたとかそういうの、なんとも思わないの、わりあい、簡単なの。

N：それは、すごいことですね。次にエネルギーがすぐにパッと湧いてくるっていうのは。

実はね、ごく最近だけれどね、東大の経済学部の吉川洋っていう、サンズイにヨウって書く、吉川洋っていう有名な教授がいてさ。よくいろいろ、新聞やテレビなんかにも出てくるよ。経済学者。その方が私の友人の息子さんだけれど、東大のね、医学部の教授の息子なんだけれど。それの、一人娘。それがね、二葉かなんか行っててね。すごく優秀でね。大学は東大しか受けなかったの。それでね、予備試験かなんかあるでしょ。それもすごくいい成績でね、それで東大に入ると思ってたらね、落っこちたのね。そうしたら、友だちも何人かいるわけよ、吉川さんていう私の友だち。そうしたら、よかったねえ、人生においては一回は失敗した方がいいよってね。みんながね、よかったねえって言ってるわけね。それで次の年に、東大の建築入ったけれどね。だけれど、やはりそういうものの考え方って大切よね。

N：よかったねえって、えーー、なかなか言えないですが。確かに。そういう失敗も経験すると。

一回失敗してみるってこともね、人生にとっては大切だからね。だから私も、藝大に入学した時、中でずっと続けられるか、家庭もっていたから。まあ、続けられるだけ続けようと思って藝大の生活もしたわけよ。そうしたら、なんとか卒業できるわって、単位も、すごく早くとっちゃって、三年までにほとんどの単位とっちゃって、四年は論文だけ残したり、いろいろしてね。家庭もあるから。私、家庭もってますなんて、ピアノの先生なんかに言ったことないのね。やっぱり、この人家庭があるから大変だなんて思われたらいやだから。普通の学生と同じにしごいてもらわなくちゃいけないから。だからそういうんでやったけれどね。だけれど、卒業できたらすればいいやっていうようなね。わりあいそういう感じだったからね。あんまり、なんていうのかしら、こうしなきゃいけない、ああしなきゃいけないって、思ったことが一回もない。だからなるようになるわってね。いつもそう思ってた、わたくしの生涯は。簡単でしょ。

N：えー、いえーそう簡単とは。その、先生のお考え、すごく素敵な、それはいいですね。

それでね、そんなふうになんとか毎日毎日明るく生きていけるものね。どうにもなっていいって思っていればね。そうなの。だから、私の息子の純なんかもね、のんびりと勉強してたのよ。あの人も、大学何年かかったんだか。普通の人よりいっぱいいるよ。うろうろ。

N：それは、その間にいろんなことをなさって。

純がいつか話していて、講演していているのね。そろそろ親の顔が見えてきたからね、卒業しなきゃいけないと思って卒業したとかね。まあそういうね、あれで。大学院の頃なんかしょっちゅうアメリカなんかの学会なんか、ほっつき歩いてね。でも私のところになんも言わないでね。カードだけ渡してね。お金がいるでしょ。食事したりね。それで、あっちこっち学会行ったりしてたけれどね。まあわりあい、自由にするっていうのはね、私自身の環境もみんなそうなの。まあそういうことです。

N：ありがとうございます、先生。大切な、貴重なお話を。

それでね。まあ、あの、私自身はね、仕事に関しては、まず社会の中の一員として仕事をさせていただくと、いう機会があれば、一生懸命やりますという姿勢で、お仕事をいただくとそれをやったということなのね。音楽学が新しい領域であったので、それを専攻した者としては、教職の領域で仕事をさせていただく機会に非常に恵まれた、私の時代は。というのは、最初の卒業生でしょ。だって第二回だから。第一回の人で教職に就いた人はほとんどいないから。だから教職に就くでしょ。それは本当に、ある意味でね、音楽学やったっていうことで、大変機会に恵まれたんですよ。これからいろいろお話しますけれどね。私は、仕事を探したことがないの。いつもお頼まれして、行くんですよ、その時代。というのは、楽理科の先生も音楽学をやっていないわけ。美学かなんかやった先生がみんな来ちゃって。それか作曲家。理論と歴史だからね。その先生方も、考えてみたら音楽学やってないわけよね、考えてみたら、major にね。だから、言ってみれば、最初のパイオニアみたいだったわけよ。

音楽学の日本語で書かれた本かないわけでしょ。だから、英語で書かれたものが、英語の音楽史の本ね、そんなのもちょっと手に入れて、それで、教えると。それをもとにして、教えると。フィネイっていう、エフ・アイ・エヌ・エヌ・イー・ワイ、Finneyの音楽史っていうのがあったのよ。英語のものでね。History of Music。それを、これぐらいの厚さの本だけれどね。まあ、バッハの前がすごくたくさんあるんでびっくりしたのね。日本じゃバッハから始まるわけでしょ。それでね、日本人の書いたものは全然役立たずなの。オッコツサブロウ（注2）ていうね、あの、乙という字に。知ってる？

N：ああ、はい、活字で、本で見たことがあります。

それでその人の音楽史を読んだけれどね、もう全然比べ物にならなくてね。フィネイなんていうのは、なにも有名な人でも何でもなかったんだけれどね。私の友人がね、その当時GIっていうのがあったのよ、戦争中。占領軍が。でその占領軍の、GIに努めている津田の友だちがね、その本は、GIの教育のテキストだったの。でもこのくらいの厚さでね。まあバッハの以前もいっぱい書いてあってね。それでその本を、私まず音楽史として読んだわけ。英語ができるからね。それでまあ、よかったんですけれどね。

いろいろ、まあ、教職をしたということね。個人的なことをちょっと一言言いますとね。私は家族が、夫がいて、二人の子どもがいたのね。だけれど、そういうふうに外のことやっていたでしょう。そういうもんで、誰を頼んだかって、その頃保育園なんかないからね。だから、住み込みのお手伝いさんを。それが、島根県からね、毎年高等学校の卒業生がね、うちへ来てね、四年間ずつやってくれるの。で四年間勤めたら帰ってね、次をまた送ってくれるの。就職係が。大田っていうところ、島根県の、ある高等学校の、県立高校だね。その就職係の先生が音楽の先生だったんだよね。それで、うちへ送ってくれてね。今、この家は立て直したからね、鉄筋に。だけれど前の木造の時は、三畳ぐらいの部屋があって、それで押入れがあって、三畳の部屋が、玄関のそばにあってね。そこに、お手伝いさんいてもらって、それで子どもを見てもらってた。

N：お食事とかも、じゃあ、その方が。

うん。それでね、やっぱりその人も、東京来てなんかしたいでしょ。洋裁学校みたいなの、夜の、洋裁学校に通ったり。まあそんなふうでね。それで四年間毎にね、その次の人をその先生がまわしてくれるの。だから恵まれたのよ、ねえ。

N：ここに住み込みでいらしたお手伝いさんもきっと、四年間大変な勉強をなさって。

そう。それを馬鹿にされないようにね、お店に行ってもね、やらなきゃいけないのは、まずランゲージ。言葉。

N：はい、日本語が。

それでね、その、言葉をね、きちんとした言葉をね、まず勉強してもらう。それ私が教えるの。そしたらね、私の津田の時の友だちなんかが電話かけてきて、あなたのところのお手伝いさんは言葉遣いがいいねって言うんだけれどね。言葉遣いがよくないと馬鹿にされるのね。世の中っていうのは。だから始めの頃、クリーニング屋さんが来るとね、これもってって、ていうようなこと言うのね。だからね、これをお願いいたしますって、ちゃんと言いなさいって。そういう、ＡＢＣ？　それをね。

N：それも先生が。教育ですね。

そうそう。そうするとね、見違えるようになっちゃってね。三年目ぐらいからは、自分の高等学校の友だちやなんかのところに行ったりするでしょ。東京でもね。そうしたらね、お嫁さんに来ないかとかね。

N：きっといっぱい、来てほしいと言われて。

長野県に連れていくことあるのね。長野県に私のところのうちがあるから。そしたらね、近所の人が、この辺りで結婚しませんかっていうぐらいね。少し洗練されてくるね。今でもむこうと交流があってね。それでね、家族とおんなじにしてね。全部。そうするとね。食事も一緒にするようにすると、とっても、やっぱりね。ほら、区別するといけないのよ。おんなじ家庭の中で、召使みたいに。もう家族の一員のような感じにして、やってね。そういうふうに言葉もね。そうすると会社に勤めた人と比べても、高校だから、みんな会社に勤めるでしょ。その彼女の方がね、初めはお手伝いさんなんて言われているけれど、なんかもう、見識が出てきちゃってね。それで郷里から、島根県から高校の卒業生なんかが来るでしょう、修学旅行で。そうしたら、あなたがね、何か先生の贈り物買ってきてちょうだいよとか、頼まれちゃったりね。まあなかなか、ちゃんと、上になっちゃってね、言葉遣いもちゃんとしているから。だからそういう友だちと混じっても馬鹿にされないようになっちゃってね。ま、うまくいくんだわ。だから、それだけ、ある意味で教育よ。

N：そうですね、先生がそういうふうになさって。

うん、それでね。みんないい結婚してね。郷里に帰ってね、やってるわ。私も一つの教育だったのかもしれないと思ってるけれど。

N：そうですね。大事な教育ですね。

ま、子どものね、面倒見てもらうわけだから。そういうことがありました。それで教職のことを、一応その、ヒストリーを言いますとね、まず東京藝術大学の講師になったわけでしょ。その頃東京藝術大学の講師はね、わりあい卒業生をまず講師にしてるんだよね。だから藤江効子さんなんかも。何年か講師して、それから外へ出てって、働くっていうふうになって。だからね、あなたの楽理科の名簿を見るとそうよ。いっぱい、みんな講師のところに名前があるよ。

N：あの楽楽理会（ららりかい）の名簿に書いてありますね。「教員」のところに。

そうそうそう。渡部恵一郎とか桐朋に行くんだけれど、初めちょっと助手だとかね、講師だとかね。あの人は助手もなっていたけれど。そういうふうな一つの練習をさせてくれるんだね、藝大でね。私自身はね、専任だったのは、東海大学の短期大学部教授と、そのあとフェリス女学院大学の教授ね。それが専任。東海大学の短期大学部の教授っていうのはね、東海大学に短期大学部ができる時に、私に、松前さんが、ちょっと、文部省に書類やなんか出して、とにかくあれだからって言って。東海大学の短期大学を新しくつくるっていう、そういう大学関係の方がいらしてね。それでまあ、私もいいですよって言ったわけよね。それは、短期大学部っていうのはね、保母とかね、幼稚園の先生とかね、いわゆるそういう、社会にね。

N：幼児教育、保育士養成とか。はい。

そういうのが、短期大学部なの。そこで教授っていうんでね。なってほしいって言われて、松前紀男さんにね。だから、私はいつも頼まれてやってるわけ。で、このフェリスの大学の教授っていうのも、四年制になる時。私フェリスの講師は長いことやってるわけ。非常勤講師は。早くからね。だけれど、大学が四年制になる時、私ずーっと教えていたから、ぜひ東海大学の短期大学部から、こっちへ籍を移して、やってほしいというふうに言われて、それで、フェリス女学院大学の四年制のほうの教授になったわけ。そうして、私やめた時にね、別に名誉教授にしてもらわなくたって、そんなこと別に気にしていなかったの。そうしたらフェリスの方でね、名誉教授にって言って、やってくださったからね。まあそれも有難かったと思って。だってだんだん、歳とって、社会に出て、何もないよりは、フェリスの女学院大学の名誉教授っていうのをもらっておけばね。だけれどそれは、フェリスの方も、変な話ですけれどね、これから言いますけれどね。私が非常勤講師であちこちの国立の大学でも教えているわけね。そうするとやっぱり、国立の大学の方が、文部省に聞こえがいいわけよね。だからフェリスだけで教えてたんじゃなくて、あちこちで教えたでしょ。東海大学もそうだけれど。そういうわけで、専任はその二つだね。それからね、講師として、非常勤講師としては、お茶の水女子大学文教育学部音楽科っていうのね。ついでに申し上げますと、これは柴田南雄先生が行きなさいって。私の仕事を書いてみたら、そうしたらね、全部頼まれて行ってるわけ。

その次、埼玉大学文学部講師。それは神保常彦先生、私の習った先生ね。それから津田塾大学にも、短い期間だけれど一般教育で教えたのね。辻荘一先生が津田塾の音楽史を教えてたの。一般教育にあるわけよね、音楽史は。それから、埼玉大学の場合は、文学部では専門科目だったの。三年と四年のね。それから東海大学、短期大学の教授に頼まれたけれど、東海大学と大学院とで私教えてたのよ、論文指導なんかも。それは松前さんの紹介で。それから、フェリス女学院の音楽学部と、それから文学部でも一般教育で教えていたの。両方教えてたの。音楽学部が中心だけれどね。そこではゼミだとかなんとか、いろいろ教えていて。それは柴田南雄先生のご紹介。それから、青山学院大学の文学部の専門科目なんだね。三、四年の。それが饗庭孝男っていう先生。

N：フランス文学の、はい。

　私が今あげたのは、全部、わたくし自身は、女性で家庭をもっていてね、そうやって仕事がきたからね。いつも、わたくしでよろしかったら、どうぞよろしくお願いしますと、頭を下げてね。それで、仕事していたの。だけれどもね、一つだけお断わりしたのがあったの。それがね、千葉県にある聖徳学園大学（注3）、音楽学部ね。これはね、卒論でお世話になった清水脩先生から。清水先生が専任で、聖徳学園大学に自分がいるから来てほしいと言われたんだよ。だけれど、松戸でしょ。千葉県で。だからちょっと、その頃遠かったのよね。今は近いけれど。大変申し訳ないけれど行かれませんと、断ったわけ。

　これがわたくし自身の、音楽学を教えたあれなんだけれど。先ほど申し上げたように、いつも、わたくしでよろしかったらやらせていただきますというふうにね、仕事は全部受けたつもりなの。それから埼玉大学の時は、神保先生って親しいもんだから、先生埼玉大学なんて遠いじゃないですか。新宿で乗り換えで、池袋で乗り換えで、大宮で乗り換えて行かなきゃならないって言ったらね、あなたの近所の先生が一人、専任で、一週間に三日来てますよって言われてね。それで埼玉大学も行ったの。

N：近くの人が来てますよって言われたら、ちょっと、はい。

　そうそう。それに、私の先生でしょ。まあ、原則として、私も、仕事が来たらなるべくそれをこなすということでね、相当大変だったわよ。だって青山学院大学なんて、渋谷の文学部に行って。そのあとしばらく経ってから理工学部がこの世田谷にできたのね。だから世田谷にもできたから、世田谷にも行って。今はないよ。どこか移って行ったね。それでね、大体私の習った先生からきているんだよね。全部、その仕事はね。そうでしょ。それで、柴田南雄先生にはお習いしたけれど。楽理科の教授だったから。それから神保先生とか辻荘一先生とか、そういうのはみんな講師でいらしてたのね。それで、辻先生なんかもバッハの研究でね。

N：はい、もう大変有名な。

それで饗庭孝男先生は、私が翻訳した『中世社会の音楽』を本屋さんで、自由ヶ丘で見たら、とても素晴らしい本で、フランス語っていうものが、吟遊詩人のオック語とかね、トゥルバドゥールとかトゥルヴェールとかね、そこからフランス語がうつっているとか、フランス語が興っているとか。いろいろあるわけよ。その『中世社会の音楽』の本を自由ヶ丘の本屋で買って、読んだら、こんな素晴らしい本ってないって言ってね。それでね、是非青山学院にきて教えてくださいっていって、フェリスに電話がかかってきたの。そうしたら私が、佐藤薫さんと松前紀男さんに、友だちだから相談したらね、音楽学部でもないところで教えるなんてって。だってみんな音楽学部があるわけでしょ。お茶の水とかはね。だから、音楽学部もないところの一般の人に教えるなんていやだねえって言ったら、そういうのを是非引き受けた方がいいって言うからね。松前さんと佐藤馨さんが。そういうのは引き受けたほうがいいよって言って、それで引き受けて行き出したの。わりあい長く行ったわよ。その饗庭先生もとってもいい先生で。フランス文学の。有名なジャーナリストよね。

N：有名ですよね。本もかなりたくさんお出しで。私ももっています。たしかフランス詩ですとか、それから思想史とかがご専門だったかと。

わりあいね、ジャーナリスティックに有名な方よ。その先生がね。フェリスに電話かけてきてね。私にね、是非来てくださいって。それはね、もう行き当たりばったりの。

N：そういう、注目されるような本を、先生がたくさん、もうすでに翻訳されて。

まあ翻訳のことはまたあとで言いますけれどね。とにかく中世社会の音楽の時に、翻訳の中では、一番勉強したの。だってラテン語でしょ。古いでしょ。だから、ほんとに古い時代のことってわからないからね。そうしらた、あの本は東大の高階秀爾先生、あの先生なんかかいつも参考文献に、大学院で紹介してるって。私の知っている人が美学の大学院に行っていて、あの先生が紹介していたって。あれは珍しい本よ。中世の本がないから。

N：ないですよね、日本に。しかも一昔前でしたら、余計になかったですよね。

そうなの。だからまあ、そういうことで、わたくし自身の、教職のほうはこんなもので。

N：先生、非常勤でものすごいたくさんのいろいろなところにいらっしゃって。

そうね。でも言ってみればね、お頼まれしては行くって感じでね。さっき話したように、女の人で家庭もってたりすれば、ハンディキャップがそれこそあるわけでしょ。あの当時は、荒川恒子さんのような人ですらね、荒川さんは一人でね。ボーイフレンドはいたけれど。あなたなんか全然仕事なんてしなくていいじゃないのって、私に言うのね。だから私言ったの。やはり社会に出て仕事をもつということは、女の人にとって絶対大切だと思う。人間としてね。というのは、わたくし、うちにいたらね、何もしないもんね（笑）。寝そべってね。あのね、クィーンですよ。主婦は、家庭の中ではね。だから家庭の主婦というのはね、やっぱり甘いと思うのね、生き方が。だって、試されることがないわけでしょ。

N：社会に出ないですからね。家の中で。

だからね、クィーンじゃない。王様じゃない。だから私、そうなったら大変なことだって思って。外に出たら、はい、すみません、よろしくお願いしますってやらなきゃいけないでしょ。だって、それが大切なのよ、人間にはね。それから自分のやったことに対して、さっきの話じゃないけれど、profession。評価されて、ちゃんとお金もいただくという。だからよく、共稼ぎとかね、あそこは奥さんまで働かせているとかね、言うでしょ。

N：何か事情があって働かせている、大変ねと、はい。

だけれど、私、それは全然、間違った考え方であって。女の人も社会に出て、人間として評価されながらね、そうでしょ。だって、家庭の主婦だったら、旦那が社長になったら社長夫人よ。旦那が小遣いさんだったら小遣いさんの奥さんよ。だからね、これはおかしいのよ、人間としてね。

N：はい。やっぱりその人個人の、その人にしかできないことがありますからね。

それなのよ。私は絶対女の人は仕事をもった方がいいと思ってね。社会に身を晒すということで、評価されるわけ。だから、その考えをずーっと早くからもち続けたの。昔はみんな女の人は仕事をもっていないでしょ。その辺はやっぱり津田梅子さんが、いろんな専門教育を身に付けさせると言って、それでまあ、言ってみれば先生でしょ。学校の先生っていうのが一番、会社員と違って、ある意味で、自分の世界築けるからね。そういう点では幸せなことよね。だから私もそう思って、そういう道を、自然にもったということですよ。今お話したのとは別に、横須賀の市民大学だとか、横浜の市民大学だとか、それからアェリスのオープンカレッジだとか、いろんなそういった生涯教育については、また教える機会がずっとあったわけですけれどね。

◆音楽学に関する研究活動・執筆活動

それで、教職の方はそういうことで、その次に。研究の、そういう勉強のかたわら、研究しつつ執筆活動もしたのね。雑誌にいろいろ書くとか、事典に書くとか。それはまたいずれ言いますけれど。学会に入ることによって、研究生活ができるわけでしょ。それで、その学会で発表することもしてね。その名前をあげますとね、日本音楽学会っていうのが、いわゆるクラシックの西洋音楽の学会なのね。それは私が学生の頃にできたんですよ。卒業した時に、論文発表はここでまずしたんですよ。ドビュッシーの発表を。それから何回も。学会の委員もしていたの。学会のいろいろなことを手伝うわけね。それから東洋音楽学会にもメンバーで入っていて。それから広いところでね、国際音楽学会っていうのがあって。アクタ・ミュージコロジカ Acta Musicologica っていう雑誌。機関誌をとってね。それで五年に一回大会があるんだけれどね。そういう国際的な学会にも入って。それから、アメリカ音楽学会っていうのもあるの。これはね、Journal of the American Musicological Society っていうの。アメリカ音楽学会のジャーナル。それも機関誌があるわけね。それでこれは、アメリカ音楽学会にはずっと入っていて、大会にも、留学してる時には、ニューイングランドの支部のアメリカ音楽学会にも何回か出て。ボストンでも出て。イェール大学で開かれたのにも出て。そのあと、Ohio Universityかな、アメリカ音楽学会の大会があって。それでアメリカ音楽学会っていうのは千人以上、いっぱいメンバーがいるの。ものすごい大きいの、世界で一番大きいぐらい。それが、musicologist というのは、ちょっと、一つのあれですけれどね。音楽の関係の人がね。もともとドイツが音楽だって言われてたの。私たちの頃はね。だけれど、ユダヤ系の人がみんなアメリカに移ったの。それでアメリカ音楽学会が、どうして一番こんなに繁栄しているんだろうと思うくらいね、ものすごく繁栄して。私が一番最初に留学した一九五八年の秋、ボストンで、American Musicological Society アメリカ音楽学会とね、American Ethnomusicological Society 合同で。それで American Musicological Society のほうは。忘れないうちに、マントル・フッドっていう人がね。その人が会長だったの。

N：はい、すごい有名な。

　うん、それでその人の話も聞いたよ。それがね、一九五八年の秋、あったんですよ。それが合同で。American Musicological Society と、いわゆる musicology のほうと、Ethnomusicological Society で、マントル・フッドさんの講演も聞いちゃってね。アメリカ民族音楽学会には入らなかったけれど、アメリカ音楽学会にはその時入ったわけ。それからずっとジャーナルをとってね。それでアメリカの音楽学会は、どうしてこんなに盛んなのかなあと思いつつ、まだその頃日本じゃ事情はよくわかんないけれど。段々、段々、わかってきたことは、ユダヤ人がみんなアメリカへ行って。だから初めはみんな、ピアノでも何でも、みんなドイツに行く、フランスに行くっていう時代だったのよ。それが今や、全部アメリカになってきたでしょ。ね、ジュリアードとか。

　だって演奏するのに、みんなフランスとかドイツへ行ってたもの。だからユダヤ人がみんな移ったんだよね。弦の演奏家も多いでしょ。指揮者とかも。それから musicologist とか。学者も多いのよ。それで経済界でしょ。だからアメリカは全部ユダヤ人で牛耳られてる。そういうものよ。それで私たち、あんまり偏見ないからね。

N：宗教とか人種とか、全然。けい。

ＩＡＭＬ、あるでしょ。日本支部ができたのが、一九七九年かな。少しお話ししたわね。アメリカの帰りにね、ＩＡＭＬの存在を知って。いずれまた最後にＩＡＭＬの話を。それから他に、日本に、小さな会合だけれどね、オルガン研究会っていうのがあったの。それがね、私も音楽史を教えているでしょ。そうするとね、どうしてもオルガンのことを知らなきゃいけないから。辻さんていう人がいてね。

N：はい、有名な。オルガン製作者の。

そうそう、辻さんと親しくなっちゃってね。辻さんの工房にもよく、フェリスの学生なんか連れて見に行っちゃったりなんかしてね。辻さんとすごく親しくなって、オルガンの研究会ができた時はメンバーになったわけね。それからね、ヴィオラ・ダ・ガンバ協会っていうのがあるの。それはね、大橋敏成さん（注４）ていうのがやっちゃってね。大橋さんはもう亡くなられたけれどね。狛江から。この近くに住んでいるの。

フェリスの卒業生が、それこそリコーダーを勉強したいって言ったのよ。専攻科の卒業生が。フェリスにも専攻科ができてね。そうしたら大橋さんがね、ちょうど帰ってきて、外国留学から。それで、ヴィオラ・ダ・ガンバ教えますよって言っちゃってね。それでフェリスでも練習用買っちゃってね。いくつかの大きさがあるでしょ。それで貸し出しもしてて。フェリスでも音楽学部に専攻科ができてね。十人ぐらいがヴィオラ・ダ・ガンバやっちゃって。今でもやっているのよ。あの神戸愉樹美さんがいるから。あれ卒業生だから。私、神戸さん教えたのよ。音楽史を。あの人はヴァイオリン科だったんだけれどね。ガンバになったのよ。それでね、私の古い卒業生がね。私の家にきて、その大橋さんが近いからね。ガンバを教えちゃってね。それで私もガンバ買っちゃってね。私もやはり、弦みたいなものも知りたいでしょ、ことにバロックの。それでガンバはね、なんていうのかしら、フレットがあってね。それでとっても音がとりやすいわけね。それでガンバ協会にも入っちゃってね。それからね、民族藝術学会っていうのがあるの知ってる?

N：いえ、知りませんでした。

なんか広いのよ、日本に。それでそれにも入ってね。それには戸口幸策さんなんかも入っていたけれど。いろんな分野の人が入っているんだけれどね。ごく最近やめましたけれど、ずっと入っていて。ジャーナル出しているの、立派な。今度お見せするわね。立派なジャーナル出しているの。

N：はい、是非お願いします！

だから広いのよ。いろんな、全部の領域の民族芸術なの。

N：例えば日本国内のいろいろな、いわゆる民俗芸能とかも入ってくるわけですね。

うん、そうそうそう。すごくいいですよ。

N：それは、面白いですね。知りませんでした。

それでね、いっぱいメンバーがいてね。音楽じゃないのがいるわけよ。

N：舞踊とか、そういう？

そうそう、そういうのね。あんまり音楽じゃないのが結構いるんで、私もずっと入っていたけれど、ごく最近やめちゃったけれどね。立派な雑誌を出すの。あなたにお見せするよ。それから、これは非常に小さい。十人、十二人ぐらいの、中世ルネッサンス音楽史研究会っていうのがあってね。これも三十年以上ずっと入っていたの。これで、ラテン語で読むわけよ。全部。ラテン語ね。そして皆川達夫さんとかね、みんないるわけ。音楽学者がいっぱい。それでね、それがね、こういうことなのよ。カードに名前全部あって、それを机の上において、パッパッと配って、「はいっ」てやったらね、その人が一行をやるの。それが済んだら、また、はいはいはいってやってね。そうしたらまた一行やるの。そうしないとね、みんなが勉強してこない。だから、どこが当たるかわかんないし。

N：それじゃあ皆さん、しっかり準備をして。でも、お忙しい方ばかりですよね皆さん。大学の先生とか。

そうそうそう。だって樋口隆一さんとか金澤さんとかね。それから関根敏子さん、寺本まり子さん。それから正木光江さん。秋岡陽さんとはそこで知り合ったの。途中で、忙しくってあれしたけれど。私が紹介したのね、フェリスのね。秋岡さんはね、とてもいい人だからね。あとで、皆川さんのお弟子が何人かいるね。人数も少ないしね。それをやっているわけ。

N：大変なことですね、長い年月続いて。

それでね、研究発表とかもしたい人がするわけ。ラテン語で出てくる言葉のこととかね。そういうのをやって、もう三十年以上ずっと。もう今、私やめましたけれどね。まだやってるかどうか、知らないけれど。為本さんていうのもいた。武蔵野にね。為本章子さん。

N：はい、お名前だけは見たことがあります。

楽理科の卒業生でね。それから、それこそ、M&E音楽史研究会ね、最近のね。それから、学会の研究として。あとは、私自身でいえば、執筆活動をいろいろやって。それこそ私の時代は、まさに黎明期というかね、はじめだからね。何だっけ、あの民族音楽学の。

N：小泉文夫先生。

そうそうそう。小泉さんが東大のまだ学生で、私たちが藝大の学生で、っていうような感じで。小泉さんがアシスタントで、平凡社の音楽事典つくるとか言っちゃって。それでお会いして。平凡社の人と、小泉さんがくっついてきて。それでお会いして、平凡社の音楽事典を書くとかね。それからニューグローヴだとか、日本語版の。それからブリタニカだとか。あんなのみんな頼まれて。音楽之友社発行の、解説全集だとかね。

N：ああ、名曲解説全集。

そんなの書いたりね。なんかかんか。まあ、考えてみると相当いい加減なもんだけれどね。

N：先生のお名前、よくお見かけします！　名曲解説全集とか事典とか。

音楽雑誌だとかね。そういうのも、ね。それから『礼拝と音楽』っていうのがあるんだけれど、それにも大分、私書いたの。いろいろね。生涯と作品みたいなのね。メンデルスゾーンだとかモーツァルトだとか。だからあれも、今度ね、まとめてコピーをして差し上げようと思ってるんだけれど。

N：はい、先生、それぜひ読ませていただきたいです。

メンデルスゾーンなんかも面白いよ。それが『礼拝と音楽』っていうの。それから、音楽学会の機関誌は『音楽学』よね。そういうふうに。音楽事典と解説全集だとか。それからN響の解説全集とかいうのもあってね。そんなのにもちょっと書いたりして。いろいろ執筆活動は、お頼まれしたらね。その都度、いろいろ書いてね。そういうことです。

◆翻訳活動

それから、翻訳活動ね。音楽学領域の、音楽史の翻訳をしたのね。翻訳をしたというのが、日本人には書けない。書ける人がいない。それで、まず、教科書がないと困るんで、それでミラーの音楽史を教科書として翻訳したわけ。そうしたら、音楽之友社が出したいって言ったのね。だけれど東海大学も出したいって言って。で東海大学がより親切だから東海大学で出してもらおうかって、松前さんと佐藤さんと。佐藤さんはそれほど英語もできないけれど一応ね。ほら、専門用語を訳さなきゃいけないからね。三人揃って文殊の知恵じゃないけれど、おんなじクラスの人間が、楽理科の第二回生の。それでやったのね。そうしたらね、次の年に一万部出たの。それが、一番始めにね、引き受け手が、音楽之友社がこう言ったの。音楽関係の本は千部出ればいいんですよって。それで、千部出るかしらって言ってたらね、次の年一万部出ちゃったのよ。それでびっくり仰天して、東海大学出版会で出したら、出版界のナンバー・ワンになっちゃったわけ。それで次の年は五千部とかね。とにかく出ちゃってね。結局二十五万部は出たね。今でもまだ印税くるよ。今年もまた来ちゃって。今度あの厚ぼったい本にしたでしょ。あなた差し上げたでしょう。

N：はい。ありがとうございます。ハードカバーのご本。いただきました。

だから字も大きくしちゃってね。はじめはちっちゃな本だから。教科書で。でもね、東海大学出版会がびっくりしちゃってね。やっぱり東海大学出版会っていうのは、大学の出版会だからね。宣伝も、大学に出すからね。北海道の大学から沖縄の大学までね、みんな教科書に使っちゃった。それで出ちゃってね。東海大学出版会もびっくりしているけれど本当によく出てね。留学する人がいるでしょ。みんなが読んでいて。簡単なのよね、あれ。イントロダクションだから、一番簡単な音楽史だから。だけれどね、私黒板に書くでしょ。十三世紀の音楽家、作曲家って、ペロティヌスっていうの。それからフランス語名でペロタン。ノートルダム楽派でしょ。そんなのを一つ一つ生年没年書いていたら大変なのよ。だからなんかないかなあ、って思ってね。それでミラーの音楽史が一番簡単な。要領がいいからね。

N：全部入っていますからね。

そうそう、だからそれであれが出ちゃって。そのあと、プレンティスホール音楽史シリーズの中の古典派の音楽なんかを藤江さんがもち込んでさてね。こちらが結構出たからね、翻訳が。それを是非出したいって言うからね。それで古典派の音楽の出しましょうって言って、出して。そしたらどうも、そのシリーズが面白そうだから、それでまあ、私は中世ちょっとやってみたいと思ってね。それでもね、随分いろんな教会や、いろんなところ通ったりしてね。ラテン語やなんかも、随分いろいろ教会の言葉があるでしょ。聞いたりなんかしてね、苦心して。私はね、中世社会の音楽、一番苦労した。この中で、時間かけて、一番勉強した。日本人には絶対書けないわけだから。そのライターにアメリカ音楽学会でしょっちゅう会ったのよ。国際音楽学会の会長にもなったしね、アメリカ音楽学会の会長にもなったしね。パリスカさんていう人ね。あの人なんかにもお会いしてね、いい方なのね。それからいつかアメリカ音楽学会の学会にも出た時に、アメリカで出たんだよね。その時に、ロマン派ね、書いた人がいる。その人にもお会いしました。それから民族音楽学で、『西洋民族の音楽』を書いた人がいるんだな。ええとー、なんていう名前だったかな（注5）。その人とは、日本にいらした時に、学会があってね、大阪で会ったのかな。朝食一緒にいただいたりしてね。著者にお会いしているの。わりあい私が、中心になってそれをずっとやったのよ。だからね、松前さんと佐藤さんはね、それほどできないわけでしょ。

N：ああ、英語が。

そうね。一生懸命私もヘルプしちゃってね。それでまあ、やってね。とにかく音楽用語を出すっていうことで。それでさ、あなたマームさんにも会ったんしゃない。

N：そうでした。先生のお陰でお会いすることができました。

それでまあ、あれはね、今はほとんどあんまり出ることがなくなったからね。

N：気になって気になって、すみません、先生。

あなたにね、随分訳していただいたけれどね。まだ、完成しなかったけれどね。

N：はい、まだ全然……。

あの本はね、なかなかね。マームさんにもお会いしたよね。

N：はい、お会いしました。とても楽しい方で。

いい人よね。日本が好きでね、しょっちゅう来ていて。あなたもいい経験だったでしょ。

N：本当に、あのご本の著者にお会いできてよかったです。ああいうふうに、詳しく読ませていただくっていうこともあんまりなかったですし。

それでね、とにかく日本人では書けない世界だからね。history of music っていうのは。そういう意味で欧米の人しかできないわけだからね。ことにさっきお話ししたように、ドイツで、musicologyみたいなの盛んだったんだけれど、結局アメリカに舞台が移っちゃったからね。アメリカは盛んなのよ。音楽学会盛んよ。それからもちろん、民族音楽学会も盛んだしね。どうなんだろう。今日本から行ってるのかね。樋口さんはわりあいよく行ってるよね。

N：ちょうど私の少し下の世代くらいで、早稲田みな子さんていう、日本の音楽学会のメンバーですけれど、アメリカに留学していたんですね。それで日本音楽学会でちょっとアメリカの方を招いた時に、彼女がいつも通訳をやっているみたいですねえ。その国際的な研究会の時に。

なんて言う名前？

N：早稲田みな子さん。早稲田は早稲田大学の早稲田で。

ああそう。楽理科の卒業生？

N：はい、楽理科の卒業生です。私よりちょっと若いくらい。

みなこはどういう字書くの？

N：「みな」が平仮名で、で子どもの「子」ですね、漢字で。

ああ、そう。

N：はい。彼女は英語がものすごいできるので。

アメリカに留学したって？　楽理科の卒業生。

N：はい、アメリカに。アメリカにおける、日本人社会の民族音楽的な研究をしていて、柘植先生のお弟子さんですね。

ああ、そう。面白いね。だから今はね、音楽学をやった人がいろいろ活躍してると思うよ。あなたもこれからIAMLに行ってね。お能なんて、これからだからね。そういう世界のことを時々ね、あなた紹介してあげたらすごくいいよ。

N：そうですね。たぶん、あちらにも能の研究者はいると思うんですけれど、教育の、音楽教育の視点からの能を音楽教育の場に、みたいなそういう研究をしている人は、もしかしたら、まだこれからかもしれませんね。

ミュージック・ティーチング・インスティテューションっていうのがあるのよ。音楽教育の部門が。それが一番入りやすいよ、IAMLの中で。そこへ行くとね、いろんな国の人が来ているわけ。ロシアとかね、たどたどしい英語で発表しちゃってね。それでもみんな一生懸命あれしちゃってね。それでいろんな国の人が来ていてね。面白いよ。それでいろんな分科会があってね。リディムみたいな、音楽図像学みたいなね。バリー・ブルックさんがやったみたいな。だから本当に私、あなたなんかがね、お能を小さい時からやっているからね。そういうのと音楽教育とかね。そういう領域でね。あなた世界で発表できるよ。それで、自分のフィールドがあるから。

N：はい、少しそういう活動の場を広げないと、と思って。きっと、新しいことが。

そうよ。だって、大体さ、藝大に行った人なんか、日本の音楽なんか知らない。フランスとか西洋のしか知らない。だから私ね、ほんと言うとね、楽理科じゃあ副科で楽器をやらせてね。それでピアノをやるじゃない。

N：はい、必ず。

ピアノのレッスン受けるじゃない。日本の楽器もね、お三味線でも、お箏でも何でもいいからね、一つ取るようにやらしてくれるといいなって思うけれど。なかなか国立大学っていうのは変わらないからね。

N：はい。最近は、楽器とかも制限が。私の頃は、楽理科はいくつ履修してもよかったんです、副科で。何をとってもよかったんですけれど。最近は副科の楽器はいくつまでみたいな、制限ができたようですね。多分、専科の人達の時間が、先生のレッスンの時間が減っちゃうからとか、何かそういう、理由だとは思うんですが。

そうね、文部省がねえ、あれを得なきゃいけないからね。

N：だからそういうことですよね。

なかなか藝大はね、大変だよね。それから今ね。もうちょっとあるね、時間が。それで翻訳なんかいろいろしたりね。

それからね、わたくし自身のことだけれど、どんな楽器に触れたかということね。これもね、音楽の研究の、いろんな角度から研究する。ピアノは六歳から個人レッスンでね。山本壽っていう、前にあなたと一緒に来た人がね。

N：ええ、ええ、はい、知っていました。

山田耕筰の弟子なの。私びっくりしたのがね、遠山近代音楽館に山田耕筰の資料があるの。それで見てみたらね、山田耕筰と二人で撮ってる写真があるのね。で、びっくりしちゃってね。あれコピーしておけばよかったんだけれどね。ああ、山田耕筰のお弟子だったんだあと思ってね。それが小学校時代の先生なの。個人レッスンでね。六歳から。それから長橋八重子っていう人に女学校で。十二歳から十六歳くらい。長い橋に、八っていう字に、重ねるっていうね。それもやっぱり、東京音楽学校出た人でね。それで、原爆で亡くなったのね。即死。すごい死に方でね。亡くなったの。これも音楽一家でね。やっぱりあの頃のピアノの先生なんて言ったらね、大金持ちの娘みたいでね。なんか熊本の有名な銀行家のあれでね。妹さんっていうのがね、なんて言ったかなあ。遠藤宏！　藝大の最初の、東京音楽学校時代の、遠藤宏って、ウ冠にこういう字書くのあるでしょ。

N：ああはい。ナ、ムと書く。

それがね、遠藤宏って、美学のプロフェッサーで音楽史を教えていたの。それが妹さんのハズバンドでね。妹さんと、この八重子さんがね。きょうだい。その銀行家のお嬢さんで有名なの。広島でもね。それで長橋先生のハズバンドも広島の大学の教授でね。それで、東京音楽学校を出ている人なの。そでれね、ジンバリストなんかに習ったの。昔の、古いね。

N：ええ、ジンバリスト！

ヴァイオリニストね。それが東京に来たら、広島に来るっていうくらい、力をもっていたわけ。それで長橋八重子先生のところに行くとね、毎年毎年音楽学校に行くわけ。

N：ああ、そのお弟子さんが、はい。

だからね、私なんかもね。その先生のお弟子でね。津田に行こうか音楽学校行こうか考えててね。それで音楽学校に行くと、演奏家になって一日三時間以上、毎日毎日ピアノ弾かないといけない（笑）。私は怠け者だから駄目だ、英語でもやるかって思ってね。津田に行ったんだけれどね。やっぱり音楽が好きだから。またその、楽理科ができてね、その前にもね、私、音楽学校で通信教育で、作曲の講座をやっていたのね。で、よく私、メンバーになってね。作曲法も勉強していたしね。それでまあ、私、藝大に入るにあたってはね。高田三郎（注6）の個人レッスン。

N：ええー！　ああ、そうですか。作曲は高田三郎先生。あらー！

だから高田三郎さんの個人レッスンで、高田三郎さんのところへよく行っていたんだよ。

N：そうですね、すごい先生方に学ばれたのですね。

それでコンサートもみんな歌っちゃって。それでメサイアなんかも、なんでも歌ってた。合唱団。それに入って。それもいいでしょ。
それからね、私が留学している時には、チェンバロをダニエル・ピンカムさんに習ったの。というのはね、チェンバロに触れてみたいと思ったの。そうしたらね、ハーバード大学の音楽部は地下にチェンバロがあってね。それでレッスン受けられるの。ダニエル・ピンカムって、有名な作曲家であり、有名なチェンバロ奏者ね。
それから、訪問ですけれどね、イギリスではフェントン・ハウスっていう、有名な楽器のコレクション、見てきたの。それを、ブリティッシュ・カウンセルで全部アレンジしてくれてね。昔よね、留学の帰りに立ち寄った時。それから今のドルメッチの管楽器をね。ドルメッチを訪問していろいろ説明受けて。それからですね、オルガン研究会に入ってオルガンのことも。辻さんのつくるオルガンをよく見に行っいたのよね。それからね、ヴィオラ・ダ・ンバ。これを大橋敏成さんに習ったわけ。それでね、一回、佐藤さんと松前さんと三人でね、松前さんがね、トゥリブル、小さいの。大橋敏成さんにヴィオラ・ダ・ガンバを教えてもらって、フェリスでも練習用を買ったの。それを練習してね。私もパウル・ライヒリンのガンバを買ったんですよ。テノールを。それで、一時弾いていたんだけれど、最近は弾かないけれどね。

N：今もこちらに、ご自宅にあるんですか？

うん、今度お見せしますけれどね。それは大橋さんの紹介でスイスから買ったの。それで、大橋さんが亡くなっちゃってね。この近くで、狛江で。それで、いつもよくうちに来て、ガンバを習っていたの。

N：フェリスでも、大橋先生は一時期教えていらっしゃったんですか？

そうでもないと思うけれど。だけどほら、神戸さんが大橋さんに就いて、今は神戸さんが第一人者になってね。

N：今は、神戸先生は、フェリスで教えていらっしゃるんですよね。

そう。あの人は卒業生で、ヴァイオリン科を出て、今はガンバの大変な専門家で活躍しているからね。あとはまあ、私自身が、さっき話した中世ルネサンス研究会でラテン語をやったということと。だから、楽器に関しては、オルガン研究会にも入ったり、ヴィオラ・ダ・ガンバとかね。やはり、音楽学をやるんなら、そういう多方面で演奏の実技も楽器のこともしないといけないと思ったから。

N：私も思うんですけれど、音楽史を教える時に、楽器の構造とか奏法とかを知らないと。チェンバロがどうなっているかとか、ピアノは弾けても。

そうなのよ。だからガンバでも、弦が何本あって調弦がどうなっているとか、ＡＢＣだけれど、そういうのも知っていないとね。私スイスのパウル・ライヒリンのところ、見にいったの。ガンバをつくっているところへ。それでやっぱりね、木はどういうのを使うとか、ニスはどういうのを使うとか。そういうのがすごく大事よね。まあ、日本のお三味線は、それぞれの材料があるじゃない。この日本のね、東洋のね。それと同じように、むこうでも、木はメイプルって言ってたかなあ。でもむこうのは違うんだよね。それを使うとかね。それから、ニスが全然違うの。だから、神戸さんなんかも、日本ではそのニスがないって言って。それは、なかなか溶けないのね。

やっぱり日本が暑いのでね、ヴァイオリンとかも、非常にそういう点で困るよね、涼しくないとね。風通しもよくないとね。だから、そういうこともありますね。

N：やっぱり楽器のもっている背景というか、生まれた環境というか、そういうものがありますね。湿度とか気候とか。

そうね。まあじゃあ、今日は、一応そういうことでね。

N：ありがとうございました。

〈注　釈〉

（注1）村井範子先生主宰M&E（Musicology & Ethnomusicology）音楽史研究会。二〇〇四年～二〇一五年。初回から二〇一三年六月第七十七回まで村井範子先生のご自宅で開催。

（注2）乙骨三郎（一八八一～一九三四）音楽学者。東京音楽学校教授。

（注3）現聖徳大学。

（注4）大橋敏成（一九三一～二〇〇三）ヴィオラ・ダ・ガンバ奏者。上野学園大学名誉教授。

（注5）ブルノ・ネトゥル（一九三〇～二〇二〇）民族音楽学者、音楽学者。イリノイ大学名誉教授。

（注6）高田三郎（一九一三～二〇〇〇）作曲家。国立音楽大学名誉教授。

訳者あとがき

プレンティスホール音楽史シリーズについて

われわれがこの音楽史シリーズ H.Wiley Hitchcock, ed.：Prentice-Hall History of Music Series（一九六五〜現在進行中）を翻訳しようと考えたのは、今日、日本で音楽が非常に多くの人々から愛好され、音楽活動も実に多方面にわたって活発に行われているのにかかわらず、音楽の歴史を広い視野から見てわかりやすく教えてくれる本が比較的少ないように思われたからです。このシリーズは、このような中で、最近の音楽学の研究に基づく、理解しやすい本として、われわれに音楽に関する多くのものを与えてくれます。それぞれの時代や地域の音楽を、それをとりまく社会的条件や社会情勢の中でとらえ、さらに様式上の特性や音楽家の活動などを簡潔に、しかし核心をついたかたちで示してくれております。

訳出にあたっての一つの問題に、専門用語や人名に関する問題がありますが、一般にひろく用いられている言葉がある場合はそれを採用し、その他の場合には原則として、原語の意味や発音を忠実に伝える表現をえらぶこととしました。また、十一巻にわたるシリーズではあり、叙述の範囲も社会、文化、民族など広い領域に及んでいるので、翻訳にあたっては内容の理解についても、表現の選択についても、訳者四人のとくに緊密な協力を実現するよう心がけました。したがって一応各巻についての担当者を決め、手分けして翻訳し、出来上がった日本文については各巻とも四人がその原稿に目を通し、必要に応じては諸問題を討議しながらこの仕事を進めることにしました。多くの至らぬ点につき、読者の方々からのご助言をいただければ幸いです。われわれのこのささやかな、しかし熱意をこめた仕事が、音楽を愛好する多くの人々に役立つことができれば、こんなうれしいことはありません。

なお、このシリーズを出版するにあたって、いろいろなご助言やはげましのお言葉をいただいた諸先生をはじめ、索引の作製を担当して下さった竹並信子さん、こまやかなご配慮やご支援をいただいた東海大学出版会の方々に対して、心からお礼申し上げたいと思います。

（プレンティスホール音楽史シリーズ　訳者あとがき　より抜粋）

M&E音楽史研究会第五十回記念の集まりによせて

村井範子

「M&E音楽史研究会」と称する、会員十二名から成る研究会が、今回、五十回を記念する集まりをもつことになりました。音楽を愛好する者たち、音楽を研究し続けようとする者たちの集まりにとって、幸せということになりましょうか。

この研究会では、オリジンを探ってみますと一九九七年秋学期からフェリス女学院大学オープンカレッジで、音楽学の領域の「世界の音楽・日本の音楽」と題する私の週一回のクラスからはじまったことになります。オープンカレッジの名が示すように、社会人教育の場でしたから、誰でも学びたい人が学べるクラスでした。六年半、十三学期つづき、二〇〇四年一月に私は終わりとしました。ところが、まだ続けたいという声がおこり、ではということで、名称もM&E音楽史研究会、Musicology 音楽学と Ethnomusicology 民族音楽学を基とする音楽史研究会として、月一回、研究の集まりを開くことにいたしました。したがって会員はごく自然にオープンカレッジで学び続けた人たちが中心の集まりとなったのでした。

音楽学は、もともとヨーロッパでおこった音楽の学問で、音楽のあらゆる分野に関する学術的な科学的な研究を行おうとするものなのです。十四、五世紀ごろからすでに、ラテン語で書かれた音楽理論書はありますが、音楽学という学問は十九世紀にはじまり、二十世紀、二十一世紀と目覚しい発展を遂げてきているのです。音楽の理論と歴史の研究として広く知られるようにもなりました。一方、民族音楽学は、非西欧的な音組織の音楽を対象とする研究分野で、近年さまざまな文化に育まれてきた民族音楽を対象として研究する学問なのです。

私たちの研究会では、これら広い領域の研究を、ことばと音楽、宗教と音楽、劇作品と音楽（オペラの世界）、器楽の世界といった大きな主題のもとに、さまざまの角度からの研究をすすめ、発表するかたちをとってまいりました。一回一回が興味深い研究発表となり、いつの間にか五十回を迎えることになりました。

会員たちは、もともとが、フェリス女学院大学が母体であったので、フェリスの音楽学部で学んだ人たち、（専攻は楽理やピアノ）に加えて、東京藝術大学音楽学部（専攻は楽理、ピアノ、ヴァイオリン）、国立音楽大学ピアノ科出身、慶應義塾大学文学部出身、神戸大学工学部電気工学科出身（音響の研究者）と多彩な学歴の持ち主たちです。さらに欧米に留学したり滞在した経験、大学で教鞭をとったり、欧米や日本の音楽学会で活動したり、ピアノ、ヴァイオリンの演奏活動や、音楽によるヴォランティア活動に身を委ねる人たちもあって、会員の歩んでいる環境は実に多彩なのです。

そうした中で会員はみな音楽史研究という一つの課題で結ばれて、フレンドリーに、親しい仲間となって、研究会は五十回を迎えるという今日に至ったことを、会員の皆様に感謝しつつ、心から喜びたいと思っております。

付記：

この五十回の研究会、この五年間のなかで、会員二人、中西紗織さんが東京藝術大学大学院で音楽教育の博士を、川村優子さんがフェリス女学院大学大学院で音楽学の修士を取得なさったのは、大変嬉しいニュースです。

またこの五年間に、私どもの会員で親しい仲間が二人天国へ召されました。大竹万亀子さんと江口元子さんです。

大竹さんは、ピアノ音楽研究を、生来の明るい楽しい雰囲気のなかで、演奏を交えながら発表してくださいました。

江口さんは、フェリス女学院出身で、大学音楽学部の講師も長年つとめ、声楽家としてスケールの大きい活動のなかで、研究会では発声法について発表してくださっておりました。私どもの胸のうちに印象深く残るお二人の思い出を大切にしてまいりたいと思っております。


（フェリス女学院大学名誉教授）

（『M＆E音楽史研究会第五十回記念によせて』二〇一〇年二月十四日発行　より転載）

M&E音楽史研究会における学び――「教える・学ぶ」からの学びの深化――

中西紗織

フェリスでのオープンカレッジ終了後、二〇〇四年からM&E音楽史研究会が始まって五十回を迎えました。そこにおいてどれほど多くの貴重なことを学ばせていただいたことでしょう。私は一九九二年に修士課程（音楽学専攻）を修了してから、大学や短大、専門学校などにおいて、西洋音楽史、日本音楽史、民族音楽学、論文作成などに関する授業を担当してきました。学生たちと共に学ぶプロセスにおいて、新鮮な視点、率直な質問・感想・意見に大いに触発され、そしてまた、本研究会における研究発表や自由な発言・意見交換を通して、学びの場にずっと身を置けることを心から有難いと思い、「教える・学ぶ」の意味と音楽教育学という分野の重要性を考え直さずにはいられませんでした。このような大切な手掛かりや示唆をいただいたお蔭で、自分自身の「教育力と研究能力」を強化しなくてはと痛切に思い、再び大学院博士課程において今度は音楽教育学を専攻し、博士の学位（学術）を取得することができました。

この自由な学びの場をつくりご指導くださっているのが村井範子先生です。先生がまとっていらっしゃる空気のような、言葉にできないあらゆるものからも、教える人間として学びたいことが山のようにあります。

私は幼少からピアノやバレエなどとともに能を習ってきましたが、稽古場でいつも感じたのはその場を支配する、張り詰めた空気でした。それは、師匠が発している「気」のようなものであり、その場にいる人々からも、稽古場全体の「流れ」としても伝わってくるものでした。このような「流れ」はとても大切なものだと私は考えています。本研究会にもそのような「流れ」があります。それはもっと自由で温かく自然なものであり、学ぶ意志を自ずと促してくれるものです。つまり、本研究会の「教える・学ぶ」の場から、私自身さらに学びを深化させることができる、それが本研究会に出席している重要な意義だと感じています。このような「流れ」は、意図的につくりだすことのできないものであり、言語化することも難しいものですが、村井先生のご指導や本研究会の「流れ」に倣い、私は学びの場において「流れ」が自ずと生じるような工夫をする努力を続けたいです。

私の研究テーマは能の教授・学習に関することであり、特に能における「わざ」の習得過程でどのようなことが起こっているのかということに大きな重点があります。「わざ」の習得過程に見られるスパイラルな展開は、あらゆる学習活動に確認できるものであり、そのような展開と学びの深化を考慮した学習活動を音楽教育において実現したいと思っています。能の稽古の場において師匠と弟子とのあいだで教授・学習されるのは、謡や舞に関する技術的なことだけではなく、その場を支配する「流れ」全体をも含めた、表現のあり方としての「わざ」であり、能において「わざ」を習得していくということは、年月をかけて能に関するあらゆることを身体に染み込ませて、能における表現とはこういうものではないか、こういう風に舞いたい、演じたいと主体的に思考できるようになることです。

一生勉強ということをよく言いますが、本研究会に参加しているとまさにそう思います。本研究会において、私自身「教える・学ぶ」からの学びをさらに強化、深化していきたいと考えています。

（『M＆E音楽史研究会第五十回記念によせて』二〇一〇年二月十四日発行　より転載）

幸せなつながり

今回、戦後六十五周年コンサートとして世界の平和をねがうという大きなテーマの下に開かれる会を、東京津田会という親睦のための小さな一団体が主催することになりました。その企画・構成を、会員である私ども二人が担当いたしました。考えてみますと、これには様々な「幸せなつながり」がもとになってくれました。

まず村井が広島で生まれ育ったということ、原爆投下直後広島に帰宅し、広島の筆舌に尽くしがたい惨状に接したということ、ひどい衝撃で瀕死の父、長田新（当時、広島文理科大学教授、のち学長）の看病につとめたこと、渡辺の母方の郷里が広島であること、ということで、二人は思いを一つにすることができました。また村井は、津田塾大学卒業後、東京藝術大学音楽学部で学び、渡辺の姉に当たる大村恵美子（東京バッハ合唱団指揮者）と同クラスの親しい友人となり、今日にいたっているのです。

さらに、村井が東京藝術大学在学中の一九五〇年から一九五五年にかけての同じ時期に、今回活躍してくださる声楽家の宮原卓也さん、宮原成子さん、作曲家小林秀雄さん、作詞作曲家寺島尚彦さんたちが、ともに音楽を勉強中でした。親しい友人同士の話し合いで、コンサートの企画は具合よく運ばれました。若い世代の寺島夕紗子さん（尚彦さんの次女）と末松茂敏さんのご協力のお話も、速やかに進みました。続く五年の間に、尺八奏者クリストファー遥盟さん、ヴァイオリニスト劉薇さん、声楽家のきむらみかさん、作曲家助川敏弥さん、津田裕子さんたちも、ご協力くださることになりました。「幸せなつながり」を心よりありがたく思いました。

二十数年間の歴史をいつの間にか重ねてきました東京津田会の会員に方々のお力添えにも、いつも感謝しております。

さらに、二〇〇一年九月十一日、経済アナリストとしてご活躍中、テロのためニューヨークの地で亡くなった西山奈生香（同窓生、英大二十九回）のご両親、西山茂夫・ちさと様よりのお心のこもったご寄付、奈生香基金にも今回も、お世話になりました。あつくお礼申し上げます。

村井範子・渡辺淳子

付記：戦後六十五周年の、平和をねがうコンサートを開かせていただくにあたって、次のようなことを感慨深く感じております。一九四五年の第二次世界大戦（太平洋戦争）の敗戦から六十五年が経ちました。この六十五年間、日本は戦争の名のもとに、軍隊、兵力によって他国の人びと、子どもたちを、殺す、ということをいたしませんでした。これは、日本の近現代史を考えます時、なんとも素晴らしい、貴重な六十五年間であったのではないでしょうか。終戦の翌年、一九四六年に生まれた「憲法」を、有難く思い、今後ともたいせつにしてまいりたいと、つよく願っております。

（東京津田会主催『戦後六十五年記念コンサート〜世界の平和をねがうコンサート二〇一〇〜』
二〇一〇年七月二十四日アルカディア市谷にて開催　当日配布パンフレット　より転載）

私のあゆみ

村井範子（旧姓・長田）

第二次世界大戦中、敵国語として英語廃止の強い風が日本中に吹いていた中、私どもは、津田塾で英文学を専攻して英語を学べたことは、ほんとうに幸せな事でした。今思い出しても、じつにさまざまな角度から、英語・英文学を教えていただいたと感謝しております。

私どもはみんな、生涯いくつかの大きな出来事に遭遇しております。その一つに、第二次世界大戦の敗戦があります。敗戦直前に、私の生まれ育った広島の地に原子爆弾が落とされ、その十日後に私は津田塾の寮より広島に帰り、市全体のあまりの惨状を目にして驚きました。瀕死の重傷を負った父を、その後数ヶ月看病しました。その後私は、戦争絶対反対、世界の平和をねがう人間となっております。（ここ六年間、年一回、「世界の平和をねがうコンサート」を開催しました）敗戦一年後の一九四六年に新憲法が生まれ、私ども日本女性の生き方も、以前とは変わって、生き生きと人間らしくなったのは、喜ばしいことでした。

私は幼少時代から、音楽に親しんだ環境でしたので、津田塾卒業後、新制大学として生まれた東京藝術大学音楽学部楽理科で、音楽学（音楽の学問）を学び、その領域で、その後いろいろに活動することになりました。ハーヴァード大学音楽学部に留学することもでき、その後、日本では新しい「音楽学」を、東京藝術大学、埼玉大学、お茶の水女子大学、津田塾大学、東海大学、青山学院大学、フェリス女学院大学で教え、フェリス女学院大学では、もっとも長く四十年近く教えました。

一方、教職につけば、音楽学関係の参考文献が必要となり、世界で好評の音楽史を共訳のかたちで八冊翻訳しました。その中の一冊、H. M. ミラー著『新・音楽史』（東海大学出版会）は二十万部の版を重ね、多くの人々に迎えられました。また、三十年の歴史をもつ中世ルネサンス研究会（会員九名）の一員として、世界最初の音楽事典（十五世紀出版）

をラテン語より邦訳出版しました。

また、ユネスコ後援でパリで生まれた「国際音楽資料情報協会　ＩＡＭＬ」の日本支部を本部より請われて開設しました。この音楽情報交流の会の年一回の会議には、私自身も日本よりの代表として、十五年ほど出席し、毎年異なる国々、土地土地（ボローニャ、マインツ、ベルゲン、ザルツブルクなど）での会議出席で、有意義な経験をしました。

このような音楽学研究につながる活動が出来ましたのも英語に親しみ、津田塾で学べたおかげだということになりましょうか。

ここに津田梅子先生を始め、私どもが学んだ当時の星野あい塾長をはじめ先生方に、心より感謝を捧げます。

（出身地・広島市。　出身校・広島高等師範学校附属小学校。広島県立第一高等女学校）

（糟谷恭・清水千枝子・村井範子編集『二〇一二年　津田塾入学七十周年記念文集（第四十四回生）』

二〇一三年五月発行　十八頁　より転載）

村井範子（むらい　のりこ）（旧姓　長田）

一九二四年（大正十三年）四月二十二日　広島市で生まれる
父　長田　新（おさだ　あらた）
母　　ヨシ子（旧姓　鵜飼）
名づけ親　吉田賢龍
一九三七年（昭和十二年）　十三歳　広島高等師範学校附属小学校卒業
一九四二年（昭和十七年）　十八歳　広島県立第一高等女学校卒業
一九四五年（昭和二十年）　二十一歳　津田塾専門学校英文科（現津田塾大学）九月卒業（第四十四回卒）
一九五〇年（昭和二十五年）　二十六歳　東京藝術大学音楽学部楽理科入学
一九五四年（昭和二十九年）　三十歳　東京藝術大学音楽学部楽理科卒業（楽理科第二回卒）
一九五四年（昭和二十九年）　東京藝術大学音楽学部専攻科入学
一九五五年（昭和三十年）　三十一歳　東京藝術大学音楽学部専攻科修了
東京藝術大学音楽学部副手就任
一九五六年（昭和三十一年）　三十二歳　東京藝術大学音楽学部講師就任（音楽史担当）
一九五八年（昭和三十三年）九月～一九六〇年（昭和三五年）三月
三十四～三十六歳　アメリカ、ハーヴァード大学音楽学部大学院留学
音楽史研究
（ロックフェラー財団奨学金による）

その他の職歴

東海大学短期大学部教授（音楽担当）
フェリス女学院大学音楽学部教授（音楽学部四年制創設）
（音楽学特殊講義、教会音楽研究、器楽特殊講義、日本音楽文化、卒業論文担当）
　一九九二年（平成四年）三月定年退職まで
一九九二年（平成四年）十月　フェリス女学院大学名誉教授を贈呈される

左記の各大学でも講師をつとめる

お茶の水女子大学文教育学部非常勤講師（音楽史担当）
フェリス女学院短期大学音楽科非常勤講師（音楽学、音楽史担当）
フェリス女学院大学文学部非常勤講師（音楽学担当）
青山学院大学文学部非常勤講師（西洋音楽史担当）
埼玉大学教養学科非常勤講師（西洋音楽史担当）
青山学院大学理工学部非常勤講師（一般教育・音楽担当）

学会及び社会に於ける活動

日本音楽学会会員
東洋音楽学会会員
民族芸術学会会員

アメリカ音楽学会　American Musicology Society（ＡＭＳ）会員
国際音楽学会　International Musicological Society（ＩＭＳ）会員
国際音楽資料情報協会　International Association of Music Libraries, Archives and Documentation Centres（ＩＡＭＬ）会員
ＩＡＭＬ日本支部設立（一九七九）に際し、事務局長をつとめ、のち、副支部長をつとめる。年次大会、総会における役員会に日本代表として十二回参加。これに際しては、ユネスコ国内委員会を通して、国庫補助を受ける。
日本音楽文献目録作成委員会（ＲＩＬＭ）日本国内委員会委員

横浜市民大学、横須賀市民大学の西洋音楽史講座において企画および講師担当
フェリス女学院大学オープンカレッジにて「世界の音楽・日本の音楽」講師担当
財団法人津田塾会評議員（昭和五十八年より四年間）
この間、津田ホール建築実行委員会委員もつとめる

著作および翻訳

訳書

H．M．ミラー著（一九六五）村井範子、佐藤馨、松前紀男共訳『音楽史』東海大学出版会

H．M．ミラー著（一九七七）村井範子、松前紀男、佐藤馨共訳『新音楽史』東海大学出版会

プレンティスホール音楽史シリーズ全八巻を四名で訳出（一九六九〜一九八六　東海大学出版会）

Ⅰ　A．スイー著『中世社会の音楽』

Ⅱ　H．M．ブラウン著『ルネサンスの音楽』

Ⅲ　C．V．パリスカ著『バロックの音楽』

Ⅳ　R．G．ポーリイ著『古典派の音楽』

Ⅴ　R．M．ロンイヤー著『ロマン派の音楽』

Ⅵ　E．ソールズマン著『二十世紀の音楽』

Ⅶ　B．ネトゥル著『西洋民族の音楽』

Ⅷ　W．P．マルム著『東洋民族の音楽』

☆注：音楽学、音楽史が日本では新しい学問分野であり、それに関する専門書が殆どない状態であったため、この領域の第一級の学者の著書の訳出を行った。専門用語の日本語訳を、東京藝術大学楽理科で学んだ共訳者たちで討議しつつ決めながら訳出した。参考楽譜集、レコード、参考文献も挙げられており、有用な音楽書であると好評を得て、H．M．ミラー『新音楽史』は二十万部以上の版を重ね、北海道の大学より沖縄の大学まで日本全国の大学で音楽のテキストと

して用いられている。

「プレンティスホール音楽史シリーズ」の各巻も版を毎年重ねつつ、多くの読者を得て今日に至っている。

中世ルネサンス音楽史研究会（三十年の歴史をもち、会員は十七名）（二〇一三年現在）の会員として下記の音楽理論書（十五世紀）を研究史、ラテン語より訳出し、出版している。

フィリップ・ド・ヴィトリ著『アルス・ノヴァ』（音楽学・音楽学会機関誌特集号、一九七二）

ヨハンネス・ティンクトリス著『音楽用語定義集』（シンフォニア社、一九七九）（世界最古の音楽辞典）

ノートン・クリティカル・スコアシリーズ

『ベートーヴェン交響曲第五番ハ短調』ほか四冊、音楽作品のスコアと研究論文を含むシリーズの邦訳版（東海大学出版会）を、監修者として紹介（一九八一より）している。

執筆活動

左記の辞典など、多くの音楽学関係項目に執筆参加

平凡社『音楽事典』一九五六

講談社『ニューグローヴ世界音楽大事典』一九九五

平凡社『N響名曲事典』一九五八

音楽之友社『名曲解説全集』一九五九～一九六四

ＩＡＭＬ機関誌　Fontes Artis Musicae
日本キリスト教団出版局発行誌『礼拝と音楽』
音楽教育研究協会機関誌『トニカ』
フェリス論叢（フェリス学術研究会編）

（二〇一三年村井範子作成）

引用・参考文献

唐澤富太郎（一九五五）『学生の歴史――学生生活の社会的考察』創文社。

久保田幸子編（二〇〇九）『悠々たるフェミニスト――久保田眞苗・人と仕事』ドメス出版。

田辺繁子（一九五三）『マヌの法典』岩波文庫。

ヨハン・ティンクトリス著（一九七九）中世ルネサンス音楽史研究会訳『音楽用語定義集――付・ルネサンス音楽への手引き』シンフォニア。

東京藝術大学音楽教育振興会編（一九七八）『東京藝術大学創立九十周年記念――音楽学部の歩み』東京藝術大学音楽教育振興会。

新田義之（二〇〇六）『澤柳政太郎――随時随所楽シマザルナシ』（ミネルヴァ日本評伝選）ミネルヴァ書房。
H．M．ミラー著（二〇〇〇）村井範子・松前紀男・佐藤馨・秋岡陽共訳『新音楽史 改訂版』東海大学出版会。
村井範子（一九五九）「アメリカの音楽学」、音楽学会編『音楽学』第五号（Ⅰ）、音楽之友社、四四～四八頁。

村井範子（二〇〇〇）「音楽学研究の道を歩む」、津田塾大学創立百周年記念誌出版委員会編『未知への勇気――受け継がれる津田スピリット』、六一～六三頁。

森田尚人・諏訪内敬司編（二〇一五）『聞き書　村井実回顧録　正続』協同出版。

＊その他の村井範子先生の著作・翻訳文献については、三六一～三六三頁参照のこと

あとがき

録音を聴き直しつつ読み返すほどに、村井範子先生の語られた「物語」の重さ、深さ、先生の偉大なご功績、ご研究や人生の道の尊さに圧倒され、言葉で表現できない気持ちで胸がいっぱいになる。「出版については全てあなたにお任せしますね」と言われてから、時間がかかり過ぎてしまったが、村井先生とご相談しながら今回このような形にまとめさせていただいた。先生のお話に聴き入り過ぎてほとんど「聞き手」に徹してしまったが、ここはもっとこういう質問をすればよかったとか、先生のお考えをもっと掘り下げてうかがえばよかったなど、思いが尽きない。私自身の力不足により行き届かないところも多々あるかと思うが、お許しいただければと思う。

二〇一八年四月二十二日の村井範子先生のお誕生日の数日後、先生のもとをおたずねし、原稿をお見せして、間もなく出版されることをお伝えした。先生はインタビューの時と変わらない口調で「まあ、嬉しいわ！」と私の手を強く握ってくださり、次のように話された。

なんて嬉しい、ステキなニュースをありがとう。これは、あなた、大変だったでしょう。こんなにね。当時は冒険だったからね。だって、日本は負けたのよ。その負けた国からアメリカへ行くなんてね。すべて冒険。私は素晴らしい教授にも出会えて。ジョン・ウォードっていう。

松前紀男さんも久保田眞苗さんも、同級生はみんな天国に行っちゃったけれどね、私はね、現代の医学で生きてるのよ。

あなた、今日は本当に嬉しいわ。いいニュースをね。来てくださってありがとう。

村井先生は大変喜んでくださり、何度も握手してくださり、私はこんなにも遅くなって申し訳ないという思いで、頭を下げるしかなかった。

今度はその本をもってうかがいますと申し上げると、帰り際に、先生は「どうやって帰るの？　バスはあるかしらね？　駅まで大丈夫？」と、いつものようにお気遣いくださり、有難いこと限りなく、また頭を深々と下げてお礼を言い、その場を辞した。村井先生にお会いできたこと、様々なご縁をいただいたことを心から幸せに思った。

最後に、あらためて、津田塾大学と東京藝術大学楽理科の大先輩の村井範子先生に心から感謝申し上げるとともに、音楽学研究の道を拓いてくださった偉大な先輩皆様に心から感謝申し上げます。そして、ご協力くださった村井実先生、村井成さん、村井純さん、ご家族皆様、一、二回目のインタビュー・テープおこしと校正にご協力くださった長井覚子さん、最終回のテープおこしにご協力くださった阿部華鈴さん、カバーデザインをご担当くださった佐藤良さん、株式会社ソレイユ音楽事務所の小野誠さん、出版に際してあらゆる面からご助言、ご支援、ご協力くださった株式会社芸術現代社代表取締役社長の大坪盛さんに心から感謝申し上げます。また、おひとりおひとりお名前をあげませんが出版に際してご支援ご協力くださった皆様に心から感謝申し上げます。

二〇一八年四月三十日　中西紗織

（二〇二〇年四月二十二日）

著者紹介

村井　範子（むらいのりこ）　pp.358 ～ 363

中西　紗織（なかにしさおり）

1962 年神奈川県藤沢市生まれ。1974 ～ 76 年オスロ・アメリカン・スクール在学。津田塾大学英文科（英大 34 回）、東京藝術大学音楽学部楽理科卒業、同大学院音楽研究科博士後期課程修了。博士(学術)。ＮＨＫＦＭ、ＢＳクラシック音楽番組出演(解説、インタヴュアー)。ＣＤ曲目解説や音楽誌の演奏会評など執筆。日本歌曲振興波の会詩部門会員。三重県立昴学園高等学校校歌「星たちよ」、北海道教育大学釧路校創立 70 周年記念祝歌「煌めく道」など作詩。北海道教育大学釧路校准教授、釧路校キャンパス長補佐。専門は音楽学、音楽教育学。

【著書(共著)】「戦後の小学校における音楽鑑賞教育」音楽教育史学会編『戦後音楽教育 60 年』(開成出版 2006)、「『間』『あわい』のコミュニケーション――能から学ぶ『声』のコミュニケーション――」川島裕子編『〈教師〉になる劇場――演劇的手法による学びとコミュニケーションのデザイン――』（フィルムアート社 2017 ）、など。

【論文】「能における『わざ』の習得に関する研究――事例分析からの学習プログラムの開発を通して――」東京藝術大学大学院音楽研究科音楽学（音楽教育）専攻 2007 年度博士学位論文、「能の稽古における指導言語に関する研究――『わざ言語』を手がかりとして――」(『北海道教育大学紀要（教育科学編）第 64 巻第 1 号』2013)、「教員養成課程における能の指導に関する研究――声と身体に焦点をあてた体験学習の意義と可能性――」（『全国大学音楽教育学会 30 年記念誌（研究紀要第 26 号)』2015)、「世阿弥の伝書に見える『声』に関する一考察（４）――『曲付次第』第七条における「息」の問題――」(『釧路論集：北海道教育大学釧路校研究紀要第 49 号』2018)、など。

観世流謡・仕舞を九世観世銕之丞師に、生田流箏曲を國澤秀一師に師事。

音楽学研究物語

初刷発行　二〇二一年一月二十二日

著　者　村井 範子・中西 紗織

発行者　大坪　盛

発行所　株式会社芸術現代社
〒一一一-〇〇五四 東京都台東区鳥越二-十一-十一
TOMYビル三階
電話〇三-三八六一-二一五九
FAX〇三-三八六一-二一五七

制　作　株式会社 ソレイユ音楽事務所

印刷・製本　モリモト印刷株式会社

定　価　三、〇〇〇円（税別）

ISBN 978-4-87463-219-2